民办学校

合规管理的

理论与实践

熊武林 / 著

MINBAN XUEXIAO
HEGUI GUANLI DE LILUN YU SHIJIAN

中南大学出版社
www.csupress.com.cn
·长沙·

图书在版编目(CIP)数据

民办学校合规管理的理论与实践／熊武林著. —长沙：
中南大学出版社，2023.12

ISBN 978-7-5487-5566-1

Ⅰ. ①民… Ⅱ. ①熊… Ⅲ. ①民办学校－学校管理－
研究－中国 Ⅳ. ①G522.74

中国国家版本馆 CIP 数据核字(2023)第 187263 号

民办学校合规管理的理论与实践

熊武林　著

□**责任编辑**	沈常阳	
□**责任印制**	唐　曦	
□**出版发行**	中南大学出版社	
	社址：长沙市麓山南路	邮编：410083
	发行科电话：0731-88876770	传真：0731-88710482
□**印　　装**	长沙鸿和印务有限公司	

--□**开　　本**	710 mm×1000 mm 1/16	□**印张** 13.75	□**字数** 237 千字
□**版　　次**	2023 年 12 月第 1 版	□**印次** 2023 年 12 月第 1 次印刷	
□**书　　号**	ISBN 978-7-5487-5566-1		
□**定　　价**	68.00 元		

内容提要

本书共分七章一附录。

第一章：导论。交代了本书选题的缘起和研究意义、研究综述和研究范围，对合规、民办学校、合规风险、合规管理等相关概念进行了界定；对民办学校的合规风险进行了简要介绍，阐述了民办学校合规管理的重要意义。

第二章：民办学校法人治理与合规管理。《中华人民共和国民办教育促进法》兼具教育行政法与特殊商事法的双重性质，我国民办学校的法人治理也受到行政法与民商法的双重调整。但无论是法学理论界还是实务界，对法人治理的关注重点均在公司治理，甚至把公司治理等同于法人治理，忽略了民办学校等特殊市场主体的法人治理问题。民办学校的法人治理，与公司治理有一定的相似性，但又有自己的特点。民办学校落后的家族化治理模式带来的合规问题显而易见。在家族化治理模式下，民办学校的法人财产权难以得到落实。学校权力运行中的举办者控制、决策机构运行不规范、校长职权不明朗、内外监督机制缺失等现象长期存在，以致学校内部权力冲突频起、办学法律风险高发。无论是营利性民办学校，还是非营利性民办学校，都属于教育事业的组成部分，都具有公益性的基本属性。突破家族化治理模式，完善符合现代学校制度要求的民办学校法人治理，是实现民办学校合规管理的前提和核心基础。民办学校完善法人治理，实现合规管理，需要在制定好章程的基础上，全面加强党的建设，发挥好决策机构的中心作用；完善监督机制，落实好以校长为核心的执行团队职权。

第三章：民办学校合规管理运行机制。民办学校合规管理运行机制需要以组织体系和制度体系为支撑。规模较大、具备条件的民办学校，可以在董事会下设合规委员会，由董事担任负责人；不具备设立合规委员会条件的，可由一名董事兼任合规负责人。一所民办学校应当在章程之下，制定一套完整的办学行为准则，这是学校合规管理体系的核心部分。办学行为准则即合规管理基本制度，它应当为学校所有教职工确立履行职责的基本要求，促进学校合规文化的形成。民办学校形成良好的合规文化，将有效推动学校治理方式朝着现代学校制度的方向转型升级；在追求办学效益的同时，注重学校社会责任和道德责任的承担，实现守法、诚信、廉洁办学，展现学校文化的内在驱动力。民办学校应当结合学校实际，建立合规风险识别预警机制、合规危机应对机制、合规审查机制、违规问责机制、合规管理评估机制、合规管理保障机制等合规管理运行机制。

第四章：民办学校合规管理重点领域。社会主义市场经济本质上是法治经济，民办学校也是市场主体，合规管理的重点领域必须围绕民办学校的市场行为进行。民办学校招生工作管理的合规重点在于规范招生行为，避免因违规行为招致主管部门的处罚。民办学校收费管理的合规重点在于避免教育乱收费，以免与学生家长发生费用纠纷，并招致主管部门的处罚。民办学校劳动人事管理的合规重点，在于避免与教职员工发生劳资纠纷。民办学校学生安全管理的合规重点，在于预防和正确处理学生校园人身伤害事故纠纷。民办学校财税管理的合规重点，在于财务管理符合相应的会计准则要求，依法纳税，合理避税，避免重大财务和税务风险。民办学校知识产权管理的合规重点，在于建立学校自身的知识产权保护体系，并避免侵犯他人的知识产权。民办学校教育服务质量管理的合规重点，在于规范提供优质的教育教学服务，避免与学生发生教育服务合同纠纷。民办学校对外业务往来管理的合规重点，在于合同管理的正规化，避免重大合同风险。民办学校关联交易管理的合规重点，在于关联交易合法、公开、公平、公正，避免违法的关联交易行为。民办学校法人财产管理的合规重点，在于确保民办学校的法人财产权不受侵犯，避免发生民事侵权、行政处罚和刑事追责的重大法律风险。

第五章：民办学校常见刑事合规风险防范。刑事合规风险是民办学校及其举办者、管理者面临的后果最为严重的法律风险。民办学校需要防范的刑事合规风险，主要有侵犯财产罪、贪污贿赂罪、破坏社会主义市场经济秩序罪、危害公共安全罪、妨害社会管理秩序罪等五类犯罪，其他犯罪类型主要为渎职类犯罪。其中，民办学校涉及的侵犯财产类犯罪主要为职务侵占、挪用资金、诈骗等罪名；贪污贿赂类犯罪主要为行贿罪、单位行贿罪、对单位行贿罪、非国家工作人员受贿罪等商业贿赂犯罪罪名；破坏社会主义市场经济秩序类犯罪主要为非法吸收公众存款罪，提供虚假证明文件罪，隐匿、故意销毁会计凭证、会计账簿、财务会计报告罪等罪名；危害公共安全类犯罪主要为教育设施重大安全事故罪、重大责任事故罪等罪名；妨害社会管理秩序类犯罪主要为伪造、变造、买卖国家机关公文、证件、印章罪，以及非法占用农用地罪等罪名；渎职类犯罪主要为滥用职权罪、玩忽职守罪、招收学生徇私舞弊罪等罪名。

第六章：国家监管与民办学校合规管理。基于法律传统和法人分类的不同，国外对私立学校的国家监管制度模式，侧重点有所不同。各国监管模式虽然不一，但都有淡化行政干预、强化以第三方组织为主的监管机制、实施差别化的支持管理政策等共同的发展趋势。我国民办学校监管机制总体呈现出分级管理、主体多元、内容丰富、手段多样的特点。近年来，教育行政主管部门聚焦民办学校规范发展，防范化解重大风险，实际上是通过一种行政主导机制来推进民办学校合规管理体系建设。在行政监管主导下的民办学校合规管理体系建设，要求民办学校建立与监管部门规定相一致的合规管理制度，制定相应的流程控制措施。由于合规激励机制在民办教育领域的适用微乎其微，对于民办学校的违规行为，主管部门虽然经常以学校的整改作为从轻或减轻对学校处罚的条件，但无论是主管部门还是学校，均没有树立建立合规激励机制的意识。没有合规激励机制，单纯依靠外部的行政压力，民办学校就没有主动建立完善合规管理体系的强大动力。

第七章：民办学校专项合规计划打造。企业合规的灵魂并不是大而全的合规管理体系，而在于针对企业的合规风险点确立专项合规计划。民办学校不是大型企业，也不直接生产商品，在反商业贿赂、大数据保护、反洗钱、反垄断、反不正当竞争、环境保护等方面一般不存在较大的合规风险。根据当前要求民办学校规范发展的政策大背景及民办教育领域长期以来存在的一些顽瘴痼疾，民办学校的专项合规计划应当重点关注诚信办学、财务管理等重点领域，并加强办学过程中的规范管理，将合规流程化、标准化。民办学校的诚信办学专项合规计划，应当重点关注的问题有依法治校合规、办学行为合规、教师管理合规等。民办学校财务管理常见的、较为典型的合规问题包括学校资金、固定资产管理不规范，财务上出现大额现金支出、坐收坐支、跨期报账列支、财务处理不当、未执行财务管理制度等。打造有效的财务管理合规专项计划，应当在全面梳理可能存在的财务合规风险点后，再制订专项合规计划。

附录：民办学校合规管理常用文书范本。为避免民办学校因文本使用不当问题引发合规风险，附录整理了民办学校在办学过程中需要经常使用的部分文书范本，主要涵盖劳动人事、学生安全管理、对外往来业务等领域。

目 录 ◀◀ Contents

第一章 导 论

一、问题的提出

合规起源于 20 世纪 70 年代，以美国《反海外腐败法案》的颁布为标志，最初以"反腐败、反欺诈与反共谋"为主要内容，后发展成一种重要的企业治理方式。2018 年中兴、华为事件发生后，合规问题逐渐引起我国政府部门、法律界和企业界的高度重视。作为西方"舶来品"的合规，在我国已从金融行业向各行各业扩展，合规管理体系已经成为企业法人治理的独特组成部分，在推动市场主体合法规范诚信经营、防控重大法律风险、促进企业持续健康发展等方面发挥了重要作用。在全面推进现代企业制度建设的进程中，作为新兴的公司治理方式的企业合规机制，有着独特的价值，主要体现在以下几个方面。

第一，企业合规具有完善公司治理结构的价值。传统的公司治理结构离不开股东会、董事会、监事会和经理层"四驾马车"，但无论是以股东权利为核心的单边治理结构，还是以股东、高管、员工等利益相关者为基础建立起来的多边治理结构，都存在一定的缺陷。以公司内部权力配置为基础建立的治理结构，并不是包治百病的"良药"——不能解决公司治理的全部问题，特别是难以实现股东、高管和社会利益之间的有效平衡。企业建立合规机制的初衷是避免因违规行为受到严厉的行政或刑事处罚，在很大程度上是被动进行的，故企业合规兴起初期对公司治理方式的影响并不大。随着合规理念的深入，许多企业开始主动建立健全合规管理体系，合规管理已成为公司治理体系的重要组成部分，如我国中央企业就已经全部成立合规委员会。企业合规委员会一般设置在董事会之下，必须保持客观独立性，有的企业甚至规定合规管理部门对其全部的经营活动和商业行为拥有一票否决权。合规管理机构的组建与运行，是对传统公司治理结构的符合时代要求的改进。公司是拟制主体，本身无法做出意思表示，各种法律行为必须依托公司机关才能发生。在企业合规管理体系中，董事会、监事会等各个公司机关都需要行使各自的合规职权，履行各自的合规义务，这样才有利于公司机关之间形成更加高效的分工、配合与制衡关系，克服传统公司治理结构固有的缺陷。

第二，企业合规具有重塑公司治理文化的价值。企业实现"只做合规的业务""只赚干净的钱"，甚至树立"合规优于经营"的理念，将深刻改变公司治理文化。随着企业合规理念的深入推进，合规文化日渐兴盛，有的企业甚至通过合规建设，在文化上实现了"凤凰涅槃，浴火重生"。当合规经营成为企业全体员工普遍认可并遵循的价值观、思维方式、行为准则和行为方式，企业形成良好的守法文化，将有效推动公司治理方式朝着现代企业制度的方向转型升级。企业合规文化若深入人心，无论是企业高管，还是普通员工，都会积极履行合规义务。在追求商业利益的同时，注重企业社会责任和道德责任的承担，实现守法、诚信、廉洁经营。这本身就意味着企业实现了对全体员工的有效管理，展现了企业文化的内在驱动力。我国公司法虽然规定了公司董事等高管的勤勉义务，但作为不确定概念，勤勉义务是比较抽象概括的义务，不能像忠实义务那样，可以从反面禁止的角度作具体规定。如何判断高管是否尽到勤勉义务，成了企业管理中的难题。勤勉义务的标准不论是过于宽松还是苛刻，都将不利于企业的经营管理。高管承担明确具体的企业合规义务，在确保自身守法合规的同时，履行对企业及其他员工的合规管控职责，这样可以实现勤勉义务的制度化、具体化，有效化解勤勉义务虚化的现实难题。

第三，企业合规具有优化公司外部治理环境的价值。现代企业制度下的公司治理方式应当是多元的。确保公司实现科学决策与活力运行，不能仅靠内部治理结构单打独斗，还需要其他治理机制协调配合，共同发挥治理作用。传统的公司治理结构仅是确保公司正常运转的内部监控机制。企业是社会的细胞，若要持续运行还需要完善的外部治理环境，如政府监管、利益相关者、社会舆论等。法治社会的企业合规风险，本质上仍是一种法律风险，但却是后果最为严重的法律风险。因为企业违法违规经营，很容易受到监管部门严格的行政处罚和刑事责任追究，对企业而言可能是致命的。若将企业合规纳入行政监管和刑事激励机制，对主动建立完善合规机制的企业，可以达成行政和解，依法从轻处罚。甚至可以参考西方发达国家建立暂缓起诉、辩诉交易机制，既挽救企业于危亡之际，又节省政府部门的监管成本，并从外部激发企业加强自我监管、改善治理方式的动力。企业依法依规经营，积极防控合规风险，有利于利益相关方的权益保护，并且能在商业伙伴违法违规时，通过合规机制建立起来的"防火墙"实现有效的责任切割。企业合规管理体系还具有溢出效应。企业若建立起有效的合规机制，还可以在商业往来中将自己的合规理念传导给商业伙伴，与商业伙伴共同营造起良好的外部治理环境。同时，企业建立健全合规管理体系，树立依法合规诚信经营的企业形象，能获取良好的社会声誉，减轻因违规行为造成的舆论压力，形成有利于企业发展的舆论氛围。

改革开放以来，我国民办教育得以恢复和不断发展壮大，现已具备一定的规模，民办学校已经成为重要的市场主体。[1] 现代社会是一个风险社会，由于生产力在现代化进程中呈指数式增长，市场主体面临的风险和潜在的自我威胁达到了前所未有的程度。[2] 随着民办教育的发展和教育改革的不断深入，民办学校需要面对的风险也愈发复杂。

2016 年 11 月 7 日，《中华人民共和国民办教育促进法》大幅修订，完成了民办教育分类管理的顶层设计，标志着国家对民办教育实施全面依法治理进入了一个全新的阶段。2018 年 12 月 29 日，该法第三次修正。2021 年 9 月 1 日，《中华人民共和国民办教育促进法实施条例》生效实施，在民办学校的办学招生、法人治理结构、关联交易、学校法人财产权、办学结余处理、财税合规、信息披露、外资准入、学校名称等方面，均有了不同于以往要求的重要规定，填

---

[1] 教育部《2021 年全国教育事业发展统计公报》统计数据显示，全国共有各级各类民办学校 18.57 万所，比上年减少 989 所，占全国各级各类学校总数的比例 35.08%；在校生 5628.76 万人，比上年增加 64.31 万人，占全国各级各类在校生总数的比例为 19.34%。根据公报分析，虽然因为近年来受国家大力发展公办学前教育、推进义务教育"双减"等政策影响，民办幼儿园与义务教育学校数量、在校生人数有所减少，但民办普通高中与中等职业教育学校数量、在校生人数均呈现出较大增长趋势。

[2] 贝克.风险社会：新的现代化之路[M].张文杰，何博文，译.南京：译林出版社，2018：3.

补了诸多关于民办学校监管的法律空白。2019年3月4日，教育部办公厅出台了《关于全面开展民办学校规范办学防范化解风险专项行动的通知》，在国家层面表明了要强化民办学校规范办学、防范化解民办学校风险的鲜明态度。近年来，国家强力实施义务教育"双减"，开展民办义务教育专项规范整治，规范公参民学校，规范普通高中招生，推进独立学院转设，改革民办教育行政审批制度。一系列规范民办教育管理的政策密集出台，民办教育发展的生态环境发生了根本性的变化，民办学校进入了规范发展的新时代。从教育行政部门的监管角度来看，防范化解民办学校办学风险的关键在于"规范"二字。从法律专业术语的角度来看，规范办学实际上就是合规办学。过去民办学校主要将办学风险、财务风险作为主要的风险防控对象，现在对合规风险的防控将成为其重点防控的风险领域。

教育行业是一个既普通又特殊的行业。普通在于它与每个人的联系非常紧密，作为社会成员的任何一个个体，谁也离不开它。正因为它与每个人的生活密不可分，谁都可以把自己看作教育问题专家，谁都可以对教育问题"说三道四、评头论足"。说它特殊，在于教育毕竟属于一个专业领域，有它自己独特的规律，不深入其中，不解其味。自从国家允许社会力量办学以来，即可以发展民办教育以来，很多人都以为办教育很好挣钱。"教育产业化"曾经在一段时期甚嚣尘上，资本大量进入民办教育，不少人希望通过办学来发大财。确实，民办教育领域有不少成功者，但是也有不少人大起大落，弄得灰头土脸甚至血本无归。后者的失败，最主要的原因就是不懂教育规律，不能正确认识和遵守教育政策法规，目光短浅，由着老板性子蛮干胡来。这样的人，既没有教育理想和教育情怀，也没有法治精神，一心只想挣大钱，搞不清教育的本质意义和发展方向，怎么不失败？教育是特殊的行业，提供的是教育服务，是公共品。公益性是它的首要属性，因此政策性特别强，相对其他行业而言监管更加严格，监管政策甚至决定了民办教育各个细分行业的生死存亡。2021年，中央强力推行义务教育"双减"政策，中小学校外学科培训极度繁荣的时代终结即是明证。中小学校外学科培训经历了较长时期的野蛮增长，一度呈现出过分膨胀的乱象。国内外资本纷纷进入中小学校外学科培训行业，但规范办学的情况却不容乐观。2018年8月22日，《国务院办公厅关于规范校外培训机构发展的意见》发布。该意见指出："近年来，一些校外培训机构违背教育规律和青少年成长发展规律，开展以'应试'为导向的培训，造成中小学生课外负担过重，增加了家庭经济负担，破坏了良好的教育生态，社会反映强烈。"该意见颁布后，国家开展了近两年的校外培训机构专项治理，但效果并未达到预期，所以才有了"双减"这种连根拔起、彻底整治的举措。因此，民办学校的合规问题，应当引起社会各界特别是民办学校举办者、管理者及教育投资人的重视。

民办学校因违规办学被主管部门处罚，如削减招生计划、没收违法所得、责令停止一定年度的招生；或者即使被处以高额罚款乃至被罚得一无所有，都不足以致命，正所谓"留得青山在，不怕没柴烧"。甚至在有的时候，主管部门的处罚还可能转化为民办学校违规办学的成本。对民办学校而言，最严厉的惩罚是资格剥夺，也就是因违法办学被取消行政许可，即被吊销办学许可证，这相当于宣告了民办学校的"死刑"。因此，资格剥夺是民办学校面临的最大的合规风险。

对民办学校的举办者或管理者而言，刑事风险是最严重的法律风险，刑事责任是最严厉的责任。民办学校受到行政处罚，比如今年被核减招生计划、被取消招生资格，明年还可以在改正后重新向教育行政部门争取；如果是对外签订合同不慎导致学校蒙受经济损失，来年还可以通过办学弥补回来，正所谓"千金散尽还复来"。但是，自由失去了，就再也回不来；生命失去了，不可能再起死回生。所以说，刑事风险对负责人来说是最大的风险，并且是不可逆的风险。

随着民办教育的发展，民办学校内部各方力量及其他相关者的利益冲突和深层矛盾日益突出，有关民办学校的法律纠纷日益增多。笔者在中国裁判文书网，针对民办学校的法律纠纷进行了司法判例大数据调查。具体检索方法：设定"民办学校"为关键词，裁判文书做出时间为最高人民法院裁判文书网开通以来至检索日 2022 年 1 月 7 日。本次检索共获取了 16019 篇裁判文书，其中民事案件 13382 件，占比 83.55%；行政案件 1462 件，占比 9.13%；刑事案件 1021 件，占比 6.37%；剩余少量文书为执行案件和国家赔偿案件。从数据分析可以看出，民办学校在办学过程中，常见的法律风险首先是民事法律风险，其次是行政法律风险，最后是刑事法律风险。通过判例发现，民事案件中学校赔偿金额高达数百万元以上的案件并不罕见，行政案件中法院判决支持主管部门作出的停止办学或招生决定的案件数量可观，刑事案件中责任人被判处三年以上有期徒刑的也不少。与我国现有 18 万余所民办学校的数量相比，民办学校的涉诉率不高，但不容小觑。特别是刑事案件虽然占比不高，但上千件的刑事裁判文书，值得民办学校管理者警醒和反思。这些判决结果表明，在民办教育行业，违法行为人同样面临严厉的甚至是毁灭性的法律惩处。

笔者长期为民办教育行业提供法律服务，特别关注民办学校的合规管理，深感民办教育规范发展之迫切需要。希望本书的研究可以抛砖引玉，为关注民办学校合规问题的学者提供参考，同时希望可以为教育行政部门和民办学校的管理者们，解决民办学校在现实中遇到的依法治教、规范办学等方面的问题，为我国民办教育改革发展尽到绵薄之力。

二、相关概念界定

（一）民办学校

本书中的"民办学校"是指国家机构以外的社会组织或者个人，利用非国家财政性经费，面向社会举办的学校及其他教育机构。

根据《中华人民共和国民办教育促进法》及其实施条例的相关规定，我国民办学校与公办学校的主要区别有两点。一是举办者主体资格。公办学校一般由政府举办，民办学校的举办者只能为国家机构以外的社会组织或者个人，国家权力机关、行政机关、司法机关、军事机关等都不能举办民办学校。二是资金来源。民办学校的开办资金来源只能是非国家财政性经费。国家财政性经费，是指财政拨款、依法取得并应当上缴国库或者财政专户的财政性资金，包括预算内资金和预算外资金。这里的资金来源应当仅限于开办资金，民办学校成立后可以接受政府资助，或者通过政府购买服务的方式获取财政资金。

在2002年《中华人民共和国民办教育促进法》出台前，我国还无民办学校的法律概念，非公办学校统一称为社会力量办学。社会力量办学的概念比民办学校的范围要广，根据《社会力量办学条例》（已废止），企业事业组织、社会团体及其他社会组织和公民个人，利用非国家财政性教育经费举办学校或教育机构，都可称为社会力量办学。当时群团组织、事业单位都可以作为社会力量办学，经费来源可以使用除教育经费外的国家财政性经费。《中华人民共和国民办教育促进法》实施后，《社会力量办学条例》予以废止。但群团组织、事业单位举办的学校继续存在，为尊重历史，除政府收归公办外，其余学校大多被主管部门视为民办学校，或作为行业办学，或作为子弟学校参照民办学校政策进行管理。

国外一般将公立学校以外的学校称为私立学校，联合国教科文组织及经济合作与发展组织将其称为私立教育机构。我国立法并未采用这种称谓，而是统一称为民办学校。虽然称谓不同，但无论是私立学校、私立教育机构，还是民办学校，在内涵上都是十分接近的。①

（二）合规

合规起源于20世纪70年代，以美国《反海外腐败法案》的颁布为标志，最初以"反腐败、反欺诈与反共谋"为主要内容在企业开展治理。若单纯从中文字面意义理解，乃合法合规之意，与通常所说的"遵纪守法"没有实质性的区别。

经过半个世纪的发展，合规的内涵与外延不断丰富，不仅仅局限于企业自身，还扩展到了行政监管部门、司法机关甚至国际组织。按照自2022年10月1日开始实行的《中央企业合规管理办法》第三条第一款的规定，合规是指企业经营管理行为和员工履职行为符合国家法律法规、监管规定、行业准则和国际条约、规则，以及公司章程、相关规章制度等要求。从企业自身来讲，合规是一种法人治理方式，企业将合规管理作为企业管理的有机组成部分，在运营过程中要遵守法律法规、行业行为守则和伦理规范，以及企业自身所制定的规章制度。这是合规的第一个层次。第二个层次是作为行政监管激励机制的合规，它是行政监管部门与企业达成行政和解协议的基础，也是企业受到宽大行政处理的依据。第三个层次是作为刑法激励机制的合规，即将合规作为涉嫌犯罪的企业予以宽大处理的依据。第四个层次是作为解除国际组织制裁激励机制的合规，企业可以通过建立有效合规计划来寻求解除国际制裁，重新获得参与招投标项目的资格。②

（三）合规风险

德国著名社会学家乌尔里希·贝克认为，在现代社会，风险有别于传统的

---

① 吴开华，安杨.民办学校法律地位[M].南京：江苏教育出版社，2011：7.

② 陈瑞华.企业合规基本理论[M].北京：法律出版社，2020：5.

危险，可被定义为以系统的方式应对的由现代化自身引发的危险和不安。它是现代化的威胁力量和令人怀疑的全球化所引发的后果。① 现代化和全球化既推动了人类社会的高速发展，也带来了越来越多的风险领域。合规风险正是世界现代化和全球化的产物，合规在美国的起源就证明了这一点。陈瑞华教授认为，合规风险是企业在经营过程中因存在违法违规行为而受到监管部门行政处罚或受到司法机关刑事处罚的风险。② 笔者认为，这种观点只关注到了合规风险的行政和刑事处罚后果，没有涵盖合规风险的全貌。国务院国资委《中央企业合规管理指引（试行）》及《中央企业合规管理办法》对合规风险的界定，相对而言更加全面和科学。结合以上规定，笔者认为，合规风险是指企业及其员工在企业运营过程中，因违法违规行为，引发法律责任、受到相关处罚、造成经济或声誉损失，以及其他负面影响的可能性。特别是对民办学校而言，相关的处罚不仅是行政处罚和刑事处罚，还包括其他行政制裁。教育行业是一个政策密集型行业，国家政策调控的范围和力度都非常强大。针对民办学校的违规行为，行政主管部门除了依法给予行政处罚外，还可以给予削减招生计划、减少或取消专项经费、年度评估不合格等政策性的行政处理。因此，合规风险本质上仍属于法律风险。但不同于传统的民事、行政或刑事法律风险，其引发原因与产生的后果，都比传统的法律风险要广泛和深刻。

（四）合规管理

针对企业自身而言，合规管理是指作为一种法人治理方式的风险防控与管理机制。与传统的业务管理和财务管理不同，合规管理的内容与目的在于对合规风险的预防、识别和应对。本书主要研究第一个层次的合规，即作为法人治理方式的合规，也就是将合规管理作为企业管理的有机组成部分予以研究。根据国务院国资委《中央企业合规管理指引（试行）》，合规管理是指以有效防控合规风险为目的，以企业和员工的经营管理行为为对象，开展包括制度制定、风险识别、合规审查、风险应对、责任追究、考核评价、合规培训等有组织、有计划的管理活动。本书所指的民办学校合规管理是指民办学校以有效防控合规

---

① 贝克．风险社会：新的现代化之路[M]．张文杰，何博文，译．南京：译林出版社，2018：7.
② 陈瑞华．企业合规基本理论[M]．北京：法律出版社，2020：45.

风险为目的，以学校和教职员工的办学与管理行为为对象，开展包括制度制定、风险识别、合规审查、风险应对、责任追究、考核评价、合规培训等有组织、有计划的管理活动。

三、相关研究概况

（一）企业合规研究

企业合规研究是一个新兴的法学研究领域，目前国内的相关研究并不算丰富。陈瑞华的《企业合规基本理论》(法律出版社 2020 年版)，从作为公司治理方式的合规、作为行政监管激励机制的合规、作为刑法激励机制的合规，以及作为应对国际组织制裁的依据的合规等方面，提出了企业合规制度的四个价值维度，阐述了企业合规的基本理论及企业合规中国化的实际操作问题。崔文玉《公司治理的新型机制：商刑交叉视野下的合规制度》(《法商研究》2020 年第6 期)，认为合规制度已经从商事治理拓展到刑事司法领域；建立合规制度的目的，不仅限于改善公司经营，它上升到了保障社会经济发展环境和国家安全的高度。王东光《组织法视角下的公司合规：理论基础与制度阐释——德国法上的考察及对我国的启示》(《法治研究》2021 年第 6 期)，介绍了德国的公司合规组织性规范体系，认为以董事合法性管控义务为基础的德国公司合规制度及其合规责任与激励机制，对我国的公司合规制度建设具有重要启示。李勇《企业合规需要重塑治理模式》(《检察日报》2021 年 10 月 14 日第 3 版)，提出企业合规作为全新的公司治理模式，其内涵是建立预防识别违法犯罪行为、改善企业文化的内控机制。

（二）民办学校合规研究

虽然国内学者对于企业合规的研究日渐深入，形成了初步的理论框架，但更多的还是在借鉴外国经验的基础上，提出构建符合我国国情的相关合规法律制度的建议。合规研究深入具体的实践层面还不多见，针对不同行业的合规研究比较少，教育行业的合规研究更是几近于无。吴开华、安杨所著《民办学校法律地位》（江苏教育出版社2011年版），从法人定位的角度讨论了民办学校的法律地位，建议建立民办学校财团法人制度，在此基础上理顺民办学校与学生、教师及政府等相关主体的法律关系。王珊《论我国民办学校法人治理的问题及制度建设》（《中国教育法制评论》第15辑）认为，目前我国民办学校法人治理存在的主要问题，仍然是法人属性不明、法人产权保障机制不完善及法人治理结构失衡等；这需要从立法上根据营利性与非营利性民办学校的划分，明确法人属性，构建相应的法人资产管理制度和不同的法人治理结构。方芳所著《学校治理变革研究——司法判例的视角》（中国社会科学出版社2018年版），通过对民办学校纠纷司法判例的研析，分析法律纠纷所折射出的民办学校治理难题，提出了规范民办学校法人治理结构的建议。周海涛等所著《民办教育分类管理政策实施跟踪与评估研究》（经济科学出版社2019年版），从分类管理政策整体效果上考察了政策实施促进民办教育步入依法办学新阶段的正向效应，研判了民办教育未来需要健全监督管理机制、完善治理制度体系、强化教育质量保障等方向。董圣足等所著《民办学校分类管理推进策略研究》（华东师范大学出版社2020年版），从民办学校分类管理制度重构的角度，提出了改善民办学校法人治理、建立风险防控机制的建议。李丹丹、王帅《非营利性民办学校关联交易的合规研究》（《浙江树人大学学报》2020年第2期），认为从民办教育分类管理制度最优化实现的角度，应全面禁止非营利性民办学校的协议控制，赋予学校监督机构对损害学校利益的关联交易的诉权。宋立君《民办学校收费权质押问题研究——基于商业银行合规视角》（《福建金融》2020年第10期），以民办学校利益关联方商业银行的视角，分别从法律和金融的角度，分析了民办学校通过收费权质押融资面临的合规困境，提出了银行的风险防控对策。以上研究均对民办学校规范办学予以了重视，但更多的是从完善民办学校法人治理结构方面寻求突破路径，鲜有系统提出民办学校合规管理的概念和路径。

四、民办学校合规风险概述

政府主管部门对民办学校的监管，适用的主要法律法规是《中华人民共和国民办教育促进法》及其实施条例。根据上述"一法一条例"相关规定，民办学校的合规风险分两个范畴：一是民办学校自身的合规风险，二是民办学校管理者(含举办者、实际控制人、决策机构和监督机构成员、校长等)的合规风险。

(一)民办学校自身的合规风险

民办学校自身的合规风险即违规办学的风险。根据《中华人民共和国民办教育促进法》第六十二条和《中华人民共和国民办教育促进法实施条例》第六十三条的规定，可以从外部的教育行政管理秩序和民办学校内部管理要求的角度，将民办学校的合规风险分为两大类。

第一类为民办学校违反教育行政管理秩序的合规风险。民办学校的主要违规情形有：擅自分立、合并；擅自改变学校名称、层次、类别和举办者；发布虚假招生简章或者广告，骗取钱财；非法颁发或者伪造学历证书、结业证书、培训证书、职业资格证书；以欺诈手段骗取办学许可证；伪造、变造、买卖、出租、出借办学许可证；恶意终止办学、抽逃资金或者挪用办学经费。

第二类为民办学校内部管理混乱严重影响教育教学的合规风险。民办学校的主要违规情形有：违背国家教育方针，偏离社会主义办学方向，或者未保障学校党组织履行职责；违法违规开展教育教学活动；决策机构未依法履行职责；教学条件明显不能满足教学要求、教育教学质量低下，未及时采取措施；校舍、其他教育教学设施设备存在重大安全隐患，未及时采取措施；侵犯受教育者的合法权益，产生恶劣社会影响；违反国家规定聘任、解聘教师，或者未依法保障教职工待遇；违反规定招生，或者在招生过程中弄虚作假；超出办学许可范围，擅自改变办学地址或者设立分校；未依法履行信息披露义务，或者公示的材料不真实；未依法建立执行财务会计制度，或者违法违规收费；其他管理混乱严重影响教育教学的行为。

民办学校有以上违规行为之一的，将面临警告、没收违法所得、责令停止招生、吊销办学许可证等行政处罚风险；构成犯罪的，将被追究刑事责任。

（二）民办学校管理者的合规风险

依据《中华人民共和国民办教育促进法》及其实施条例的规定，参考《中华人民共和国公司法》关于公司高级管理人员的界定，本书所述的民办学校管理者，指民办学校的举办者、实际控制人、董事或理事等决策机构成员、监督机构成员及校长。《中华人民共和国民办教育促进法》第八章法律责任中，对于违规行为的处罚，要求承担法律责任的主体为民办学校本身，没有涉及个人。《中华人民共和国民办教育促进法实施条例》填补了这一法律漏洞，将责任主体扩大到了民办学校的管理者，从而更加完备和合理。因为民办学校乃法律拟制主体，其意思表示和行为必须依靠具体的人来做出，只处罚学校不处罚责任人的做法，显然是低效和有失公正的。根据《中华人民共和国民办教育促进法实施条例》第六十二条规定，民办学校举办者及实际控制人、决策机构或监督机构成员的合规风险主要有：

（1）财务违规的风险。主要表现在：利用办学非法集资，或者收取与入学关联的费用；未按时、足额履行出资义务，或者抽逃出资、挪用办学经费。

（2）侵犯民办学校及利益相关者合法权益的风险。主要表现在：侵占学校法人财产或者非法从学校获取利益；与实施义务教育的民办学校进行关联交易，或者与其他民办学校进行关联交易损害国家利益、学校利益和师生权益；干扰学校办学秩序或者干预学校决策、管理；其他危害学校稳定和安全、侵犯学校法人权利或损害教职工、受教育者权益的行为。

（3）违反教育行政管理秩序的风险。主要表现在：伪造、变造、买卖、出租、出借办学许可证；擅自变更学校名称、层次、类别和举办者。

民办学校举办者及实际控制人、决策机构或监督机构成员有以上行为之一的，将面临没收违法所得，视情节轻重处 1 至 5 年或者永久不得新成为民办学校举办者或者实际控制人、决策机构或者监督机构成员的行政处罚；构成违反治安管理行为的，由公安机关依法给予治安管理处罚；构成犯罪的，依法追究刑事责任。根据《中华人民共和国民办教育促进法实施条例》第六十四条的规定，因民办学校的违法行为，学校决策机构负责人、校长及直接责任人也将面临警告，视情节轻重处 1 至 5 年或者永久不得新成为民办学校决策机构负责人或者校长的行政处罚；同时举办或者实际控制多所民办学校的举办者或者实际控制人违反规定，对所举办或者实际控制的民办学校疏于管理，造成恶劣影响的，由县级以上教育行政部门、人力资源社会保障行政部门或者其他有关部门依据职责分工责令限期整顿；拒不整改或者整改后仍发生同类问题的，视情节轻重处 1 至 5 年或者 10 年内不得举办新的民办学校的处罚。

五、民办学校合规管理的意义

民办学校合规风险高发，说明在民办教育领域推进教育治理现代化，加快建立民办学校合规管理体系，规范民办学校的办学行为，是当前迫切需要解决的关键问题。推进民办学校合规管理，主要有以下几个方面的意义。

（一）改善民办学校的法人治理

按照《中华人民共和国民办教育促进法》的规定，民办学校法人治理结构的设计为董（理）事会、监督机构和校长"三驾马车"。从《中华人民共和国公司法》（以下简称《公司法》）的角度来看，营利性民办学校因为登记的法人形式为有限责任公司或股份有限公司，还应当有股东会。但《中华人民共和国民办教育促进法》对该机构没有相关规定。因此，民办学校的治理结构实际上为"董事会中心主义"，学校董事会或理事会，既是权力机构，也是决策和执行机构。这种单一的、权力高度集中的治理结构模式的缺陷是不言而喻的。以民办学校内部权力配置为基础建立的治理结构，并不是包治百病的"良药"，不能解决学校治理的全部问题，特别是难以实现举办者、高级管理人员和社会利益之间的有效平衡。企业建立合规机制的初衷是避免因违规行为受到严厉的行政和刑事处罚，其管理很大程度上是被动进行的，故企业合规兴起初期对公司治理方式的影响并不大。随着合规理念的深入，许多企业开始主动建立健全合规管理体系，合规管理已成为公司治理体系的重要组成部分，如我国中央企业就已经全部成立合规委员会。企业合规委员会虽然一般设置在董事会之下，但需要保持客观独立性，有的企业甚至规定合规管理部门对其全部的经营活动和商业行为拥有一票否决权。合规管理机构的组建与运行，是对传统公司治理结构的符合时代要求的改进。公司是拟制主体，本身无法做出意思表示，各种法律行为必须依托公司机关才能发生。在企业合规管理体系中，董事会、监事会等各个公司机关都需要行使各自的合规职权，履行各自的合规义务，有利于公司机关之间形成更加高效的分工、配合与制衡关系，克服传统公司治理结构固有的缺陷。民办学校参照企业建立合规机制，同样可以起到改善法人治理的作用。

（二）提高主管部门行政监管效率

教育主管部门在民办学校的监管问题上，力量比较薄弱。教育部甚至没有设置民办教育司，为保证义务教育"双减"政策的推进，才设置了校外培训监管司，但该司只专门负责对中小学校外培训的监管。省级教育行政部门虽然设置了民办教育处，但人员编制往往只有两三个人。再往下到市县级教育行政部门，也没有全部设置专门的民办教育管理科室，即使有，工作人员也不会超过省级教育行政部门的编制。因此，教育主管部门对民办学校的监管，一直存在"事多人少"的尴尬局面，难以全方位无死角覆盖。教育行政部门并非传统意义上的强势执法部门，执法理念、执法手段存在诸多先天或后天的不足。加之民办学校学生众多，事关成千上万家庭的切身利益，主管部门即使发现民办学校违规办学，对其进行处理都要"三思而后行"。甚至有时候不得不与其妥协以便顺利处理善后事宜，维护社会稳定。如一些民办学校违规招生，校方往往将"生米煮成熟饭"后，以学生的受教育权利来要挟主管部门，使得主管部门投鼠忌器，不敢对其作出吊销办学许可证的顶格处罚。企业合规管理体系，本是企业内部为督促员工遵守法律法规而建立起来的一种治理方式，但现在已经发展成为政府主管部门监督和管理企业依法依规经营的一种法律制度。[①] 若企业因违规行为面临行政处罚，适用行政和解的前提条件即该企业是否事先建立了良好的合规计划。若企业与主管部门达成和解，合规条款往往是行政和解协议的重要组成部分。即使不能达成行政和解，良好的合规计划也可以作为主管部门减轻行政处罚的依据。在行政监管环节，若民办学校建立健全合规管理体系，既可以降低违规办学风险，也为政府主管部门与其达成行政和解或从宽处理提

---

① 陈瑞华.企业合规基本理论［M］.北京：法律出版社，2020：10.

供了依据；有利于提高行政监管效率，在维护法律尊严与维护社会稳定、促进教育事业规范发展之间实现最大程度的平衡。

(三)最大限度降低刑事法律风险

合规在刑法上有重要的理论和实践价值，一些学者甚至直接将合规等同于刑事合规。企业建立有效的合规计划，本来就能最大程度地预防犯罪，尽可能地隔离刑事风险。在一些西方国家，检察机关经常以是否建立了合规体系作为对涉嫌犯罪的企业是否提起公诉的根据，或者作为是否签署暂缓起诉协议或撤销起诉的依据。企业也可以合规来作无罪抗辩，甚至可以合规换取减免刑罚。2018年10月26日，《中华人民共和国刑事诉讼法》作了修正，认罪认罚从宽制度开始在全国全面推行。认罪认罚从宽制度的主要目的是节约宝贵的司法资源，但其与西方国家的辩诉交易、暂缓起诉有一定的相似性。有学者建议应当进一步完善该制度，发挥其督促企业合规的功能。[①] 企业合规还能实现员工犯罪行为与公司行为的切割，有效区分单位责任与员工个人责任。2017年的雀巢公司员工侵犯公民个人信息案，法院就因雀巢公司制定了相应的合规计划，将员工为提升个人业绩而实施的犯罪界定为个人行为，说明我国司法实践正在对员工因履职实施的个人犯罪行为与单位行为如何区分进行探索。[②]

对于任何一个行业而言，刑事法律风险向来都是后果最为严重的法律风险。相对其他风险而言其发生率较低，因此最容易被人忽视。刑事风险不被重视，并不代表它不存在。通过查询判例，笔者发现民办学校管理者面临的刑事法律风险主要有职务侵占、挪用资金、诈骗、行贿、非国家工作人员受贿、教育设施重大安全事故、重大责任事故、消防责任事故、滥用职权、非法吸收公众存款等。民办学校若能建立有效的合规管理体系，既能预防违法犯罪行为的发生，也能在发生犯罪行为时争取从轻或免于刑事处罚。

---

① 崔文玉.公司治理的新型机制：商刑交叉视野下的合规制度[J].法商研究，2020(6)：125.
② 参见兰州市中级人民法院(2017)甘01刑终89号刑事裁定书。

（四）维护社会公共利益

根据《中华人民共和国民办教育促进法》第三条的规定，民办教育是公益性事业，所以无论是营利性民办学校还是非营利性民办学校，公益性都是其首要属性。因为事关下一代的教育培养，民办学校相比其他企业，应当有更加强烈的社会责任感，社会大众对民办学校的行为相较普通企业也更加敏感。与民办学校关联最紧密的利益相关方是广大学生，学生的受教育权除了有学生个人人身权利的属性外，还是一项宪法性的权利和义务，属于社会公共利益的范畴。当然，民办学校的利益相关方还有教师、业务往来方、监管部门等。民办学校建立有效的合规体系，可以实现对利益相关方的保护，减少对社会公共利益的损害。良好的学校形象与声誉，是社会评价其毕业生质量的一个重要指标。民办学校依法依规办学，可以塑造诚信办学的形象，这本身就是对学生等利益相关方权益的尊重和维护。如果一所民办学校因为违规行为被吊销办学许可证，虽然学生得到了教育行政部门的分流安置，但对学生的不利影响始终是客观存在的。民办学校依法依规办学，可以最大限度地防控合规风险，避免受到严厉的行政处罚和刑事追究，避免利益相关方受到严重损失。一所民办学校若非正常终止办学，将牵一发而动全身。除了学生利益严重受损外，其他利益相关方如教师、债权人的利益也会严重受损。民办学校被迫终止也是教育事业的损失。民办学校建立有效的合规计划，有助于与行政监管部门达成行政和解协议，或者与刑事司法机关达成暂缓起诉协议，避免对利益相关方产生最为不利的法律后果。

第二章 民办学校法人治理与合规管理

一、民办学校法人治理概论

（一）民办学校的法人属性

《中华人民共和国民办教育促进法》将民办学校分为非营利性与营利性学校两种学校形式，分类进行管理。根据教育部等五部门颁布的《民办学校分类登记实施细则》，以及教育部、人力资源社会保障部、原工商总局颁布的《营利性民办学校监督管理实施细则》和原工商总局、教育部颁布的《关于营利性民办学校名称登记管理有关工作的通知》等政策文件规定，非营利性民办学校法人登记形式为民办非企业单位或事业单位，营利性民办学校法人登记形式为有限责任公司或股份有限公司。结合《中华人民共和国民法典》关于法人分类的规定，这两种学校的法人属性分别为非营利性法人与营利性法人。《中华人民共和国民法典》对非营利性法人又作了进一步的划分，包括事业单位、社会团体、基金会、社会服务机构等，其中以捐助财产设立的基金会、社会服务机构又属于捐助法人的范畴。

在《中华人民共和国民办教育促进法》修订前，我国民办学校存在各种各样的办学形式，从"纯民办"到"公参民办"或"公助民办"或"国有民办"，不一而同。但从学校的产权来源与办学目的来区分，不外乎两种办学形式，要么是

"捐资办学"，要么是"投资办学"。[1] 由于我国国情的历史特殊性，自民办学校诞生到《中华人民共和国民办教育促进法》修订完成后的近几年，民办学校资产中属于捐资投入的占比非常低，据相关统计只有2%左右。[2] 在民办学校分类管理政策实施初期，国家为了保护举办者的积极性，无论是在《中华人民共和国民办教育促进法》还是《中华人民共和国民办教育促进法实施条例》中，均没有明确提出举办非营利性民办学校为捐资办学。但新的《中华人民共和国民办教育促进法》实施后，根据立法精神，举办者不再对投入非营利性民办学校的财产享有所有权和剩余财产分配权，在新法之后举办的非营利性民办学校实质上都属于捐资办学，此类学校的法人属性实际上已经属于《中华人民共和国民法典》所规定的捐助法人。2021年9月8日，民政部社会组织管理局下发《民政部社会组织管理局关于在校外培训机构登记审查中强化事先告知和捐资承诺等有关要求的通知》。该通知明确，民办非企业单位（社会服务机构）法人属于《中华人民共和国民法典》规定的非营利法人中的捐助法人。该通知要求，民政部门在办理面向义务教育阶段学生的学科类校外培训机构法人登记时，要告知举办者、出资人该类机构属于捐助法人，并要求举办者、出资人签署捐资承诺书；对中央关于义务教育的"双减"意见印发前已经在民政部门依法登记的民办培训机构，要求其补签事先告知书和捐资承诺书。虽然下发该通知的主要目的是落实中央关于义务教育"双减"政策的精神，针对的对象是义务教育阶段的民办校外培训机构，但实际上第一次在国家层面明确了非营利性民办学校的捐助法人地位。因此，非营利性民办学校除了少数符合条件的登记为事业单位法人（如部分"公参民"的民办学校）外，其法人属性应为捐助法人。

无论是营利性民办学校，还是非营利性民办学校，都属于教育事业的组成部分，都具有公益性的基本属性。因此，在合规管理上两者的目标具有一致性。但因为法人属性的不同，在内容上也会有不同的特点，非营利性民办学校的公益属性明显强于营利性民办学校。根据这两类学校不同的法人属性，监管要求上也会有所不同。

---

① 吴开华，安杨.民办学校法律地位[M].南京：江苏教育出版社，2011：35.
② 董圣足.民办学校分类管理推进策略研究[M].上海：华东师范大学出版社，2020：5.在国家"双减"政策实施后，继续办学的义务教育阶段学科培训机构全部登记为非营利性法人，民办学校捐助法人比例有所提高。

(二)民办学校法人治理的基本内涵

法人治理由公司治理扩展而来。法人治理是一整套制度安排,大体可以分为治理结构和治理机制两个方面。治理结构主要是法人内部的权力配置,即法人的各种机关,包括决策机构、监督机构、执行机构等的角色、功能和权力;治理机制是指法人通过一系列的运行方式达成治理目标的实现,包括选人用人、监督、激励、财务管理、信息公开等方面内容。[①] 治理结构与治理机制共同决定了法人治理效率的高低。

法人治理是民商法的核心内容之一。《中华人民共和国民办教育促进法》兼具教育行政法与特殊商事法的双重性质,我国民办学校的法人治理问题也受行政法与民商法的双重调整。但无论是法学理论界还是实务界,对法人治理结构的关注重点均在公司治理上,甚至把公司治理等同于法人治理,忽略了民办学校等特殊市场主体的法人治理。民办学校的法人治理,与公司治理有一定的相似性,但又有自己的特点。民办学校的法人治理结构,是指民办学校作为独立的法人主体,在举办者、决策机构、监督机构、执行机构等利益相关者之间建立的权力配置体系。民办学校的法人治理机制,是指民办学校通过包含民办学校治理结构在内的各种组织机构和配套机制的运行,实现学校正常的教育教学秩序与办学目的。

我国民办教育法律法规相对滞后,长期以来民办学校的法人属性不清。民办学校创办时期的社会环境、办学基础,以及举办者对自身角色的认识差异,造成了目前民办学校治理结构的不健全和治理机制的混乱。民办学校虽然大多按照《中华人民共和国民办教育促进法》的要求,建立起了与公司相类似的法人治理结构,但运行极不规范。大多数民办学校仍是落后的家族治理模式,"夫妻店""兄弟连""父子兵"家族化倾向,以及"子承父业"代际传承的特点明显。[②] 民办学校落后的家族化治理模式带来的弊病显而易见。在家族化治理下,民办学校的法人财产权难以得到落实,学校权力运行中的举办者控制、董事会(理事会)运行不规范、校长职权不明朗、内外监督机制缺失等现象长期存

---

① 江建平,刘嵘."公司治理"与"法人治理结构"辨析[J].产权导刊,2006(10):61.
② 周海涛,等.民办学校分类管理政策研究[M].北京:经济科学出版社,2016:232.

19

在，以致学校内部权力冲突频起、办学法律风险高发。如笔者曾在调研中发现，有的民办学校举办者在学校有高额资金借支长期挂账；举办者控制的董事会职权过于宽泛，教职工、学生评先评优等本应由校长负责的教育教学事项均由董事会决策，学校重大投资等重要事项董事会反而不知情；有的学校董事会组成不规范，有的人员为双数，有的董事已离职或去世仍未改选或补选等；有的学校举办者、投资人之间的债权债务纠纷长期未得到解决，矛盾、诉讼不断。家族化治理模式是导致民办学校产生合规风险的重要原因，也是推进民办学校合规管理的难点所在。

二、民办学校党的建设与合规管理

在我国，民办教育是公益事业，是社会主义教育事业的组成部分。修订后的《中华人民共和国民办教育促进法》，在第九条增加了民办学校党的建设的内容，规定民办学校中的中国共产党基层组织，按照中国共产党章程的规定开展党的活动，加强党的建设。《中华人民共和国民办教育促进法实施条例》第四条第一款规定，民办学校应当坚持中国共产党的领导，坚持社会主义办学方向……这是我国民办学校与西方私立学校的重要差别。《中华人民共和国民办教育促进法实施条例》第四条第二款还规定，民办学校中的中国共产党基层组织贯彻党的方针政策，依照法律、行政法规和国家有关规定参与学校重大决策并实施监督。《营利性民办学校监督管理实施细则》第二十条规定："营利性民办学校应当切实加强党组织建设，强化党组织政治核心和政治引领作用，在事关学校办学方向、师生重大利益的重要决策中发挥指导、保障和监督作用。推进双向进入、交叉任职，党组织书记应当通过法定程序进入学校董事会和行政机构，党员校长、副校长等行政机构成员可按照党的有关规定进入党组织领导班子。监事会中应当有党组织领导班子成员。营利性民办学校应当加强共青团组织建设，充分发挥教职工（代表）大会和工会的作用。"因此，民办学校党的建设也是学校法人治理的重要组成部分。

有一段时间，我国民办学校党组织的领导作用并未充分凸显。2002年的《中华人民共和国民办教育促进法》及其实施条例均没有对民办学校党的建设作出规定，不少民办学校甚至民办高校的党组织不健全，无党组织的现象较大范围地存在，民办中小学和培训机构尤为突出。① 2016 年 4 月 18 日，中央全面深化改革领导小组第23次会议审议通过的《关于加强民办学校党的建设工作的意见（试行）》突出了规范的要求，强调要充分发挥民办学校党组织政治核心作用，建立健全党组织参与决策和监督机制。根据文件精神，无论是民办学校的决策机构、监督机构还是执行机构，都应当坚持党的政治、组织和思想领导。如涉及民办学校发展规划、重要改革、人事安排等重大事项，党组织要参与讨论研究，董（理）事会在做出决定前，要征得党组织同意；涉及党的建设、思想政治工作和德育工作的事项，要由党组织研究决定；民办学校要建立健全党组织与学校董（理）事会、监事会日常沟通协商制度，以及党组织与行政领导班子联席会议制度；强化党组织对学校重要决策实施的监督，定期组织党员、教职工代表等听取校长工作报告，以及学校重大事项情况通报。民办学校坚持并加强党的领导，有利于改善民办学校的法人治理，确保社会主义办学方向，从根本上保障民办学校依法规范办学。

要发挥党组织在民办学校合规管理中的根本保障作用，关键在于建立党组织领导与参与学校监督的机制。应当明确民办学校党组织的监督对象与完善监督实现途径。民办学校党组织的监督对象包括民办学校、学校的决策机构、监督机构、校长（执行机构）这四大主体，应当监督他们是否坚持社会主义办学方向，是否依法依规办学；决策机构、监督机构和校长是否依法行使职权、依法治教，以及是否依法规范管理。监督实现途径有两种，另一种是直接监督，除党组织的代表作为民办学校监督机构成员，履行监督职责外，还应当根据党章的规定和上级政策要求，对民办学校重大事项决策、重要干部任免、重大项目投资决策、大额资金使用等"三重一大"事项进行监督。另一种是间接监督，民办学校可以通过"双向进入、交叉任职"等方式建立党政联席治校制度，发挥好党组织对教职工代表大会、学生代表大会、共青团组织的领导作用，就学校发展的有关重大事项提出意见和建议，通过间接参与决策的方式实现监督功能。

---

① 董圣足.民办学校分类管理推进策略研究［M］.上海：华东师范大学出版社，2020：9.

三、民办学校的章程与合规管理

（一）民办学校章程的重要意义

1. 章程是民办学校实施法人治理的核心制度基础

《中华人民共和国教育法》第二十七条明确规定，章程是设立学校及其他教育机构必须具备的基本条件之一；第二十九条赋予了学校及其他教育机构按照章程进行自主管理的基本权利。《中华人民共和国民办教育促进法》第十五条要求在申请正式设立民办学校时，举办者应当向审批机关提交的文件中包含学校章程。法律赋予了民办学校较高的办学自主权，但自主的前提必须是民办学校建立了科学健全的治理结构，具备自主管理的能力，不能陷入"一放就乱、一收就死"的怪圈。完善的章程是民办学校行使办学自主权的前提和基础。依法制定和实施民办学校章程，明确和规范民办学校的办学宗旨、目标任务、内部治理结构等重大事项，形成依法办学、规范管理、自主发展、民主监督的良性运行机制，对于提高民办学校管理的制度化、科学化、法治化水平，实现民办学校全程合规化运营，具有重要的现实意义。

2. 章程是确保举办者参与民办学校办学管理合规的基本制度依据

《中华人民共和国民办教育促进法》第二十条规定，民办学校的举办者应当根据学校章程规定的权限和程序，参与学校的办学和管理。无论是营利性还是非营利性民办学校，均享有独立的法人财产权，并且民办学校理事会或董事会是学校的决策机构。根据法律规定，举办者并不能够直接在民办学校行使决策权。设计好学校章程是保障举办者参与办学与管理的关键。举办者参与办学管理必须按章程规定进行，不得干预董事会与校长的法定职权，否则可能会被主管部门认定为"董事会或其他形式的决策机构未依法履行职责""教育教学管理混乱"，将面临行政处罚。目前举办者参与学校的办学管理最好的方式有两种，一是选好理事或董事，正确发挥理事会作用；二是进行财务监督。监督不等于替代，否则可能被认定为"财务、资产管理混乱"而被主管部门处罚，也绝对不允许恶意终止办学、抽逃资金或者挪用办学经费。因此，民办学校章程中关于举办者参与学校办学与管理的制度设计就显得特别重要。

3. 章程是保护民办学校各方权益的重要法律文件

在学校章程中，应明确学校相关利益方的权益，如举办者权益、教职工权益和学生权益，在学校章程中均应有不同程度的涉及。利益相关方之间发生矛盾纠纷，可以依据学校章程进行调解和处理。如在实践中发生的举办者出资份额确认、理事会人员组成、学校决议是否合法等争议，行政主管部门和人民法院可以将章程作为处理相关争议的重要依据。

（二）民办学校章程的特点

1. 法定性

民办学校章程的法定性主要体现在民办学校章程的制定、修改都必须依法进行，章程的法定必备要素齐全，内容符合法律法规的明确规定。

2. 真实性

民办学校章程的内容应该与民办学校的办学情况一致，不得弄虚作假，作错误或虚假的记载；应当是民办学校举办者、管理者，以及教职工真实意愿的表达。

3. 自主性

民办学校的章程制定和修订均应由举办者和学校决策机构依法律规定的程序进行，在法律法规的框架下自主决定具体的内容，如办学宗旨、治理结构、重大制度等。

4. 公开性

根据现行的法律法规要求，民办学校的章程要报审批部门核准和登记部门备案，并向社会公示，任何公民都可以依法查阅。

5. 制约性

民办学校的章程一旦生效，在学校便具有极高的法律效力。学校各方都应该严格遵守学校章程，依据章程享有相应权利，履行相关义务。

（三）民办学校章程存在的合规问题

笔者曾在调研中发现，很多民办学校没有认识到章程的重要意义。章程制订比较随意，存在不少合规方面的问题。

1. 章程内容不合法

某民办学校的章程第十五条规定："学院董事会依法由投资人、法人代表、院长、党委书记、教师代表、行政管理人员代表等人员组成。"该条规定不符合《中华人民共和国民办教育促进法》第二十一条"学校理事会或者董事会由举办者或者其代表、校长、教职工代表等人员组成"的规定。学校的投资人并不完全等于学校举办者，其参与民办学校决策机构没有法律依据。同时"法人代表"的表述也不符合法律规范，应当为"法定代表人"。有的民办学校章程规定学校理事会成员仅为3人，不符合法律规定最低5人的人数要求。有的民办学校章程规定学校设立股东大会，是学校的决策机构，决定学校的诸多重大事项，该规定与《中华人民共和国民办教育促进法》相抵触。甚至有民办幼儿园的章程竟然规定该章程的解释权归另一个幼儿园的理事会，此种错误情况在集团化办学的民办学校中比较容易发生。

2. 章程内容不真实

有的民办学校章程注明的举办者与实际情况不一致。比如某民办学校章程第十条规定，学校举办者为长沙××有限公司和Z先生，但是学校实际上的举办者为Z先生一人。长沙××有限公司与Z先生之间并没有签订《合作办学协议》，双方之间对于举办学校的出资比例也没有明确约定。如果长沙××有限公司出现债务问题、资产清算等，学校也将遭受不利影响。另，经查询全国企业信用信息公示系统，并没有长沙××有限公司的工商信息，只有湖南××制造有限公司。因此，该学校章程对于举办者名称的表述可能存在错误。还有的学校章程规定的开办资金为220万元，与验资报告载明的50万元不一致；有的章程没有开办资金数额；有的章程规定举办者、出资人与批复文件、办学许可证记载的不一致；有的章程甚至学校名称与办学许可证登记的名称不一致。

3. 章程内容不合理

有的民办学校章程规定董事、监事的人数为双数。在学校章程规定的监事人数为双数的情况下，若表决过程中出现 n∶n 的局面，容易陷入僵局，无法形成一致决定。

4. 章程内容不健全

有的民办学校章程按照公司章程模板制定，未规定学校决策机构、举办者等核心内容。章程文本未经学校决策机构成员签字，或者无举办者签字或盖章。

（四）民办学校章程的合规要求

1. 章程制定和修订主体合规

根据《中华人民共和国民办教育促进法》第十五条的规定，不难推断，在民办学校设立之初，学校尚不具备法人资格，更没有其他组织机构。学校的原始章程只能是由学校的举办者制定并提供给审批部门。学校获得了法人资格后，依法组建了董事会、理事会或其他决策机构，依据《中华人民共和国民办教育促进法》第二十二条规定，修改章程即成为学校董事会或理事会的法定职权，即只有董事会或理事会才有资格修改学校章程。

2. 民办学校章程生效要件合规

民办学校的原始章程需要在学校申请正式设立阶段提供给审批部门，审批部门在审批相关资格时包含对学校章程的核准，因此可以推定为原始章程产生效力的法定条件是审批部门的核准。章程产生法律效力的条件有哪些？根据《中华人民共和国民办教育促进法实施条例》的规定，不难发现，学校章程生效的条件有三个：一是符合学校原始章程中已规定的修改和生效程序；二是根据《中华人民共和国民办教育促进法实施条例》第二十六条规定，应当经三分之二的董事会或理事会成员同意方可生效；三是应当将章程向社会公示。修订章程应当事先公告，征求利益相关方意见；完成修订后，报审批机关备案或者核准。

3. 民办学校章程内容合规

根据《中华人民共和国民办教育促进法实施条例》的相关规定，民办学校章程应当具备以下内容：（1）学校的名称、住所、办学地址、法人属性。民办学校要使用规范名称，不得擅自变更办学地点，法人属性按营利性和非营利性进行区分。（2）举办者的权利义务，举办者变更、权益转让的办法。（3）办学宗旨、发展定位、层次、类型、规模、形式等。这是学校开展教育教学活动的重要依据。（4）学校开办资金、注册资本，资产的来源、性质等。这是学校资产和举办者权益来源的重要依据。（5）理事会、董事会或者其他形式决策机构和监督机构的产生方法、人员构成、任期、议事规则等。这是学校治理结构与组织机构运行的核心基础。（6）学校党组织负责人或者代表进入学校决策机构和监督机构的程序。这是实现党的领导的必然要求。（7）学校的法定代表人。民办学校的法定代表人只能是决策机构负责人或校长。（8）学校内设机构的组成及职责。内设机构的职权应与法人治理结构的组织机关相区别。(9)教职工、学生的权利义务及权益保障机制。章程不能侵犯教职工和学生的合法权益。(10)学校自行终止的事由,剩余资产处置的办法与程序。民办学校应当依法终止,须经财务清算和审批机关批准。剩余资产处置根据学校的性质,做出符合法律要求的规定。(11)章程修改程序。章程修改必须经决策机构提议和决策,实行三分之二以上多数表决。

四、民办学校的决策机构与合规管理

(一)民办学校的特殊法人治理结构——"董事会中心主义"

按现行的法律设计,民办学校的决策机构乃董事会(或理事会),它拥有特殊的法律地位。《中华人民共和国民办教育促进法》第二十条第一款规定:"民办学校应当设立学校理事会、董事会或者其他形式的决策机构并建立相应的监督机制。"可见,对于民办学校决策机构的设置,法律规定可以是理事会、董事会,也可以采取其他形式。在实践中,非营利性民办学校的决策机构一般称为理事会,营利性民办学校一般称为董事会。虽然民办学校决策机构还可以采取其他形式,但也仅仅是称呼上的不同而已,其法律地位没有本质差别。民办学校董事会作为决策机构,是民办学校法人治理结构的中心,有着特殊的法律地位,主要表现在以下三个方面。

1.董事会是民办学校的核心领导机构

根据《中华人民共和国民办教育促进法》第二十二条规定,董事会的职权有:聘任和解聘校长;修改学校章程和制定学校的规章制度;制定发展规划,批准年度工作计划;筹集办学经费,审核预算、决算;决定教职工的编制定额和工资标准;决定学校的分立、合并、终止;决定其他重大事项。由此看出,民办学校董事会拥有聘任和解聘校长、制定学校的规章制度、制订发展规划、批准年度工作计划、决定教职工的编制定额和工资标准等职权,即民办学校的重大经营事项均应在董事会的领导之下进行,董事会实为学校的核心领导机构。

2.董事会是民办学校的最高权力机构

在《公司法》中,公司的最高权力机构是股东会,董事会是股东会之下的公司核心领导机关和集体执行公司事务的机关。民办学校董事会拥有相当于公司股东会的权力,实际上是学校的最高权力机构。《中华人民共和国民办教育促进法》设计的民办学校治理结构,实际上是董事会中心主义,民办学校董事会的法律地位高于公司董事会。根据《中华人民共和国民办教育促进法》第二十二条的规定,民办学校董事会拥有修改学校章程,筹集办学经费,审核预算、决算,决定学校的分立、合并、终止,决定其他重大事项等职权。董事会的这些职权若放在《公司法》里去考察,明显是股东会的权力。随着经营管理的专门化,公司董事会的权力逐渐加强并相对独立,股东会的权力相应受到了一定限制,公司治理结构由股东会中心主义向董事会中心主义转变。但修改章程,决定公司的分立、合并、终止等仍然是股东会的法定权力,不可动摇。《中华人民共和国民办教育促进法》没有关于民办学校股东会的相关概念和规定,故民办学校董事会实际上行使了股东会的权力。在民办学校,董事会甚至还拥有超过举办者(股东)的法律地位。营利性民办学校的法人登记形式虽然为公司,但就相对而言,《中华人民共和国公司法》是普通法,《中华人民共和国民办教育促进法》是特别法。《中华人民共和国民办教育促进法》在营利性民办学校的问题上,实际上是新创设了一种特殊的公司制度。根据《中华人民共和国立法法》,特别法优先于普通法适用,故营利性民办学校的决策机构也应当为董事会。全国人大常委会法制工作委员会在《对营利民办学校决策机构法律适用问题的答复意见》(法工委复〔2020〕5号)中就明确,营利性民办学校是公司法人的,其决策机构适用《中华人民共和国民办教育促进法》的特别规定。《中华人民共和国民办教育促进法》第五十四条规定:"民办学校举办者的变更,须由举办者提出,在进行财务清算后,经学校理事会或者董事会同意,报审批机关核准。"以上答复对营利性民办学校举办者的变更也持同样的立场,即应当适用《中华人民共和国民办教育促进法》而不是《中华人民共和国公司法》的规定。民办学校举办者的变更,须经董事会同意,可见民办学校董事会的法律地位实际上超越了公司的股东会。

3.法律对民办学校董事会的法律地位设计有着特殊的意义

董事会作为法定的民办学校决策机构,与公司的董事会相比,有一定的相似性。但二者有本质区别,民办学校董事会是一种特殊的治理机关。因为民办教育本质上属于社会公益性事业,是社会主义教育事业的组成部分,为保障其公益性并与教育行业的特殊要求相适应，《中华人民共和国民办教育促进法》第二十一条对民办学校董事会的组成人员、任职资格、监督管理等均作了不同于公司董事会的规定。如学校董事会由举办者或其代表、校长、教职工代表等人员组成，其中三分之一以上的董事应当具有五年以上教育教学经验；董事长、董事名单应报审批机关备案等。法律对民办学校董事会职权的赋予与人员组成的要求，蕴含着特殊的意指。即确保民办学校作为社会主义教育事业组成部分的公益属性，防止其沦为私人控制的私产，以免损害社会公共利益。

（二）现行民办学校决策机构制度存在的问题

我国现行法律并没有对民办学校决策机构进行制度体系设计，法律条文相当笼统。民办学校决策机构的相关规定也存在诸多问题，与其现有的法律地位不相匹配，以致民办学校决策机构被利益团体控制的现象突出，家族式经营治理的弊病长期存在，决策机构权力过于膨胀等，阻碍了民办教育可持续发展①，脱离了《中华人民共和国民办教育促进法》的立法本意。具体表现在以下几个方面。

1. 未区分营利性民办学校与非营利民办学校设置董事会

《中华人民共和国民办教育促进法》已经明确对营利性民办学校与非营利性民办学校进行分类管理，但民办学校董事会的设置没有区分营利性与非营利性学校。两类民办学校董事会在地位、职权上完全一致，不符合立法目的与现实需求。营利性民办学校董事会拥有高过学校举办者（股东）的职权，明显与《公司法》设定的公司治理结构相冲突，也不适应营利性民办学校运营的实际需要，更与投资者举办营利性民办学校的目的相违背。

2. 董事会人员构成不合理

《中华人民共和国民办教育促进法》第二十一条规定："学校理事会或董事会由举办者或者其代表、校长、教职工代表等人员组成。其中三分之一以上的理事或者董事应当具有五年以上教育教学经验。"由于非营利性民办学校不设股东会，也没有强制要求设立监事会，民办学校的董事会的制度设计实质上糅合了《公司法》意义上的股东会、董事会及监事会的部分职能，故举办者（类似

---

① 周海涛，等.民办学校分类管理政策研究［M］.北京：经济科学出版社，2016：49-50.

股东)、校长(类似总经理)、教职工代表(类似监事)都被安排进了董事会。从表面看,董事会成员具有一定代表性,但实际上结构非常单一,人员比例也不明确。校长或者由举办者直接担任,从而架空董事会;或者名义上是由董事会聘任,但实际上乃举办者任命的私人,从而完全听命于举办者,沦为举办者的附庸。[①] 教职工代表如何产生,在法律上也并无明确规定,完全可由举办者任用私人。关于董事会人员组成的法律疏漏,导致民办学校的举办者(投资人)控制现象非常普遍。

3. 董事的产生方式、任期等规定不明确

《中华人民共和国民办教育促进法》对学校董事会如何产生及其董事任期均没有规定,修订后的《中华人民共和国民办教育促进法实施条例》第十一条规定了民办学校的首届董事会由举办者推选,但对董事的变更、任期等均没有规定。许多民办学校自成立以来,董事会从未进行换届。有的董事甚至已经离职或者离世,但仍然在董事会名册。董事会形同虚设,学校实际一直由举办者完全控制,以致在实践中,民办学校在办理举办者变更等需要形成董事会决议的法定情形时,假冒董事签名的情况比较常见,引发了不少法律纠纷,给学校正常办学埋下了隐患。

4. 董事任职资格规定过于简陋

《中华人民共和国民办教育促进法》仅在第二十一条规定了民办学校"三分之一以上的理事或者董事应当具有五年以上教育教学经验",现行的《中华人民共和国民办教育促进法实施条例》第二十五条也仅有"民办学校理事会、董事会或者其他形式决策机构的负责人应当具有中华人民共和国国籍,具有政治权利和完全民事行为能力,在中国境内定居,品行良好,无故意犯罪记录或者教育领域不良从业记录",而无董事任职资格的具体规定。在公司法领域,为避免股东信任的落空,多数国家的公司法都限制或禁止有不良行为记录或个人资信状况较差的人出任董事。《中华人民共和国公司法》第一百四十六条对此有比较详细的规定。民办学校属于教育事业,公益属性明显强于普通的营利性企业,服务对象也具有特殊性。相较公司而言,对董事等高级管理人员的能力、品行条件的规定本应比公司法更严格。但现行民办教育法律法规对民办学校董事的任职规定过于原则和抽象,与教育行业的特殊性

---

① 张文国.我国民办学校董事会制度的缺陷及完善[J].广西政法管理干部学院学报,2013(4):34.

完全不匹配。

5. 董事义务责任制度缺失

《中华人民共和国公司法》对公司董事明确规定了忠实、勤勉义务，如不得利用职权获取非法利益、不得收受贿赂、竞业禁止、不得与公司自我交易、不得泄露公司秘密等。董事违反规定获得的收入应当归公司所有，给公司造成损失的，应当承担赔偿责任。《中华人民共和国民办教育促进法》对民办学校董事的义务及责任未做任何规定。《中华人民共和国民办教育促进法实施条例》也仅规定了"理事会、董事会或者其他形式决策机构未依法履行职责的"，对民办学校依照《中华人民共和国民办教育促进法》第六十二条的规定进行处罚。这种决策机构犯错却由学校承担责任的规定，有"打错板子"之嫌，起不到促进民办学校规范治理的效果。民办学校董事义务责任制度缺失，以致部分掌握学校实权的董事想方设法转嫁学校利润或利用职权谋取私利。而被举办者聘任的其他董事大多成为挂名董事，未能认真履行职责，甚至不参加董事会会议。更有甚者，连董事会决议都不知情。董事会的决策权集中在董事长或以董事长为中心的少数人手中，民办学校董事会制度形同虚设。

(三) 构建以董事合规义务为核心的民办学校决策机构制度

传统的公司治理结构离不开股东会、董事会、监事会和经理层"四驾马车"，但无论是以股东权利为核心的单边治理结构，还是以股东、高管、员工等利益相关者为基础建立起来的多边治理结构，都存在一定的缺陷。以公司内部权力配置为基础建立的治理结构，并不是包治百病的"良药"，不能解决公司治理的全部问题，特别是难以实现股东、高管和社会利益之间的有效平衡。民办学校在家族治理模式之下，以董事会为中心的法人治理结构的固有缺陷更加明显，一直无法摆脱内部人控制的桎梏。在企业合规管理体系中，以董事为中心的各个公司机关都需要行使各自的合规职权，履行各自的合规义务。这样才有利于公司机关之间形成更加高效的分工、配合与制衡关系，克服传统的公司治理结构固有的缺陷。民办学校治理不仅需要考虑举办者的利益，更重要的是还要考虑学生、教师、社会乃至国家的利益。完善的决策机构制度，对民办学校能否实现依法依规治理、自主规范办学、平衡和保障各方利益至关重要。参考《中央企业合规管理指引（试行）》，民办学校决策机构应当承担的合规职责主要有：批准合规管理战略规划、基本制度和年度报告；推动完善合规管理体系；决定合规管理负责人的任免；决定合规管理牵头部门的设置和职能；研究决定合规管理重大事项；按照权限决定违规人员的处理事项等。针对当前我国民办学校决策机构制度存在的疏漏，建议根据民办学校的法人属性，结合决策机构的特殊法律地位，以董事合规义务为核心进行制度重构。

1. 按民办学校性质分类构建决策机构制度

《中华人民共和国民办教育促进法》已经规定对民办学校按营利性与非营利性实施分类管理，那么按学校性质分类构建决策机构制度也是应有之义。两类决策机构在董事人员构成、职权等方面应体现各自学校的性质特点。非营利性民办学校的董事会成员应不以财产权为基础，较少体现举办者意志，更多代表社会公共利益，故职权按现行法律规定行使比较合理。营利性民办学校的董事会应平衡举办者的利益与社会公共利益，注意《中华人民共和国公司法》与《中华人民共和国民办教育促进法》的衔接，合理划分董事会和股东会的职权。学校利润分配、由举办者推选的董事人选变更，由股东会决策；章程修改及学校分立、合并、终止等重大事项，由董事会决策。在确保学生、教师及社会公共利益不受损害的前提下，尊重举办者的意愿与合法利益。

2. 完善决策机构人员结构

尽快落实《国务院关于鼓励社会力量兴办教育促进民办教育健康发展的若干意见》中关于完善民办学校法人治理结构的要求。民办学校董事会的人员构成应立足董事会的职能，除举办者和教职工代表外，还应有党的代表、社会代表等。①教职工代表。现有法律没有明确规定教职工代表的比例和职务限制，大多数民办学校的董事会教职工代表都由管理人员来担任，导致董事会普遍形成举办者控制现象，教职工代表形同虚设。法律应当明确董事会必须有一线教师代表，校长等高级管理人员不得占用教师代表名额。②党的代表。为保证民办学校的社会主义办学方向，民办学校必须加强党的建设和领导。民办学校设有党组织的，党组织书记应当为董事会成员。暂没有设立党组织的，教育行政主管部门可派驻党建指导员，由党建指导员担任董事会成员。③社会代表。鉴于办学需要良好的社会环境和地方支持，民办学校所在街道或社区可派驻代表担任董事会成员，也可邀请人大代表、政协委员或其他社会贤达人士担任董事会成员。条件具备的民办学校，可以推行独立董事制度。

3. 完善决策机构产生方式与任期规定

《中华人民共和国民办教育促进法实施条例》虽然已经规定民办学校首届董事会由举办者推选，但并不代表之后民办学校董事会成员的变更、换届等均由举办者决定。建议首届董事会之后的董事变更，除校长、党的代表、教职工代表董事之外，其余董事的产生方式，应由学校章程规定是否由举办者或本届董事会推选。民办学校的党组织书记应当成为董事会成员，教职工代表董事应由教职工代表大会选举产生。董事会的任期可参考《中华人民共和国公司法》的规定，董事任期不得超过 3 年，可连选连任。董事任期的起算，由首任理事自民办学校成立时起算，学校成立后改选的理事，应当自当选之日起算。

4. 完善决策机构成员任职资格条件

鉴于教育行业的特殊性质，对民办学校董事的任职资格应当作严格限定。一是身份条件，董事之间具有配偶、兄弟、姐妹、父母或子女等近亲属关系的人员不能超过董事总数的 49%，防止产生内部人控制现象。二是年龄条件。立法可不设定理事的年龄上限，但未成年人不得担任民办学校董事。三是能力、品行条件。为避免学生、家长信任的落空，维护教育事业的良好社会形象，立法应限制或禁止有不良行为记录或个人资信状况较差的人出任民办学校理事。如有犯罪记录的、被撤销教师资格的人员均不得出任民办学校董事。教育部、人力资源和社会保障部、原工商总局颁布的《营利性民办学校监督管理实施细则》第 19 条规定，有犯罪记录、无民事行为能力或者限制行为能力者不得在学校董事会、监事会、行政机构任职。此为规范性文件的规定，可吸纳转化为法律规定，扩展到非营利性民办学校。

5. 建立决策机构成员合规义务责任制度

立法应明确民办学校董事的合规义务，分为积极的合规义务与消极的合规义务两种类型。其积极的合规义务主要有：认真履行法律、学校章程规定的董事职责；出席董事会的各种会议；当发现董事会聘任的学校管理人员不能胜任时，及时建议董事会将其解聘；不能履行勤勉义务时，及时辞任等。其消极的合规义务主要有：不得利用职权获取非法利益，如挪用、侵占学校资金等；不得收受贿赂，接受学生或家长礼物、礼金、吃请等；不得与学校从事自我交易；不得泄露学校的教育教学秘密；不得干扰学校正常的教育教学秩序等。同时，还应根据董事义务规定设置董事的责任类型，主要有利益返还、损害赔偿等民事责任及解除职务、任职限制等行政责任；构成犯罪的，还应当追究刑事责任等。

民办学校全面实现合规管理，建立完善现代的学校法人治理结构是基本前提。作为民办学校治理结构核心组成部分的决策机构，不能徒具形式，应当与时俱进，跟上法治现代化的步伐。民办学校决策机构的制度设计应与其法律地位相适应，根据其作为学校核心领导机构和最高权力机构的性质，以及服务法律促进与规范民办教育发展的立法目的，承担起合规管理的主要责任，保障和平衡民办学校举办者、学生、教师、家长的合法权益，维护社会公共利益，保障和促进民办学校健康可持续发展。

五、民办学校的监督机构与合规管理

《中华人民共和国民办教育促进法》第二十条规定了民办学校应当建立相应的监督机制。《中华人民共和国民办教育促进法实施条例》第二十七条第一款规定了民办学校应当设立监督机构，教职工人数少于 20 人的民办学校可只设 1 至 2 名监事；第二款规定了，民办学校监督机构的职能为对学校办学行为的监督，其职权依据为国家有关规定和学校章程。办学行为是民办学校的核心行为，监督机构对学校的办学行为履行监督职能。该职能确实应当成为监督机构的主业，但民办学校除了办学行为外，还会从事其他行为。民办学校的董事、校长等高级管理人员的所有职务行为能否纳入监督机构的监督范围，法律没有明确。至于国家主管部门有关民办学校监督机构的职能规定，目前只有教育部、人力资源社会保障部、原工商总局颁布的《营利性民办学校监督管理实施细则》，对营利性民办学校监督机构的职能作了相对详细的规定。关于非营利性民办学校监督机构的职能，有关部门暂无相应规定出台。《营利性民办学校监督管理实施细则》第十八条规定了营利性民办学校监事会可以行使的职权有：①检查学校财务。②监督董事会和行政机构成员履职情况。③向教职工（代表）大会报告履职情况。④国家法律法规和学校章程规定的其他职权。该规定虽然相对立法而言细化了监督机构的职权，但监督范围依然比较狭窄，没有配套的监督手段。因此，立法和政策对民办学校监督机构的职能定位是不够完善的，不利于全面推进民办学校的合规管理。

参考《中央企业合规管理指引（试行）》，民办学校监督机构应当承担的合规职责主要有：监督董事会的决策和流程是否合规；监督董事和高级管理人员的合规履职情况；对引发重大合规风险负有主要责任的董事、高级管理人员提出罢免建议；向学校董事会提出撤换学校合规管理负责人的建议。目前民办学校监事会制度不健全，很多学校没有成立监事会或监事职责不明，或监督机构只负责在名义上监督学校的办学行为，实际上成了董事会的附属，导致民办学校内部监督机制失灵。从外部监督而言，政府对民办学校的监督力度往往不够。如在财务监督方面，教育行政部门聘请会计师事务所等机构对民办学校进行的外部审计很难做到全面覆盖。师生、家长、社会的监督力量更是薄弱。家长对民办学校的监督主要是通过"用脚投票"的方式进行，这种事后的监督方式其实主要是对民办学校教育教学质量的市场评价，家长对其财产、治理结构的内部运转模式往往知之甚少。由于信息不充分，事实上家长及学生对学校的监督非常有限。因此，民办学校的监督机制大多失去了应有的作用，增加了学校办学、财务、合规等风险的概率。

要发挥民办学校监督机构在民办学校合规管理中的作用，应当重点明晰以下几个观念。第一，应当正确认识民办学校监督机构的法律地位。民办学校决策机构与监督机构都是学校法人治理结构的重要组成部分，两者之间应当是平等的并列关系，而非纵向的领导与被领导的关系。① 监事会与董事会同属于民办学校的一个管理层次，只是分工和职责不同。监事会绝非董事会的附庸，甚至民办学校的监事会比普通商业公司的监事会应有更加权威的地位。第二，应当正确认识民办学校监督机构的外部独立性。民办教育是社会公益事业，监督机构既要对内向民办学校负责，也要对外向社会负责。因此，监事人选要体现独立性和外部性，监事目的在于维护国家利益、社会利益和民办学校广大师生的利益。《中华人民共和国民办教育促进法实施条例》为了保证监事依法独立履行职责，特别在第二十七条第三款规定了民办学校的理事会、董事会或者其他形式决策机构组成人员及其近亲属不得兼任、担任监督机构组成人员或者监事。第三，监督机构对民办学校的监督应当是全方位的。民办学校监事会或者监事对学校的办学方向、办学质量、重大决策、财务状况及董事、校长等高级管理人员的职务行为进行监督。民办学校的章程还可以赋予其更加明确的权限。甚至在司法实践中，还应当赋予民办学校的监事为了学校利益以学校名义提起诉讼的权利。

---

① 董圣足.民办学校分类管理推进策略研究[M].上海：华东师范大学出版社，2020：238.

冯某诉谢某侵占重庆市某职业培训学校资金案①

重庆市某职业培训学校于 2006 年 2 月 27 日在重庆市民政局登记为民办非企业单位(法人),出资人为重庆某科技有限公司、重庆某咨询有限公司,理事会成员为谢某、冯某、杨某、王某,曾某任监事,谢某同时担任理事长、法定代表人。冯某认为,谢某利用职务之便,将重庆市某职业培训学校资金以个人名义开设的银行账户进行储蓄,导致学校财产与个人财产混同,侵占学校财产,且拒不返还,严重侵害学校利益。冯某遂以学校理事身份,于 2018 年 2 月向人民法院起诉,请求:①判决被告谢某停止侵占重庆市某职业培训学校的资金;②判决被告将其侵占的学校办学资金退还重庆市某职业培训学校。

在本案中,人民法院的核心观点为:对于理事损害民办学校利益责任纠纷,鉴于法律未明文规定,但民办学校章程设置有监督机构且其职责包含检查、监督、纠正理事不当行为等,可以类推公司法相关规定。即应当由监事会主席或者不设监事会的监事,以民办学校名义代表民办学校提起诉讼,或者出资人可以自己的名义提起诉讼。冯某虽然是民办学校的理事,但不是学校监事,因此无诉讼主体资格,遂驳回了冯某的诉讼请求。

在现行法律对民办学校利益保护制度没有明确规定的情形下,章程是法人自治的主要依据。同时,鉴于本案的主要特征与《公司法》规定的损害公司利益责任纠纷最为类似,而类推适用作为补充法律漏洞的方法之一,②在本案中有适用的余地,故可类推适用最为相似的《公司法》规定保护民办学校的合法权益。《中华人民共和国公司法》第一百四十九条规定:"董事、监事、高级管理人员执行公司职务时违反法律、行政法规或者公司章程的规定,给公司造成损失的,应当承担赔偿责任。"第一百五十一条规定:"董事、高级管理人员有本法第一百四十九条规定的情形的,有限责任公司的股东、股份有限公司连续一百八十日以上单独或者合计持有公司百分之一以上股份的股东,可以书面请求监事会或者不设监事会的有限责任公司的监事向人民法院提起诉讼;监事有本法第一百四十九条规定的情形的,前述股东可以书面请求董事会或者不设董事会

---

① 参见重庆市渝北区人民法院(2017)渝 0112 民初 19977 号之一民事裁定书。
② 卡尔·拉伦茨.法学方法论[M].陈爱娥,译.北京:商务印书馆,2003:258.

的有限责任公司的执行董事向人民法院提起诉讼。"《最高人民法院关于适用〈中华人民共和国公司法〉若干问题的规定（四）》第二十三条规定："监事会或者不设监事会的有限责任公司的监事依据《公司法》第一百五十一条第一款规定对董事、高级管理人员提起诉讼的，应当列公司为原告，依法由监事会主席或者不设监事会的有限责任公司的监事代表公司进行诉讼。"重庆市某职业培训学校设有理事会，虽未设立监事会但选任了监事。根据章程规定，对于理事侵害学校利益的，监事有权要求其纠正。而监事的监督权及要求纠正的权利，自然包括作为诉讼代表人，以学校名义提起民事诉讼。

依据《中华人民共和国民办教育促进法》第三十六条规定，"民办学校对举办者投入民办学校的资产、国有资产、受赠的财产，以及办学积累，享有法人财产权。"第三十七条规定："民办学校存续期间，所有资产由民办学校依法管理和使用，任何组织和个人不得侵占。"民办学校法人财产权依法受法律保护。若被告确有原告所述行为，以个人账户收取学生学费，明显违反了相关法律法规规定，侵犯了学校的合法财产权益。但本案原告是学校理事，《中华人民共和国民办教育促进法》及《重庆市××职业培训学校办学章程》均未赋予理事有要求其他理事纠正违法行为的权利，民办学校理事没有提起派生诉讼的主体资格，故起诉被法院依法驳回。但依法律和民办学校的章程规定，监事拥有该项权利，可以学校的名义提起维权诉讼。

六、民办学校的执行机构与合规管理

民办学校的校长既是学校教育教学的负责人，同时也是学校的执行机构。《中华人民共和国民办教育促进法》第二十五条规定，民办学校校长负责学校的教育教学和行政管理工作，行使下列职权：①执行学校理事会、董事会或者其他形式决策机构的决定；②实施发展规划，拟订年度工作计划、财务预算和学校规章制度；③聘任和解聘学校工作人员，实施奖惩；④组织教育教学、科学研究活动，保证教育教学质量；⑤负责学校日常管理工作；⑥学校理事会、董事会或者其他形式决策机构的其他授权。根据法律规定可见，民办学校的校长是在决策机构的领导和授权下开展工作，其权力来源既有法律的规定，也有董事会的授予。参考《中央企业合规管理指引（试行）》，民办学校执行机构应当承担的合规职责主要有：根据董事会决定，建立健全合规管理组织架构；批准合规管理具体制度规定；批准合规管理计划，采取措施确保合规制度得到有效执行；明确合规管理流程，确保合规要求融入学校教育教学工作全过程；及时制止和纠正不合规的办学行为，按照权限对违规人员进行责任追究等。

当前民办学校执行机构的主要问题在于以校长为核心的执行团队职权落实不到位。举办者往往从资本的角度考虑学校的发展和运作，校长往往从教育教学的角度谋划学校的发展。这一不同的出发点造成了董事长和以校长为核心的执行团队之间的矛盾冲突。比较典型的三种情况：一是民办学校"校长不长"。校长走马灯似的换，有的民办学校一年换一个校长，有的甚至一年换几个校长，校长无权或权力很小。二是校长越权甚至反客为主。如学校董事长疏于管理，校长容易反客为主，一家独大，实际控制学校。三是董事长、校长频起战火，冲突不断，关系僵化，影响了学校日常教育教学工作的开展。[①] 依目前的情况来看，似乎第一种情况更为突出。因为民办学校的举办者控制着学校的人、财、物等各项关键资源，具体管理学校各项事务的校长对学校决策无法产生实质影响，以致校长较多地受制于举办者。校长不能依法履职，容易导致学校在教育教学方面出现大量不合规问题。

民办学校的校长与举办者之间的关系，从法律关系的本质来看，是一种委托代理关系。但因为民办学校的公益属性，其与社会公共利益密切相关。民办学校的校长不同于公司的经理，校长具有一定的法律独立性，《中华人民共和国民办教育促进法》对其职权范围和任职资格均有特别的规定。要在民办学校内部合理配置治理权力，就需要明晰董事会与校长之间的权责边界。董事会不得超越法律规定干预校长的职权，校长也应坚持在董事会的领导下依法开展工作。今后应在民办学校推行职业校长制度，平衡好行政权力与学术权力的关系，发挥校长在教育教学合规方面的主导作用。[②]

---

① 周海涛.民办学校分类管理政策研究［M］.北京：经济科学出版社，2016：232-233.
② 周海涛.民办教育分类管理政策实施跟踪与评估研究［M］.北京：经济科学出版社，2019：246-247.

第三章 民办学校合规管理运行机制

一、民办学校合规管理组织体系

中国自古有句法律名言："徒法不足以自行。"不论是营利性民办学校还是非营利性民办学校，作为法人单位，它们都是法律拟制的主体。法人单位无论有多么美好的治理愿景，都必须依赖法人的机关去描绘和执行。本书前一章提及民办学校法人治理结构的各个组成机关，都有合规管理的责任。但是，人人都负责相当于无人负责，企业推进合规管理，必须构建一个较为成熟的合规组织体系，[①]民办学校也不例外。民办学校规模较大、具备条件的，可以在董事会下设规委员会，由董事担任负责人。不具备设立合规委员会条件的，可由一名董事兼任合规负责人。合规委员会负责学校合规管理体系的构建、合规管理制度和合规专项计划的拟订、重大合规事项的决策建议等，合规委员会应向董事会负责。具备条件的民办学校，可以设立专门的合规部门，在合规委员会领导下开展工作。不具备设立专门合规部门的民办学校，可以在其他负责内部监督管理的处室如督导室加挂合规室的牌子，实行"两块牌子一套人马"，合署办公。同时，民办学校还应当借助外部专业力量，聘请熟悉民办教育行业的律师、会计师担任合规顾问，外部合规专家可以独立地向合规委员会及董事会发

---

① 陈瑞华.企业合规基本理论[M].北京：法律出版社，2020：9.

表合规意见。总之，合规部门的设置要保持相对独立性，避免利益冲突。学校应当为合规部门提供充足的人力物力资源，确保合规部门能独立地识别风险。在企业，合规委员会虽然设置在董事会之下，但保持了很强的客观独立性，有的企业甚至规定合规管理部门对其全部的经营活动和商业行为拥有一票否决权。

二、民办学校合规管理制度体系

（一）制定合规管理基本制度

制度是行为的先导。民办学校只有建立起一套行之有效的合规管理制度体系，学校的合规运营才有指引和基础。一所民办学校应当在章程之下，制定一套完整的办学行为准则，这是学校合规管理体系的核心部分。办学行为准则即合规管理基本制度，它应当为学校所有教职工确立履行职责的基本要求，是在学校的每个领域、每个环节都要遵守的法律法规、政策规定、教育伦理规范、教师职业道德规范及内部要求。如果说民办学校的章程属于学校内部的"宪法"，那么在学校章程之下确立的合规基本制度，相当于学校的"基本法"。它兼具"实体法""组织法""程序法"的功能，是学校合规体系有效运转的制度基础。合规管理基本制度应当在学校董事会的领导与授权下，由合规委员会、合规管理负责人或者校长制定。

（二）制定专项合规计划

合规管理不能盲目追求"大而全"，包罗万象的合规管理制度往往得不到有效落实。企业合规的灵魂并不是大而全的合规管理体系，而是针对企业风险点确立专项合规计划。如中兴公司的出口管制合规计划、西门子公司的反商业贿赂合规计划、Facebook 公司的数据保护合规计划、中国农业银行的反洗钱合规计划、湖南建工集团有限公司的诚信合规计划等，都是经过实践证明的行之有效的专项合规计划。① 民办学校应当向先进的大企业学习，针对行业和自身特点，在容易触发合规风险的重点领域，制定符合学校规范发展需要的专项合规计划。

民办学校专项合规计划，是指民办学校针对办学运营特定领域的合规风险，为避免学校因违反相关法律法规及政策规定而遭受行政处罚或行政处理、刑事追究，以及其他方面的损失，所建立的专门性合规管理体系。合规计划虽然强调专项，但并不意味着每个民办学校都要采取了一个模式。民办学校在建立专项合规计划时，应当根据学校的办学层次、类别、规模，针对其常见的风险领域，量身打造适合自己的合规计划。民办学校常见的合规风险类型已在本书第二章介绍，民办学校可根据不同的风险类型，制订专项合规计划。如诚信办学合规计划、财务合规计划、劳动人事合规计划、招生合规计划、教学行为合规计划、校园安全管理合规计划、刑事合规计划等。

（三）形成民办学校合规制度文化

合规管理制度不能仅停留在纸面上，还应当保证它的有效运转。这就需要民办学校的合规管理组织体系发挥作用，将合规管理切实融入学校的法人治理。各个治理机关履行好各自的合规职责，形成学校的合规制度文化。民办学校实现"规规矩矩办学"，树立"合规优于经济效益"的理念，将深刻改变学校治理文化。随着企业合规的深入推进，合规文化日渐兴盛，有的企业甚至通过合规建设，在文化上实现了"凤凰涅槃、浴火重生"。合规办学成为学校全体教职工普遍认可并遵循的价值观、思维方式、行为准则和行为方式，形成了良好的守法文化，将有效推动学校治理方式朝着现代学校制度的方向转型升级。学校合规文化若深入人心，无论是学校高管，还是普通教职员工，都积极履行合规义务，在追求办学效益的同时，注重学校社会责任和道德责任的承担，实现守法、诚信、廉洁办学。这本身就意味着学校实现了对全体教职员工的有效管理，展现了学校文化的内在驱动力。《中华人民共和国民办教育促进法》没有规定学校董事、监事、校长等高级管理人员的信义义务，但董事、监事、校长等高管是否尽到勤勉、忠实等信义义务，是评价民办学校是否形成良好的治理文化

---

① 陈瑞华.企业合规基本理论[M].北京：法律出版社，2020：115-116.

的重要标准。《中华人民共和国公司法》虽然规定了公司董事等高管的勤勉义务,但作为不确定概念,勤勉义务是比较抽象概括的义务,不能像忠实义务那样,可以从反面禁止的角度作具体规定。如何判断学校高管是否尽到了勤勉等信义义务,也是民办学校管理中的难题。信义义务的标准过于宽松或苛刻,都将不利于民办学校的经营管理。学校高管承担明确具体的办学合规义务,在确保自身守法合规的同时,履行对学校及其他员工的合规管控职责,可以实现信义义务的制度化、具体化,有效化解信义义务虚化的现实难题。

三、民办学校合规风险识别预警机制

(一)合规风险识别预警机制概述

对合规风险进行识别和发出预警,是合规管理体系有效运转的前提和基础。合规风险识别预警机制,要求合规部门全面系统地梳理本单位经营管理活动中存在的合规风险,对风险发生的可能性、影响程度、潜在后果等进行系统分析,对典型性、普遍性和可能产生较严重后果的风险及时发布预警。有效的合规计划要求企业的合规机制在经营过程中具有全流程预警的效果,对于企业或任何员工的违规行为进行及时识别,有效进行报告,鼓励内部员工或外界任何对象举报违规行为,保证合规部门及最高决策层及时发现违规行为。①

我国民办学校普遍缺乏有效识别合规风险的机制,除了合规文化的缺失外,最重要的根源在于学校管理者法治思维薄弱,没有将依法治校落到实处。在推进全面依法治国的新时代,依法治校不仅是建设现代学校制度的基本要求,也是主管部门对民办学校进行监管的主要手段。民办学校是市场主体的组成部分,市场主体进行市场行为,必须具备法治思维。市场竞争的各种风险无处不在,法律纠纷随时可能发生,极易触发违规行为。现在没有风险,不代表将来没有;现在是小纠纷或轻违规,不代表将来不会酿成大事件。诚如扁鹊所言"上医善于治未病",作为民办学校的管理者,养成法治思维,善于预防学

---

① 陈瑞华.企业合规基本理论[M].北京:法律出版社,2020:51.

校的市场法律风险，才是一个优秀的管理者。办教育的人，爱讲教育情怀，这是作为教育从业人员的本分。如果只有教育情怀，没有法治理性，学校难以持续稳定发展。民办学校相对公办学校而言，受先天条件限制，本身处于弱势地位，抗风险能力远不及公办学校。如果学校内部没有建立上下一体的合规风险识别和预警机制，违规办学行为不能被及时发现和预警，发生不合规风险事件后再进行应对就会显得特别被动。

（二）民办学校合规风险识别

合规风险识别，应以合规管理部门为主导，业务部门参与，在区分合规义务主体的前提下，把合规义务和部门职责、活动、行为等相关方面联系起来，全方位持续地收集合规风险信息，进行必要的筛选分析、分类组合，以有效识别可能发生违规行为的场景、原因、影响及后果。

民办学校应当根据自身办学运营等相关方面的实际情况，充分认识其所处的风险环境，进而识别可能发生不合规行为的场景。识别合规风险应当从内外两个方面进行。

1. 外部合规风险

民办学校识别外部合规风险，应重点关注以下几个方面。

（1）民办教育的办学模式与行业特点。民办学校办学以举办者自筹资金为主，基本没有财政拨款，能够获得的政府资助微乎其微。近年来受到新冠疫情、教育政策密集调控的重大影响，资本投入总体呈收缩趋势，资金压力较大，不少民办学校面临较大的财务合规风险。教育行业普遍实行预收费模式，民办学校的学费收取往往以学期或学年为周期，短期内看似聚集了大量资金，但实际上这些费用需要维持学校较长时间的运转。不少民办学校的举办者往往忽略了这个行业特点，将学费挪用或随意开支。少数民办学校盲目扩张，不断"跑马圈地"，后因各种原因资金链断裂，学校关停、负责人卷款跑路，家长退费维权无门，以致引发群体性事件。

（2）政治、经济、文化、人口大环境及学校周边小环境。教育行业是一个政策性极强的行业，政治、经济、文化与人口大环境决定了民办学校的发展未来。"人无远虑，必有近忧"，若没有政策的支持，没有庞大的人口基数作为生源，民办学校肯定会面临较大的发展风险。安全稳定的周边环境是一个学校正常发展的基础。如有的民办学校因为选址不合理，存在重大安全隐患，被主管部门责令关闭或不得不另行选址办学，付出高额的代价。

（3）当地的执法、守法和司法状况。如果当地教育行政执法和司法比较严格，形成了民办学校规范办学的良好氛围，学校自然会更加谨慎办学，重视合规建设。反之，如果当地的教育行政执法和司法环境宽松，虽然学校在短时间内因违规行为受到严厉处罚的概率较低，但长期来看实际上埋下了重大的合规隐患。2018 年 12 月 19 日，广东省教育厅、广东省检察院和广东省公安厅联合发布了《广东省教育系统移送涉嫌犯罪案件标准》，列明了教育领域常见的14 种违法行为与 18 种刑法罪名之间的联系和移送标准。该标准列举的 14 种违法行为，前 5 种行为就直接以民办学校为对象。主管部门将教育系统特别是民办教育领域常见的违法行为纳入刑法调整范围，可见教育行政部门和司法机关对民办教育领域的涉嫌犯罪行为已经给予了高度关注。

（4）地方政府部门的支持态度。当地政府对民办教育是否给予足够的关注与重视，对民办学校的扶持政策是否充足和落实到位，均可能对民办学校的合规管理产生不同程度的影响。

（5）学校在当地教育生态圈中的定位。民办学校需要考察当地的生源师资等市场竞争情况，明晰自己在当地教育生态圈中的定位，才能有针对性地开展合规管理体系建设。

（6）交易相对方的合规情况。交易相对方又被称为"第三方"。对第三方合规风险的防范、监控和应对，也是企业合规管理体系的重要组成部分。第三方的违法违规行为，也会引发企业相应的法律风险。学校不是一个与世隔绝的世外桃源，需要与外界发生各种业务往来，如食品采购、饮用水供应、校服采购、交通服务、研学旅游、教辅采购、校园安保等。有的事关师生的人身安全，有的事关学校的教学质量。若发生违法违规事故，后果将十分严重。实践中因第三方供应商的违法违规情况导致学校发生各类事故的案例屡见不鲜。因此，民办学校应当十分关注交易相对方的合规情况，谨慎选择合作伙伴，以防"城门失火、殃及池鱼"。

2. 内部合规风险

民办学校识别内部合规风险，应重点关注以下几个方面。

（1）学校的办学宗旨。办学宗旨实质上是学校办学方向的指引，是学校的使命愿景和价值观。学校若没有正确的办学价值观，合规管理也就如同无本之木、无源之水。民办学校章程的首要任务就是明确学校的办学宗旨。任何背离办学宗旨的行为，都可能引发重大的合规风险。

（2）学校的运营模式。民办学校的招生方式、收费方式、教育教学方式、学生实习和就业安置方式等办学模式，均与合规紧密相关，是可能导致民办学校违规发生行为的高风险领域，需要特别关注。

（3）学校的内部规章制度。学校的劳动人事管理制度、财务管理制度、教育教学制度、安全保卫制度、食品卫生制度、学生奖惩制度等各项制度，都应当符合法律法规和政策要求，否则容易引发一系列合规问题。

（4）合规管理的重视程度。民办学校是否有专门的合规管理部门或负责人，部门职责是否明确，制度是否健全，资源配置是否充足，都会影响合规管理体系的有效运转。

（5）已发生的合规风险事件。正所谓"前事不忘，后事之师"，已经发生的合规风险事件即为前车之鉴，学校在整改违规行为之后，若能举一反三、建章立制，合规管理将事半功倍。

（6）内部利益相关方的情况。民办学校的举办者、董事、校长等高级管理人员及教职员工遵守法律的情况将对学校合规管理产生重大影响。同时，民办学校是否对内部的利益相关方建立了合规激励约束机制，将决定合规管理实施的有效程度。

（三）民办学校合规风险预警

民办学校在识别合规风险的基础上，还应当建立合规风险的预警机制，让学校有应对合规事件的时间。学校应当明确发现预警信号的责任人，各部门主管应当是各自工作领域发现合规预警信号的第一责任人。对发现或提醒的预警信号，合规负责人应当会同业务部门负责人予以核实，由合规部门进行评估和判断，对风险发生的可能性、影响程度、潜在的危害后果等进行系统分析，研究制订应对预案，并及时报告学校负责人。

四、民办学校合规危机应对机制

民办学校发生违规违法事件后，应及时应对，最大程度地化解危机，降低损害后果，谨防小违规酿成大事故。民办学校应对合规危机，特别要注意避免因处置不当导致主管部门加大处罚力度，甚至引发司法机关启动刑事责任追究机制。合规危机发生的应对机制，应当分三个方面进行。一是立即开展内部合规调查，迅速查清违规事件的发生原因、责任人，对违规责任人进行惩戒。二是主动向主管部门提交事件报告。报告应当实事求是，真实全面客观，并附有体现学校诚意的整改措施。三是查找学校存在的合规管理漏洞和缺陷，及时加以弥补，并扎实开展整改工作。

民办学校普遍缺乏对合规危机的有效应对机制。在违规事件发生，监管部门已经介入的情况下，很多学校的第一反应往往不是及时采取有效的补救措施，而是千方百计寻找理由为自己辩护。在监管部门调查前期没有掌握直接证据的情况下，一些学校倾向于对违规事件予以否认，偏袒责任人，有的甚至采取隐瞒事实真相、伪造证据的方式逃避监管。比如有的民办学校违规组织招生入学考试，在监管部门调查时推脱为员工或培训机构私自行为，与学校无关。少数民办中职或高职学校，在生源竞争异常激烈的当下，组织了庞大的招生队伍，有的招生人员法纪观念淡薄，通过商业贿赂等违法方式进行不正当竞争。在上述违规招生事件暴露后，有的学校因为有的违规人员掌握较好的招生渠道，给学校带来了可观的经济效益，对这些违规的直接责任人采取包庇袒护的做法。实际上，行政主管部门拥有强大的调查手段和可以调动的资源，对于违规行为，如果认真调查完全可以查实。违法违规行为发生后，若行政主管部门决心一查到底，在查清事实真相后，学校将错过完善合规机制的最佳时机，以致引发更加严厉的监管处罚后果。

五、民办学校合规审查机制

合规审查机制是指企业将合规审查作为规章制度制定、重大事项决策、重要合同签订、重大项目运营等经营管理行为的必经程序。合规部门及时对不合规的内容提出修改建议，未经合规审查的行为不得实施。

民办学校的合规审查，不仅包括对规章制度、重大事项决策、重要合同签订、重大项目运营进行是否符合法律法规及监管规定的审查，还包括对是否遵守学校内部规章（包括学校价值观、办学行为准则、教育行业职业道德与操守等）的审查。合规审查既要对法律风险进行评估，又要进行道德评价，特别要注意审查法律法规规定不够明确的"灰色地带"。注重教育行政管理方式的指导性是我国教育立法的一个显著特点，教育强制措施相对其他法律而言较为"柔软"。因此教育行业有许多地带，既无明确的法律授权性规定，也缺乏法律的禁止性规定。为规范和加强对法律空白地带的管理，国家和各级主管部门出台了大量的政策性文件。这就决定了合规部门或顾问律师在进行民办学校的合规审查时，除了要审查民办学校的行为是否符合法律规定，还应审查是否符合国家和各级主管部门的政策性文件规定。

六、民办学校违规问责机制

违规问责机制是指在明晰违规责任范围、细化惩处标准的前提下，畅通举报渠道，针对违规行为及时开展调查，严肃追究违规人员责任。

及时处罚违规行为，可以树立合规管理的权威性，预防违规行为的再次发生，促进合规文化的形成。同时，单位内部建立健全违规问责机制，有利于实现员工责任与单位责任的切割。

民办学校建立违规问责机制：第一，应当畅通举报渠道，鼓励教职员工、学生、家长及社会各界对任何员工的违法违规行为进行举报。第二，民办学校针对违规行为的调查，应当注意方式方法，确保证据的有效性。当前民办学校的管理，有一个明显的缺点，就是程序意识薄弱，对学生、教职员工违规违纪行为的处理存在较大的随意性。曾经就有笔者顾问单位的举办者，未经任何劳动合同解除程序，直接在微信群宣布开除违规教师。虽然很多民办学校的实体管理制度比较健全，但往往容易忽略程序问题，对违规违纪人员的处理，从调查取证阶段开始就存在许多疏漏。调取违规行为的证据，应当按照民事诉讼的标准，确保证据具备合法性、真实性和关联性。调查人员应具备相应的法律知识，或者聘请专业律师予以指导。第三，在对违规行为进行处罚时，也应当严格依法依制度进行。违规问责应当公平公正。合规面前人人平等，不能优亲厚友，也不能歧视对待，对同一种违规行为应该有相同的处罚。处罚结果应当公示公开，以达到"惩前毖后，治病救人"的目的。

七、民办学校合规管理评估机制

合规管理评估机制是指定期对合规管理体系的有效性进行分析，对重大或反复出现的合规风险和违规问题，深入查找根源，完善相关制度，堵塞管理漏洞，强化过程管控，持续改进提升，避免类似的合规风险再度发生。

合规管理评估是一种确保合规管理有效性的机制。合规管理评估的具体方法是企业开展合规管理有效性自评，评价的内容主要有内部环境评价、风险评估机制评价、控制活动评价、信息与沟通评价、内部监督评价。[①] 民办学校进行合规管理评估，应当从以上几个方面，结合本单位的内部控制制度，对合规风险和违规问题进行认定和评价，同时对内控制度加以改进和提升。有效的合规计划应当建立在不断改进的基础上。随着民办学校办学规模的不断扩大，合规管理体系的缺陷和不足会逐渐暴露出来。民办教育行业是一个受政策影响特别大的行业，特别是近年来监管要求越来越严格，合规风险点也越来越多。同时，随着学校的办学层次、办学环境、生源状况，以及相关政策和法律法规的变化，合规要求也在不断发生变化。因此，民办学校应当定期审查和改进合规计划，不断完善合规管理体系。

八、民办学校合规管理保障机制

根据《中央企业合规管理指引（试行）》，合规管理保障机制主要包括合规考核评价、合规管理信息化建设、合规管理队伍建设、合规培训、合规文化培育，以及合规报告等方面的制度。

---

① 李明燕，洪麒.企业大合规［M］.北京：中国经济出版社，2021：88.

合规考核评价，是指将合规经营管理情况纳入对各部门和所属企业负责人的年度综合考核，对所属单位和员工合规职责履行情况进行评价，并将结果作为员工考核、干部任用、评先选优等工作的重要依据。当前党政机关、企业事业单位普遍推行领导班子和全员绩效考核制度，民办学校应当将合规绩效考核作为全员绩效考核的重要组成部分，将合规表现与人事绩效挂钩，对不履行合规义务的人进行相应的惩戒。不履行合规义务的人不仅包括违法违规人，还包括未履行合规管理职责的人。合规惩戒可采取通报批评、警告、记过、调岗、降薪降职、辞退等方式。合规惩戒制度应当通过合法程序进入单位的人事管理制度，确保制度的有效性，以免违反劳动法或其他法律法规。

合规管理信息化建设，是指通过信息化手段优化管理流程，记录和保存相关信息。运用大数据等工具，加强对经营管理行为依法合规情况的实时在线监控和风险分析，实现信息集成与共享。民办学校的合规管理信息化建设，可以与智慧校园建设相结合，在智慧校园建设项目中加入合规管理模块。

合规管理队伍建设，是指建立专业化、高素质的合规管理队伍，根据业务规模、合规风险水平等因素配备合规管理人员，持续加强业务培训，提升队伍能力水平。民办学校可以根据其办学规模，决定是否设置专门的合规管理部门与配备专职的合规管理人员。集团化办学的民办学校，可在集团总部设置专门的合规管理部门，配备与旗下学校规模相适应的专职合规管理人员。不能配备专职人员的，可由法务或督导人员兼任。同时应发挥外部专业人士的作用，如外聘法律顾问应当成为民办学校的标准配置。

合规培训应结合法治宣传教育进行，建立制度化、常态化培训机制，确保员工理解、遵循企业合规目标和要求。民办学校的员工合规培训，既要有全员培训，也要有分层次的专题培训。全员培训主要是基本合规知识培训，主要培训内容为国家教育法律法规和政策、学校管理规章制度、合规制度、举报咨询方式等。民办学校可以专门编制合规手册，或者将合规手册作为员工手册的组成部分，确保每个员工签收和知晓。专题培训是专业的合规风险培训，要让不同岗位的教职员工掌握其岗位对应的合规风险类型，特别要将监管要求作为专题培训的重要内容。

合规文化培育，是指通过制订发放合规手册、签订合规承诺书等方式，强化全员安全、质量、诚信和廉洁等意识，树立依法合规、守法诚信的价值观，筑牢合规经营的思想基础。校园文化是学校发展的灵魂。学校因为拥有庞大的学生和家长群体，是各个政府部门宣传推进其主管工作的重要载体。因此民办学校常常要面对各种宣传教育活动进校园的局面。过多过滥的进校园活动，让不少业内人士感觉不胜其烦，颇有微词。在当前无法改变此种局面的情况下，民办学校应当整合各种文化资源，将活动与合规文化紧密联系。如"安全校园""文明校园""诚信校园""廉洁校园"等与合规文化紧密相连，可以统筹考虑，一体化推进。

合规报告制度，是指发生较大合规风险事件时，合规管理牵头部门及其他相关部门应当及时向合规管理负责人、分管领导报告。报告制度分内外两个层级。一般合规风险事件，在内部进行报告；发生重大合规风险事件，应当向教育主管部门报告。合规风险事件报告应注意时效性，不能故意拖延甚至隐瞒不报。

第四章　民办学校合规管理重点领域

一、民办学校招生合规管理

　　充足的生源是民办学校的生存基础，招生是民办学校办学至关重要的基础环节。随着民办教育的发展，民办学校之间的招生竞争日益激烈。教育是公益事业，教育权是国家事权。对于民办学校的招生行为，国家不可能放任不管完全交给市场调节。《中华人民共和国民办教育促进法》第五条规定了民办学校享有办学自主权，但这并不意味着民办学校可以自由招生而不受限制。2004年版的《中华人民共和国民办教育促进法实施条例》第二十七条赋予了民办学校较大的招生自主权，民办学校可以自主确定招生的范围、标准和方式，地方不得实行地区封锁。2021年新修订的《中华人民共和国民办教育促进法实施条例》，在第三十一条对旧版规定作了较大幅度的修订。该条规定了实施学前教育、学历教育的民办学校享有与同级同类公办学校同等的招生权，但须在审批机关核定的办学规模内，自主确定招生的标准和方式，与公办学校同期招生；同时规定实施义务教育的民办学校应当在审批机关管辖的区域内招生，实施普通高中教育的民办学校应当主要在学校所在地设区的市范围内招生，符合省、自治区、直辖市人民政府教育行政部门有关规定的可以跨区域招生。

　　根据新修订的《中华人民共和国民办教育促进法实施条例》，实施学历教育的民办学校，其自主招生权仅限于招生的标准和方式，招生时间、招生范围等方面受到了一定的政策限制。在招生时间方面，从义务教育阶段开始，实行"公民同招"。在招生范围方面，一般只能在审批的范围内招生。民办学历教育学校实行自主招生，除了要遵循以上要求外，还有一个前提条件，即必须在审批机关核定的办学规模内。关于民办学校的办学规模，审批机关主要通过下达招生计划(指标)的方式来实现调控。《中华人民共和国教育法》《中华人民共和国民办教育促进法》等法律及相关行政法规均未对招生计划如何分配作出具体规定，完全由教育主管部门根据实际情况自由裁量。因此，当民办学校面临招生计划分配不足或被削减招生计划甚至不予分配招生计划时，是否具备有效的解决途径是不确定的。在司法实践中，关于民办学校招生计划的行政争议，已有相关案例发生。

泰州市振泰高级中学诉被告泰州市教育局、泰州市发展和改革委员会教育招生计划行政争议案①

原告泰州市振泰高级中学诉称，原告是一所自负盈亏的民办学校，2015 年起已有新老两个校区共 4.5 万平方米建筑、400 余亩面积的校园。因原告2015 年度办学情况评估结果经整改仍不合格，两被告(泰州市教育局、泰州市发展和改革委员会)在 2015 年没有给原告下达招生计划，导致原告明显不能生存，更谈不上发展；原告已初步建成特色高中教育，不仅让学生顺利完成高中学业考取大学，还解决了 100 多名教职员工的就业；2015 年被告对原告的评估和处罚决定明显错误，被告不给予招生计划欠缺依据；与原告具有同等地位的民营、公办高中都有较多的招生计划，原告却无任何指标，法律地位明显不平等。鉴于上述招生计划明显不合情、不合理、不合法，请求法院确认两被告于2015 年没有给原告下达招生计划的行政行为违法。

在本案中，人民法院的核心观点为：行政机关完全依据政策进行决策的行为，人民法院无法对其合法性进行审查，不属于行政诉讼的受案范围。我国现行法律法规对高中阶段教育招生计划的编制并未作出明确规定。泰州市教育局、泰州市发展和改革委员会联合下达泰州市 2015 年普通高中和中等职业教

---

① 参见江苏省泰州市中级人民法院(2018)苏 12 行终 137 号行政裁定书。

育招生计划的行为，是主管部门根据国家有关教育政策规定，结合本地实际做出的政策性行为。人民法院对该行为无法进行合法性审查，本案不属于行政诉讼的受案范围。

笔者认为，教育事业关系国民素质提升、经济社会均衡发展、科技振兴及人才培养等方面，本身就带有很强的计划性。教育行政管理部门根据当地经济社会的发展情况和总体需求，制定招生政策，规范招生行为，对违规招生的民办学校给予停止招生、核减招生计划的行政处理，完全是依据国家政策进行自主决策的行为。在教育领域，政府主管部门贯彻执行国家教育政策的行为，司法权不宜进行干涉，但是要注意与行政处罚行为相区分。若教育行政部门以执行国家政策之名、行行政处罚之实，其相应的行政处理措施，符合行政处罚的要件，民办学校应当可以寻求司法救济，人民法院也有权受理审查。比如教育行政部门连续几年均不给民办学校下达招生计划，导致该学校无在校学生，已无法开展教育教学活动，此种行政处理实际上就与《行政处罚法》第八条第四项规定"责令停产停业"的行政处罚措施无异，学校可以向人民法院提起行政诉讼。

有一段时间民办学校招生乱象频出，社会反响强烈。教育行政部门将规范民办学校招生行为作为规范民办学校办学行为的重点，制定下发了大量文件予以整治。对于出现违规招生行为的民办学校，主管部门一般会视情节轻重，对学校举办者及校长、相关责任人进行约谈，给予学校通报批评、责令限期整改、取消评优评先资格、年度办学情况评估降等处分；情节较为严重的，将被给予核减次年招生计划或责令停止招生等处理或处罚；情节特别严重的，将被吊销办学许可证。民办学校招生合规风险主要表现在以下几个方面。

（1）违背教育法律法规招生。有的民办义务教育学校，违背《中华人民共和国义务教育法》关于义务教育阶段免试入学的规定，自行组织或与社会培训机构联合组织以选拔生源为目的的各类考试，或采用社会培训机构自行组织的各类考试结果作为招生依据；有的提前选拔，变相"掐尖"选生源；有的以各类考试、竞赛、培训成绩或证书证明等作为招生依据。民办学校违反教育法律法规，将面临相应的教育行政责任，主管部门甚至还会对其采取削减招生计划或责令停止招生等行政处理手段。

（2）以不正当手段招生。有的民办学校在招生简章中夸大宣传或作虚假承诺以吸引生源；有的通过收取报名费、预录费等方式提前锁定生源；有的以高额物质奖励、虚假宣传、商业贿赂等不正当手段招揽生源；有的擅自招收已被其他学校录取的学生；有的甚至通过招生中介代理招生，违规支付高额招生费用，此类现象在民办中职学校较为突出。民办学校以不正当手段招生，除承担向学生家长退费、赔偿等民事责任外，还会面临相应的行政处罚或处理；情节严重的，将面临承担刑事责任的风险。

（3）扰乱当地招生秩序。有的民办学校不顾当地教育行政部门要求的招生时间节点，擅自提前招生；有的超办学规模招生；有的擅自超地域范围招生。民办学校超出核定的招生计划或超出审批的地域范围招生，若教育行政部门严格执行招生政策，学校违规招收的学生将面临无法取得学籍的重大风险，学校也会受到主管部门的严厉惩戒。

民办学校要避免招生合规风险，须着重注意以下几个方面的合规事项。

（1）招生简章制定合规。民办学校要根据自身的基础设施、办学条件、办学特色、收费标准等实际情况，如实制定招生简章。在报教育行政部门备案后，及时通过学校网站、微信公众号等平台向社会公布。

（2）生源选拔方式合规。义务教育阶段的民办学校不得以考试或变相考试的方式选拔生源，其他层次的民办学校，教育行政部门有统一考试要求的，应当遵循统一考试的要求。民办学校作为教书育人的场所，在选拔生源时要特别注意社会责任，不得违背公序良俗，不得有种族、民族、性别、家庭出身、经济条件等方面的歧视性言行。

（3）招生费用支出合规。根据《中华人民共和国民办教育促进法》第三十八条第三款的规定，民办学校收取的费用应当主要用于教育教学活动、改善办学条件和保障教职工待遇。民办学校的招生费用支出，应控制在合理的范围，若将收取学费的主要部分用于中介招生或广告宣传，则违背了法律规定。

二、民办学校收费合规管理

学校违规收费俗称"教育乱收费"，是多年来学生和家长投诉的重灾区。国家及地方各级政府部门一直严令禁止学校以各种名目违规收费，相关部门多次联合下发文件治理乱收费问题，可谓三令五申。在国家的高度重视下，教育收费"一费制"深入推进，"教育乱收费"现象得到有效改善，特别是公办学校的乱收费问题得到了有效遏制，但民办学校违规收费问题依然高发，成为教育行业的顽疾。

民办学校常见的违规收费情形包括：超出主管部门核定标准收费，违规收取补课费、赞助费、择校费、校服费、餐费、教材教辅费、信息服务费、平板电脑费、技能培训费、实习实训费、就业推荐服务费、校企合作费，以及其他各种巧立名目的违规收费等。违规收费短时间内能给民办学校带来一定的经济利益，可一旦被举报，民办学校除了要承受严厉的行政处罚，通常还会被主管部门在一定范围内公开通报。学校办学声誉将会严重受损，终究得不偿失。民办学校想要有更好的发展，赢得良好的社会声誉，就必须将社会效益摆在首位，规范办学、合规收费，否则将因小失大，因为短期的经济利益影响学校的长远发展。

民办学校办学经费的主要来源是学生缴纳的费用，若收费过低，学校势必难以生存。民办学校的收费，既要依法依规，又要保证学校正常运转，要在合规性与合理性之间寻求平衡。民办学校合理合规地收取费用，应当特别注意以下几个方面的问题。

(1)科学核算办学成本。《中华人民共和国民办教育促进法》第三十八条第一款规定，民办学校收取费用的项目和标准根据办学成本、市场需求等因素确定。因此，民办学校的办学成本，对民办学校的收费标准有重大影响。根据《中华人民共和国民办教育促进法》第三十八条第二款的规定，非营利性民办学校收费的具体办法，由省、自治区、直辖市人民政府制定。但主管部门的具体办法不会凭空出台，民办学校的办学成本将是他们制定收费政策的重要依据。营利性民办学校的收费标准实行市场调节，由学校自主决定，但学校不能随意定价，必须以办学成本为基础，再结合市场需求因素确定。民办学校对其办学成本的科学核算，将直接影响收费标准的合理确定。民办学校应当按照有关会计制度的要求，建立健全财务管理制度和会计核算制度，科学计算教育培养成本，为合理确定收费标准提供数据支撑。

(2)保持收费标准相对稳定。民办学校的收费标准，既要给学校发展适度留有空间，又要保持收费标准的相对稳定性；既要充分考虑当地居民平均收入水平，防止收费标准调整幅度过大，或调整次数过于频繁，又要坚持"新生新办法、老生老办法"的收费管理原则。调整收费标准应当充分征求学生、家长意见，做好解释说明工作，以免引起学生、家长的不满，引发不稳定因素。

（3）规范收费行为。学生在校期间的收费分月、分学期或学年缴纳，培训学校不得一次性收取超过 3 个月的费用。民办普通中小学、幼儿园一般不得跨学期收费，民办中等职业学校、高等学校一般不得跨学年收费。民办中小学校须严格执行"一费制"，在开学时一次性收取所有费用。服务性收费和代收费应遵循"学生自愿，据实收取，及时结算，定期公布"的原则，不得以此为手段赚取学生差价。

三、民办学校劳动人事合规管理

《中华人民共和国劳动合同法》对劳动者加强了保护，有利于劳动者维护个人权益。但该法对用人单位苛以了较多义务，自颁布实施以来，各行各业积累了大量的劳动人事合规问题，对企业健康发展产生了重要影响。教师是民办学校的主体力量，民办学校除了按《中华人民共和国劳动法》《中华人民共和国劳动合同法》的要求进行劳动人事管理外，还必须遵循《中华人民共和国教育法》《中华人民共和国民办教育促进法》《中华人民共和国教师法》等行业法律法规的规定，因此有着更为严格的合规要求。2020 年突如其来的新冠疫情，以及国家在民办教育领域的政策调整，给民办学校的劳动人事管理带来了更加严峻的挑战，民办学校劳动人事合规越发呈现出复杂性、重要性和紧迫性的特点。民办学校作为特殊的市场主体，若发生劳动合规问题，不仅仅会造成经济方面的损失，还可能会面临声誉受损、行政处罚或者产生其他负面影响等。

民办学校的劳动人事合规管理，应当是全过程的，从人员招录、劳动合同的签订、履行、终止等各个环节全程规范管理，做到全面合规。

（1）做好招聘录用条件的合规设计。在劳动人事管理实践中，民办学校往往不太重视教职员工入职环节的相关细节，容易遇到违反行业法律及劳动法规的风险，承担不必要的行政违法与民事赔偿成本。比如，有的学校在录用教职员工时，没有设置相关的录用条件或岗位说明，以至于当招聘的教师不能胜任教育教学工作，学生、家长对教学效果严重不满时，学校没有充足合法的理由在试用期解除劳动合同。

（2）重视用人单位知情权与员工入职调查。根据《中华人民共和国劳动合同法》的相关规定，劳动者在订立劳动合同时应遵循诚实信用原则。用人单位和劳动者都需要秉着公平和诚实信用原则的基本理念来订立和履行劳动合同。对于部分不诚信的劳动者，用人单位应当充分使用好法律赋予的知情权，充分有效地了解员工，将法律风险控制在劳动合同订立之前。对与未成年人紧密接触的行业，法律对从业人员的资格条件有特定的限制。《中华人民共和国未成年人保护法》第六十二条规定，密切接触未成年人的单位招聘工作人员时，应当向公安机关、人民检察院查询应聘者是否具有性侵害、虐待、拐卖、暴力伤害等违法犯罪记录；发现其具有前述行为记录的，不得录用。民办学校在决定招录教职员工时应做好背景调查，防止将法律限制的从业人员招录到学校；特别是在招录教师时，应当查询招聘对象是否持有有效的教师资格证书，教师资格证是否按时注册，是否属于公办学校的在职在编教师，是否因师德师风问题受到过教育行政部门的处罚，是否存在限制从业的情形等。

（3）加强劳动合同合规管理。学校应当自用工之日起一个月内与劳动者签订书面劳动合同。劳动合同的内容应当符合学校教育教学管理的实际需要，约定好劳动者的工作岗位、合同期限、劳动报酬、奖金福利、合同解除的条件、保密和竞业禁止等条款。民办学校应当根据人员岗位的不同，明确劳动合同的具体内容。校长、一线教师、后勤人员、招生人员的劳动合同应符合各自的岗位特点，在工作时间和方式、薪酬设计、保密义务、竞业限制等方面进行个性化且符合法律规定的约定。应当加强对劳动合同的文本管理，由学校人力资源部门或办公室统一组织签订和保存劳动合同。此外，还应当加强劳动合同的动态跟踪管理，对劳动合同即将到期的员工，根据需要提前30天续签或依法终止。符合签订无固定期限劳动合同条件的员工，学校应当根据员工意愿决定是否签订无固定期限劳动合同。

（4）重视应届毕业生入职合规管理。民办学校师资有很大一部分来自高校应届毕业生，通常是在校园招聘时与其签订了三方协议。三方协议，也称就业协议，通常是以毕业生、学校、用人单位为三方主体签订，协议同时对三方产生约束力。毕业生应当在毕业离校后向签订协议的用人单位报到，学校应当在毕业离校环节向毕业生开具报到证，用人单位应当在毕业生报到时与之建立劳动关系。从法律意义上看，应届毕业生在尚未离校时仍为学生身份，并不具备劳动法上的主体资格。此种就业协议从形式上看对劳动关系的建立有着约束作用，但本身不是劳动合同。实务中，一般将就业协议认为是一种特殊的民事合同，并不直接受劳动法的调整。因此，学校应当在应届毕业生报到时及时与之签订劳动合同，避免不签书面劳动合同而承担双倍工资的法律风险。

（5）建立、完善试用考核制度。民办学校应当以教师岗位为重点，建立教职员工试用考核制度，对试用人员从工作态度、工作能力、师德师风等方面进行严格考察，并且还要特别注意考察是否符合录用条件。用人单位以员工在试用期考核不合格为理由解除劳动合同与以不符合录用条件为理由解除劳动合同的法律后果是完全不同的。根据《中华人民共和国劳动合同法》的规定，劳动合同期限内包括试用期在内，劳动者被证明不能胜任工作，经过培训或调整岗位后仍不胜任工作的，用人单位才可以解除劳动合同，但需要提前30天通知，并根据劳动者在用人单位的工作年限支付经济补偿金。因此，以试用期考核不合格为理由解除劳动合同，用人单位若要做到完全合规，程序繁琐复杂，需要付出一定的经济成本和时间成本，甚至有的程序（如提前30天通知）还难以付诸实际操作。对于试用期不能胜任工作的员工，最好的处理方法是以不符合录用条件解除。相对而言，只要用人单位规定了具体的录用条件，员工在试用期内一旦被发现不符合录用条件，即可随时解除劳动合同，且无须支付经济补偿金。故在有明确录用条件的情况下，民办学校在对员工进行试用考核时，对其是否符合录用条件的考察就显得特别重要。

（6）建立、完善劳动规章制度。民办学校的劳动规章制度包括：单位内部的各种劳动纪律、岗位职责规定、教学管理制度、考勤制度、休假制度、请假制度、绩效考核制度、奖惩制度等。劳动规章制度可以与劳动合同互相补充，对员工的义务、职责作出更加详细的规定。依法定程序制定公布的合法的规章制度对员工具有约束力。若要将规章制度作为有效的劳动人事管理手段，则应注意合规方面的要求。一是规章制度的程序正当性。规章制度的制定程序必须正当，在制定过程中应当履行民主程序，通过教职工大会或代表大会的形式，征求劳动者的意见。规章制度应当向劳动者公示或以培训、发放员工手册等方式让每个员工知晓。二是规章制度的内容合法性。规章制度的内容不得违反法律法规的规定，不得侵犯劳动者的合法权益。用人单位制定的劳动规章制度违反法律、法规规定的，可能受到劳动行政部门警告、责令改正的行政处罚或处理；对劳动者造成损害的，还将承担赔偿责任。三是规章制度应当具备可操作性。规章制度应尽可能地量化细化，具有可操作性。民办学校应当建立规章制度清理制度，做好制度汇编，避免规章制度之间的冲突。

田某某与株洲市某学校劳动争议纠纷案①

原告田某某自2002年8月起，在被告株洲市某学校担任物理老师，从事物理教学工作。2007年5月30日，原告田某某与被告株洲市某学校签订一份为期一年(即2007年8月1日至2008年7月31日)的《聘用合同书》。在该合同中约定原告田某某的岗位为中学教育岗位，工资标准按照《株洲市某学校教职工薪酬方案》执行。2008年5月份，原、被告双方续签了下一年的《聘用合同书》。2008年8月28日因天元区教育局录用原告为物理教研员一职，2008年9月原、被告办理了解除聘用合同手续。双方因学期奖金及年终奖的发放问题产生纠纷。

被告株洲市某学校2006年3月1日起实施的《株洲市某学校教育教学奖励方案》(以下简称《教学奖励方案》)总则第四条规定："……发放奖励时，已不在学校工作的个人，学校将酌情扣除该项奖励"。2007年9月1日实施的《株洲市某学校学期岗位目标责任考核奖励实施方案(试行稿)》(以下简称《目标考核奖励方案》)第三章第七条第二项规定："下学期与学校不续聘或解聘的不发放本学期学期奖"。以上两个奖励方案均为《株洲市某学校教职工酬薪方案》第五条奖励中所指的"另见奖励方案"。

关于本案的处理，法院认为，该案系劳动争议纠纷。劳动者享有平等就业和选择职业的权利、取得劳动报酬的权利、享受社会保险和福利的权利、提请劳动争议处理的权利，以及法律规定的其他劳动权利。被告株洲市某学校实施的《株洲市某学校学期岗位目标责任考核奖励实施方案》《株洲市某学校教育教学奖励方案》等用人单位内部规章制度，系根据相关制定程序订立施行，故被告单位的上述奖励措施适用于完成相应工作量的劳动者。原告田某某在完成本岗位的考核目标和教育任务后，依法可以基于用人单位的奖励规章制度，取得与其他共同工作的劳动者同样的奖励报酬权利。被告株洲市某学校依照《目标考核奖励方案》第三章第七条第二项"下学期与学校不续聘或解聘的不发放本学期学期奖"条款克扣原告田某某学期奖，与《中华人民共和国劳动法》第三条"劳动者享有平等就业和选择职业的权利、取得劳动报酬的权利"的规定不

①　参见湖南省株洲市中级人民法院(2010)株中法民四终字第94号民事判决书。

相符。

被告株洲市某学校在处理原告田某某劳动合同履行期间的奖励报酬时，以原告田某某未继续在本单位工作为由，拒绝发放原告田某某在劳动合同履行期间的奖励报酬。被告行为的实质是以限制劳动者行使平等就业和自由选择职业的权利的方式，作为用人单位发放奖励报酬的先决条件。这种做法不符合劳动法律法规的基本立法精神和强制性规定。实践中，由于民办学校教师流动性较大，为留住人才，稳定教育教学秩序，有不少学校制定了与本案被告类似的奖金发放制度。若教师在劳动合同未到期前辞职，则不予发放学期奖或年终奖。要确保此类行为合规，除了奖励制度本身要设计科学合理，依法履行民主协商和公示程序，内容不违反法律法规的强制性规定之外，还可以通过在劳动合同中进行特别约定的方式来解决合规问题。

（7）建立、完善教职工薪酬合规制度。民办学校教职员工的薪酬设计，应在符合教育行业规律的前提下，体现民办学校的特点。教职工的薪酬，一般由基本工资、岗位工资、绩效工资、课时津贴及学期奖、年终奖、教学效果奖、招生奖等各类奖金组成。薪酬的组成应当合理设计，既有规章制度做出原则性规定，又应当在劳动合同中有具体明确的约定。全日制民办学校的教职工工资发放，有一个特殊情况，即寒暑假工资问题。民办学校教职工的寒暑假工资发放问题，是这个行业的从业者普遍关心的问题，也是一个容易产生模糊认识的问题。有的民办学校，给予教职工的寒暑假工资非常低，有的甚至低于最低工资标准，更有甚者在寒暑假不发放工资。《中华人民共和国教师法》明确规定，教师享受寒暑假期间带薪休假的待遇。但根据《国家教委关于〈中华人民共和国教师法〉若干问题的实施意见》的规定，该法主要是规范公办教育机构的教师及教学辅助人员，对于民办教育机构的教师，地方人民政府可根据实际情况，参照有关规定执行。该规定也仅仅是"可以""参照"适用，并不属于必须适用情形。所以，民办学校教师寒暑假工资如何发放，首先要看地方政府的规定；地方政府没有规定的，主要依据《中华人民共和国劳动法》《中华人民共和国劳动合同法》的基本原则和双方的劳动合同，以及用人的规章制度予以确定。

《中华人民共和国劳动法》第四十五条规定："国家实行带薪年休假制度。劳动者连续工作一年以上的，享受带薪年休假。"《深圳市民办学校教师聘用合同书》规定："乙方（劳动者）在甲方（民办学校）处工作每满一个学期，可以享受一个寒假或暑假假期。乙方在甲方处工作的时间大于三分之二学期且认真履行合同的，按满一个学期计算。"这是有地方政府规定的。没有规定的，民办学校可以和教职员工在劳动合同中自行进行约定。当然，约定不能违法，有约定则必须履行。根据原劳动部有关工资支付的规定，非劳动者原因造成的单位停工、停产期间，需要向劳动者支付工资。放假时间不超过一个工资发放周期的（通常为 30 日内），支付劳动者的正常全额工资。放假超过一个工资支付周期的，劳动者提供了劳动（比如正常上下班、进行考勤）的，应当支付不低于当地最低工资标准的假期工资；劳动者没有提供劳动的，按照国家有关标准执行。对于停产、停工放假超过一个工资发放周期、劳动者没有提供劳动的情况，支付工资的标准由各地自行规定。例如广东省规定，停工超过一个工资支付周期、用人单位安排劳动者工作的，双方协商确定工资支付金额；单位没有安排劳动者工作的，单位支付劳动者不低于当地最低工资 80% 的生活费。深圳市规定，非员工原因造成停工、停产放假期间不超过一个月的，支付不低于劳动者标准工资 80% 的假期工资；放假超过一个月的，单位支付不低于最低工资 80% 的工资。《湖南省工资支付监督管理办法》第 23 条规定："非因劳动者原因造成用人单位停工、停产、歇业，未超过一个月的，用人单位应当按照国家规定或者劳动合同约定的工资标准支付工资；超过一个月，未安排劳动者工作的，用人单位应按不低于当地失业保险标准支付停工津贴。"因此，民办学校教职工寒暑假若在劳动合同的存续期间内，不支付工资或工资低于法定标准是违法行为，学校将面临克扣、拖欠劳动者劳动报酬的法律风险。为避免此种合规风险，民办学校应当在规章制度和劳动合同中，对教职工的寒暑假工资做出合理又合法的规定。

（8）确保工时制度的合规性。1994 年 3 月 1 日发布的《国务院关于职工工作时间的规定》，确定了我国统一实行每日工作 8 小时、平均每周工作 44 小时的工时制度；半年后《中华人民共和国劳动法》出台，吸收了前述规定的内容，将每周工作 44 小时的工时制度以法律的形式明确下来。1995 年 2 月 17 日，国务院通过了《国务院关于修改〈国务院关于职工工作时间的规定〉的决定》，将工时制度改为平均每周工作 40 小时。由于《中华人民共和国劳动法》的修改滞后，以致在司法实践中关于每周平均工时的认定，既有支持 44 小时工时制的，也有支持 40 小时工时制的。但缩短工时符合《中华人民共和国宪法》和《中华人民共和国劳动法》保护劳动者合法权益的立法宗旨，故 40 小时工时制更容易得到支持。学校工作有很大的特殊性，不同岗位的员工，工时也不尽相同。如班主任老师与任课教师、宿管员与普通教师、招生人员与普通教师等，工作时间没有办法保持一致。宿管员等岗位需要实行值班制度，若将值班时间算在工时内，将有可能超过法定工作时间。这就需要民办学校对不同岗位员工的工时合理进行设计和约定。民办学校可以根据需要申请实行不定时工作制或综合计算工时工作制，在规章制度中明确适用的人员范围，并在劳动合同中进行约定，以规避违反法定工作时间的合规风险。

（9）建立、完善教职工考核评价体系。民办学校应当向企业学习，建立和完善人力资源激励约束机制，设置科学的业绩考核指标体系，对教职工和管理人员进行考核与评价，以此作为员工奖惩、岗位调整和解除劳动合同的重要依据，保持员工队伍活力。考核评价可按月、学期和年度进行。常有民办学校以教学效果不好、学生评价差、领导同事评价差、师德师风存在问题等理由，降低教师的考核评价等级甚至据此解除劳动合同。但往往忽略了程序的合法性，导致证据不充分，在劳动仲裁和诉讼中处于被动局面，被判定违法解除劳动合同。民办学校要确保人力资源激励约束机制的合规性，就应当确保考核评价程序公开、合理，结论公平、公正。要特别注意考核过程性材料的收集整理，做好证据固定工作。

（10）建立、完善教职工退出机制。民办学校应当按照《中华人民共和国劳动合同法》等法律法规的要求，结合学校实际，建立健全教职工辞职、解除或终止劳动合同、退休等退出机制；明确退出的条件和程序，确保教职工退出机制得到有效实施。民办学校教职工劳动关系的稳定性普遍低于公办学校。《中华人民共和国劳动合同法》规定了劳动者主动辞职应当提前30天通知用人单位，但由于缺乏制约机制，许多劳动者辞职时并不遵循以上规定。"说走就走"现象比较普遍，有的甚至不辞而别。不少大学毕业生将民办学校作为考取公办学校教职编制的"跳板"，往往一考上公办学校岗位就辞职不干，使民办学校沦为公办学校的"人才培养后备基地"，给民办学校的正常教育教学秩序带来一定程度的不利影响。民办学校对此种情况应合理应对，在不侵犯劳动者就业自由权的基础上，最大程度地减少学校的损失。民办学校可以通过合理设定工资构成及学期奖、年终奖、服务年限奖等经济激励的方式，引导教职工在辞职问题上不搞"突然袭击"，依法解除劳动关系。

四、民办学校学生安全合规管理

(一)校园安全与教育机构责任纠纷

安全是其他一切工作的基础,特别是民办学校,其抗风险能力相对公办学校而言更加弱小。若发生较大安全事故,对学校的发展甚至是生存都会产生重大影响。学生的人身安全是校园安全的核心。一旦学生发生校园伤害事故,不管学校是否有监管方面的责任,家长通常都会要求学校赔偿,这种将学生安全责任"无限转移"给学校的事例不胜枚举。不少地方往往不是有责问责,而是息事宁人,把板子打在学校身上,让学校承担"无限责任"。笔者在中国裁判文书网随机抽样选取了 2021 年全国各级人民法院审理的 215 起教育机构责任纠纷案件,统计发现中小学胜诉的仅为 62 件,胜诉率不到 30%。在抽样调查案例的败诉案件中,由学生在校园的危险行为引发的案件达到了 88 起,占总抽样数据的 60%。法院在裁判文书中基本上都做出了诸如"学校、教育机构未尽到管理职责"一类的认定,判令教育机构承担赔偿责任。除此之外,因体育、劳动等教学事故引发的案件为 26 起,占总数的 17%。因学生自身原因在校外受到人身伤害的案件为 16 起,占总数的 11%。还有部分案件是因为学校场地、教育教学设备存在不安全因素。

根据办学层次的不同,民办学校的学生既有已满 18 周岁的成年人,也有未成年人,并且以未成年学生居多。不管是成年学生还是未成年学生,作为教育机构,都对他们负有教育、管理和保护的职责。特别是对未成年学生,教育机构的义务更重。《中华人民共和国民法典》第一千一百九十九条和第一千二百条分别对无民事行为能力人与限制民事行为能力人进行了规定。即教育机构对未成年人的人身损害承担侵权责任有两种形式,前者为过错推定责任,后者为过错责任。根据《中华人民共和国民法典》的规定,未成年学生在教育机构发生的人身损害责任都被称为教育机构责任。但关于学生校园人身伤害,目前学界尚无统一的界定。根据教育部《学生伤害事故处理办法》的规定,它是指在学校实施的教育教学活动或者学校组织的校外活动中,以及在学校负有管理责任的校舍、场地、其他教育教学设施、生活设施内发生的，造成在校学生人身伤害或者死亡和在校学生造成他人人身伤害或死亡的事故。由此可见，校园人身损害事故既非单纯的时间概念，也非单纯的地域概念。学生的伤害行为或结果这两项要素，必须有一项是发生在学校对学生负有教育、管理、保护职责的期间和地域内，才能构成校园伤害事故。根据发生原因的不同，校园伤害事故大致可归为两类：责任事故和意外事故。只有在责任事故中，学校才有赔偿责任可言。因学校未履行法定或约定的义务而导致发生学生伤害事故的，校方要承担相应的赔偿责任。因此，民办学校校园安全合规管理的重点就在于避免责任事故的发生，最大程度地保障学生人身安全，减少教育机构责任纠纷的案发率。

（二）民办学校学生安全合规管理重点领域

（1）校园硬件设施管理。学校的校舍、场地、其他公共设施，以及学校提供给学生使用的学具、教育教学和生活设施、设备，应当符合国家规定的标准；没有国家标准的，不得具有明显的不安全因素。学校的校舍、场地，以及其他公共设施具有公共性和开放性的特点，主要供学生使用，应当符合国家标准，确保安全。由于这些设施不安全和不标准造成学生伤害事故的，学校将承担相应的法律责任。

（2）安全制度管理。学校应当建立健全安全管理制度并严格落实。学校的安全保卫、消防、设施设备管理等安全管理制度有明显疏漏，或者管理混乱，存在重大安全隐患，未及时采取措施予以改正消除，造成学生伤害的，将承担相应的法律责任。根据《中小学幼儿园安全管理办法》的规定，学校应当建立健全校内各项安全制度，包括门卫制度、校内安全定期检查制度、危房报告制度、消防安全制度、水电气等相关设施设备安全管理制度、食堂管理制度、实验室管理制度、学生安全信息通报制度、住宿学生安全管理制度、学生宿舍夜间巡查值班制度、车辆管理制度等各项安全制度。学校安全管理制度不能停留在纸面上，还必须严格落实到位，做到工作留痕，务求实效。

马某与新疆霍城县某中学教育机构责任纠纷案[①]

马某系新疆霍城县某中学高三(五)班学生。2014 年 8 月 1 日学校开学,马某报到后,住进该学校宿舍楼三楼 3-11 号宿舍。2014 年 8 月 5 日凌晨,马某因梦游从 3-11 号宿舍窗户坠落。马某伤后司法鉴定意见为:导致颅脑严重损伤造成偏瘫的伤残等级为 2 级,护理依赖程度为 2 级。马某家属认为,学校未及时发现马某坠楼并及时救助,导致马某伤情扩大,应当承担赔偿责任,遂向人民法院起诉。

本案历经两审,一审法院认为,学校已经尽到教育管理与保护职责,不应承担责任,驳回了马某的诉求请求。但二审法院认为,根据《中小学幼儿园安全管理办法》第二十五条规定,有寄宿生的学校应当建立住宿学生安全管理制度,配备专人负责住宿学生的生活管理和安全保卫工作,对学生宿舍实行夜间巡查、值班制度。某中学并未严格有效执行寄宿制学校夜间巡查值班和其学校制定的宿舍管理制度,马某发生坠楼后,其管理员并未第一时间发现并抢救,故其对马某损伤后果的扩大存在一定程度过错,应承担相应赔偿责任。根据本案故事发生起因、学校的过错程度,法院酌定某中学承担 20% 的赔偿责任,赔偿马某损失 24 万元。

(3)饮食安全管理。校园食品安全大于天。学校向学生提供的药品、食品、饮用水应当符合国家或者行业的有关标准、要求,确保学生身心健康。2019 年 3 月发生的成都七中实验学校食堂事件曾引爆全国舆论,虽然事后查明事件系三名家长用姜黄粉、红曲米制造变质食品假象造成的乌龙事件,学校食堂食材并无问题,但也暴露出该校作为民办学校,存在的包括安全管理问题在内的诸多问题。学校食品安全实行校长负责制,应当建立健全并落实有关食品安全管理制度和工作要求,定期组织开展食品安全隐患排查。中小学、幼儿园应当建立集中用餐陪餐制度,确保每餐有学校管理人员陪同学生用餐。有条件的学校还应当建立家长陪餐制度。学校还应当建立集中用餐信息公开制度,实施明厨亮灶和食品溯源。根据财政部、教育部 2022 年 7 月 14 日修订印发的《中小学校财务制度》,中小学校食堂应当坚持公益性和非营利性原则。因此,无论是

[①] 参见新疆维吾尔自治区高级人民法院伊犁哈萨克自治州分院(2017)新 40 民终 2058 号民事判决书。

公办还是民办中小学校的食堂，都不得以营利为目的。即使是营利性民办学校，若学校食堂经营有盈余，也不能用于分红或其他用途，只能用于食堂的继续经营。选择第三方经营学校食堂或集中供餐的，应当以招投标等方式公开选择合法有资质、信誉良好的餐饮管理单位。采用委托方式经营食堂为学校提供就餐服务的，应当加强监督管理，不得将食堂的建设、修缮费用转嫁给受托方；要防止学校相关人员与受托方、餐饮方进行利益输送。学校应当监督食堂落实各项食品安全管理制度，确保食品安全。近年来，媒体曝光的学校食堂的食品卫生问题，很多都发生在委托经营或集中配送供餐。在此类案件中，往往是学校相关人员收受委托经营方的好处，学校疏于监管，以致他们以次充好，损害学生和学校利益。

（4）学生安全教育管理。学校组织学生参加教育活动或者校外活动，应当对学生进行相应的安全教育，并在可预见的范围内采取必要的安全措施。学校在组织学生参加集会、文化娱乐、社会实践等集体活动时，学校对其组织举办的活动负有管理职责，不管此活动是否在学校场地内进行。学校在组织学生校外活动时，其教育、管理和保护职责的大小取决于特定的活动场所及环境。在不同的环境中，学校应负担的教育、管理和保护职责的标准也相应不同。如因学校未履行或未适当履行教育、管理和保护职责，导致学生受到人身损害，应根据其过错大小承担责任。

（5）教职员工身心健康管理。学校知道教师或者其他工作人员患有不适宜教育教学工作的疾病，应当采取必要的措施。若因教职员工的原因导致学生发生伤害，学校将承担法律责任。民办学校属于密切接触未成年人的行业，根据《中华人民共和国未成年人保护法》第六十二条规定，密切接触未成年人的单位招聘工作人员时，应当向公安机关、人民检察院查询应聘者是否具有性侵害、虐待、拐卖、暴力伤害等违法犯罪记录；发现其具有前述行为记录的，不得录用。应当每年定期对工作人员是否具有上述违法记录进行查询；通过查询或者其他方式发现工作人员具有上述行为的，应当及时解聘。

（6）教育教学活动安全管理。学校不得违反有关规定，组织或者安排未成年学生从事不适宜未成年人参加的劳动、体育运动或者其他活动。学校组织未成年学生，无论是进行劳动实践、体育教学与锻炼或其他社会实践活动，都应当树立风险意识，注意保护学生安全。曾有学者统计，在体育活动发生的中小学生伤害事故在校园人身伤害案件中占比突出。接近90%的因体育活动造成的学生伤害案件,学校都承担了责任。其中承担全部责任的案件超过了三分之一,承担主要责任的案件数量达到了三分之二以上,仅 11.61% 的案件学校没有承担责任。[①] 因此,学校在对未成年学生进行体育教学时,要承担更多的安全注意义务。体育教学应当由专业的体育老师进行,教师不得擅自离开教学现场,不得超纲教学,不得使用具有安全隐患的体育器材等。

(7)特异体质学生管理。学生有特异体质或者特定疾病,不宜参加某种教育教学活动,学校知道或者应当知道,但未予以必要的注意,将承担相应的法律责任。

(8)学生意外伤害救助管理。学校发现学生在校期间突发疾病或者受到伤害,但未根据实际情况及时采取相应措施,导致不良后果加重的,学校将承担相应的法律责任。自学生进入学校起,学校就应当承担起对他们的教育管理和保护责任。在学生遇到疾病等突发事件时,应当对学生进行及时救治。对于病情严重的学生,应当及时将其送到医院,并尽快通知家长。

(9)教师职业道德管理。学校教师或者其他工作人员体罚或者变相体罚学生,或者在履行职责过程中违反工作要求操作规程,职业道德或者其他有关规定,学校将承担相应的法律责任。"没有惩罚的教育不是完整的教育",2021 年 3 月 1 日正式施行的《中小学教育惩戒规则(试行)》,标志着教育惩戒权得到了国家教育主管部门的正式认可。学校和教师在行使对学生的教育惩戒权时,应当尊重教育规律,严守教师职业道德,确保学生身心健康不受伤害,名誉权、隐私权等合法权益不受侵害。

(10)学生行为安全管理。学校老师或者其他工作人员在负有组织管理未成年学生的职责期间,发现学生行为具有危险性,但未进行必要的管理、告诫或者制止,以致学生发生人身损害,学校将承担相应的法律责任。学校应当定期对教职员工进行培训教育,培养教职工风险意识,密切关注学生行为,及早发现和排除未成年学生潜在的各种危险行为因素。

(三)学生校园伤害事故应急处理

学生校园伤害事故属于突发事件,需要应急处理。民办学校应当制定校园

---

① 方芳,等.中小学校园安全风险规制研究[M].北京:中国法制出版社,2019:214.

伤害事故应急处理预案，建立健全事故处理机制，及时科学应对。处理学生校园伤害事故，应当遵循以下程序。

（1）及时抢救并送医。民办学校应当按照《学校卫生工作条例》的要求，建立医务室，配齐专业的医卫人员。当学生在校内突发疾病或意外时，能第一时间赶赴现场进行救治。学生病情或伤情紧急的，需要及时送往医院治疗。

（2）及时通知家长。学校应当将学生发生意外的真实情况通知家长，但也需要讲究语言艺术。在事故原因没有查明之前，不能随便下结论，以免造成后续事故处理被动。

（3）及时报告主管部门。事故发生后，学校应当及时向教育行政部门和其他相关主管部门报告情况。如果是一般事故，应在24小时以内报告；如果是重大事故，应当立即报告。

（4）成立专门事故处理机构。学校应当及时成立事故处理领导小组，由主要负责人牵头负责。事故善后工作可由分管负责人牵头，并有学校法律顾问参与指导，开展与家长的协商谈判、赔偿等工作。在家长具有协商解决意愿的情况下，可向当地的人民调解委员会申请调解，及时化解矛盾纠纷。若不能协商一致无法调解，应引导家长依法维权，通过诉讼途径依法解决纠纷。

（5）调查事故原因。学校应当及时调查清楚事故发生的原因，厘清责任，吸取经验教训，举一反三，预防同类事故再次发生。

学生校园伤害事故是一个社会问题。由于社会保障机制的不健全，每当出现学生伤害事故，家长首先想到的是让学校来赔偿，其实最终目的还是解决孩子的医疗费用和未来的生活保障。虽然我国立法已经从法律层面上明确了学校、学生和家长各自的责任，但并不能从根本上解决学生伤害事故所带来的全部问题。民办学校需要自筹经费办学，若承担高额的人身损害赔偿，将给学校生存发展造成不小压力。因此，民办学校除了加强日常安全合规管理，做好校园安全事故防范外，还应当未雨绸缪，通过购买学生人身意外险、校方责任险等商业保险的方式分散风险。

五、民办学校财税合规管理

(一)民办学校财务合规管理

民办学校分类登记完成后,民办教育将全面进入分类管理时代,国家对民办教育的行政监管将进一步加强和完善。主管部门对民办学校,尤其是义务教育民办学校和其他非营利民办学校进行全流程财务监管,落实非营利性的法定要求;审计办学收益或者剩余财产分配,审计购买服务、关联交易,审计收取、变相收取赞助费、借读费等的财务规范检查将全面展开。其中关联交易、收支规范、账户监管、信息披露和公示、集团化业务往来、外资限制等都是检查审计和工作重点,民办学校的财务合规管理面临重大挑战。

(1)会计制度。根据《中华人民共和国民办教育促进法》第三十五条规定,民办学校应当依法建立财务、会计制度和资产管理制度,并按照国家有关规定设置会计账簿。实施何种会计准则,由《中华人民共和国会计法》和国家统一的会计制度进行规定,民办学校不能自由选择。在民办教育分类管理政策实施前,由于民办学校法人属性模糊等原因,民办学校对会计制度的适用存在一定程度的混乱。有的依据《事业单位会计制度》,有的依据《民间非营利组织会计制度》,还有的依据《企业会计准则》,使得民办学校会计信息混乱、质量低下。现在民办学校分类管理已经正式实施,民办学校的法人属性也已经明确为营利性与非营利性两种性质,不同类型的民办学校应当适用不同的会计制度。非营利性民办学校只能适用《民间非营利组织会计制度》,而营利性民办学校可以根据其规模,选择适用《小企业会计准则》《企业会计制度》《企业会计准则》等。

(2)财务报告。民办学校应当严格执行会计法律法规和国家统一的会计准则制度,按照《中华人民共和国民办教育促进法》第三十九条第二款的要求,在每个会计年度结束时制作财务会计报告。民办学校要加强对财务报告编制、对外提供和分析利用的全过程管理,及时发现学校财务和经营风险,确保财务报告合法合规、真实完整和有效利用。根据《中华人民共和国民法典》第九十四条规定,捐助人有权向捐助法人查询捐助财产的使用、管理情况。根据《中华人民共和国公司法》第一百六十五条规定，有限责任公司应当依照公司章程规定的期限将财务会计报告送交给各股东。因此，无论是非营利性民办学校还是营利性民办学校，都应当及时将财务会计报告送交给各个举办者。

（3）账户开设。民办学校必须在银行开设基本账户，收取的费用、开展活动的全部资金往来只能使用以学校名义开设的银行结算账户，不得坐收坐支、公款私存，更不能以私人账户收取学费或支出款项。有的地方要求民办学校应将学校的银行账户抄报教育主管部门，并在学校官网及校内收费处显著位置公示；有的地方则要求民办学校应将学费收入存入主管部门指定的合作银行的监管账户，民办学校应当遵循主管部门的监管要求。

（4）资产管理。民办学校对举办者投入民办学校的资产、国有资产、受赠的财产及办学积累，享有法人财产权。民办学校存续期间，举办者投入的资产，应归学校所有。举办者不享有所有权，不得擅自撤回、抽逃、挪用、非法占有和支配。根据《中华人民共和国民办教育促进法》第三十九条第一款规定，民办学校资产的使用和财务管理受审批机关和其他有关部门的监督。有的地方据此规定，要求民办学校与教育部门、经教育部门确定符合条件的银行机构签订三方托管协议，并将以学校名义开设的银行账户全部纳入托管，民办学校全部资金必须纳入托管账户进行监管。相关部门出台此类政策的初衷在于规范民办学校资金使用，防止民办学校出现举办者抽逃出资、挪用资金、卷款跑路等恶性事件的发生。但由主管部门确定资金托管银行并强制民办学校改变原有账户开设银行的做法，是否涉嫌违背《中华人民共和国反垄断法》与《中华人民共和国反不正当竞争法》，值得商榷。

（5）年度预算。民办学校应当依照《中华人民共和国会计法》和国家统一的会计制度进行会计核算，编制财务会计报告。要按照"厉行节约"和"民办学校收取的费用应当主要用于教育教学活动、改善办学条件和保障教职工待遇"的原则，制定学校年度财务预算报告，并经学校决策机构审核同意。

（6）大额资金支出。民办学校要制定完善大额资金支出审批程序，年度预算内资金要严格按照审批程序执行，年度预算外所需大额资金支出必须经学校决策机构批准。

（7）对外投资。民办学校在预留足年度预算支出资金，并在年度结余资金中按规定留足10%的发展基金后，若需对外投资，必须依法依规且进行充分论证，同时报经学校决策机构批准。其中，不得使用财政性奖励扶持资金及其结余进行对外投资；不得从事股票、期货等高风险项目投资，国家另有规定的除外。

（8）借款借贷。民办学校不得以学校名义非法集资和非法借贷。民办学校依法依规借入款项只限用于本学校的建设和发展，不得挪作他用，不得以任何方式转借给举办者及其他单位或个人。举办者应依法履行出资办学义务，不得以借款形式将本应投入的开办资金、注册资本以借款的名义投入所举办的民办学校并取得借款利息，虚高学校负债。参考《中华人民共和国民法典》第三百九十九条规定，非营利性民办学校不得利用学校土地、校舍等教育教学设施抵押贷款或为其他个人和单位提供经济担保或财产抵押；参考第六百八十三条规定，非营利性民办学校不得成为保证人，为他人债务提供保证担保。

（9）财务审计。根据《中华人民共和国民办教育促进法》第三十九条第二款规定，民办学校应当在每个会计年度结束时制作财务会计报告，委托会计师事务所依法依规进行审计。学校每年度财务审计结果在接受年度办学情况检查前报教育主管部门及其他有关部门备案。学校年度财务审计报告要专项体现年度财务预算执行，用于教学活动、改善办学条件和确保教职工待遇的资金支出占比，发展基金提取及债权债务等情况。

（10）办学结余。非营利性民办学校办学结余应当主要用于本校建设和发展，不得用于任何形式的分配或分红，任何组织或个人不得挪用、抽逃学校资金，学校应当从经审计的年度非限定性净资产增加额中按不低于10%的比例提取发展基金；营利性民办学校举办者可以在每个会计年度结束时从办学结余中取得办学收益，学校办学结余依照公司法等有关法律、行政法规的规定处理，但必须每年从经审计的学校年度净收益中，按不低于年度非限定性净资产增加额或者净收益的10%的比例提取发展基金，用于学校的发展。

（二）民办学校税收合规管理

长期以来，民办学校的税务问题存在不少争议，特别是一些非营利性民办学校，认为学校是非营利的，自然就不需要交税。[①]《中华人民共和国民办教育促进法》第四十七条规定，民办学校享受国家规定的税收优惠政策，其中非营利性民办学校享受与公办学校同等的税收优惠政策。一些人想当然地认为，公办学校从来没有缴纳过企业所得税等税费，因此非营利性民办学校也应当不需要缴纳。这种观念给民办学校埋下了重大的税务合规隐患。实际上，《中华人民共和国民办教育促进法》对民办学校的税务问题，仅提供了方向性的指引，具体操作细则还必须依照税法及税务主管部门的相关规定执行。根据民办学校性质、办学层次、办学内容等，其依法缴纳的税收有所区别，需要分类理解，一校一策。民办学校应当依法缴纳的税收主要由以下几个方面组成。

（1）耕地占用税。《中华人民共和国耕地占用税法》第七条第一款规定，学校占用耕地，免征耕地占用税。《财政部　税务总局　自然资源部　农业农村部　生态环境部关于发布〈中华人民共和国耕地占用税法实施办法〉的公告》（财政部公告 2019 年第 81 号）第六条规定，免税的学校，具体范围包括县级以上人民政府教育行政部门批准成立的大学、中学、小学，学历性职业教育学校和特殊教育学校，以及经省级人民政府或其人力资源社会保障行政部门批准成立的技工院校。学校内经营性场所和教职工住房占用耕地的，按照当地适用税额缴纳耕地占用税。根据以上实施办法的规定，民办学历教育学校、技工学校、特殊教育学校免征耕地占用税。但学校内经营性场所和教职工住房占用耕地的，按照当地适用税额缴纳耕地占用税。

（2）契税。《中华人民共和国契税法》第六条第二项规定，非营利性的学校、医疗机构、社会福利机构承受土地、房屋权属用于办公、教学、医疗、科研、养老、救助免征契税。《财政部税务总局关于贯彻实施契税法若干事项执行口径的公告》（财政部税务总局公告 2021 年第 23 号）规定，享受契税免税优惠的非营利性的学校的具体范围，为经县级以上人民政府或者其行政部门批准成立的大学、中学、小学、幼儿园，实施学历教育的职业教育学校、特殊教育学校、专门学校，以及经省级人民政府或者其人力资源社会保障行政部门批准成

---

① 2022 年 4 月 1 日，民办本科院校长沙医学院官网发文称，长沙市税务局第三稽查局突然向非营利性民办高校学生学费、住宿费征缴25%企业所得税和被征税单位毫不知情的日万分之五滞纳金。其中政府下拨给贫困学生的奖助学金、贫困助学金5%都计征税，还有该校购买的仪器、设备、设施、土地、房屋不作为学校支出要按年分摊交纳企业所得税。长沙医学院企业所得税事件引发全国民办教育界的强烈关注，至今仍未有官方正式结论。

立的技工院校；要求享受契税免税优惠的土地、房屋是用于教学的，限于教室（教学楼）及其他直接用于教学的土地、房屋。对营利性学校及非营利性学校受让房地产用于非教学目的的，仍应当缴纳契税。

（3）增值税。根据《财政部国家税务总局关于全面推开营业税改征增值税试点的通知》（财税〔2016〕36号）有关规定，教育服务属于增值税的征税范围，但对从事学历教育的学校提供的教育服务免征增值税。学历教育是指受教育者经过国家教育考试或者国家规定的其他入学方式，进入国家有关部门批准的学校或者其他教育机构学习，获得国家承认的学历证书的教育形式。具体包括：①初等教育。普通小学、成人小学。②初级中等教育。普通初中、职业初中、成人初中。③高级中等教育。普通高中、成人高中和中等职业学校（包括普通中专、成人中专、职业高中、技工学校）。④高等教育。普通本专科、成人本专科、网络本专科、研究生（博士、硕士）、高等教育自学考试、高等教育学历文凭考试。从事学历教育的学校包括：①普通学校。②经地（市）级以上人民政府或者同级政府的教育行政部门批准成立、国家承认其学员学历的各类学校。③经省级及以上人力资源社会保障行政部门批准成立的技工学校、高级技工学校。④经省级人民政府批准成立的技师学院。上述学校均包括符合规定的从事学历教育的民办学校，但不包括职业培训机构等国家不承认学历的教育机构。根据上述规定，民办学校能否享受免征增值税政策，按照是否为学历教育及收入性质进行界定：从事学历教育的学校提供的教育服务，并且是按规定标准收取的学费、住宿费、课本费、作业本费、考试报名费收入，以及学校食堂提供餐饮服务取得的伙食费收入免征增值税；对从事学历教育的学校以各种名义收取的赞助费、择校费等收入，不予免征增值税。从事非学历教育的民办学校，不论是营利性还是非营利性，不论是按照政府确定的价格还是自行确定的价格收取的各项费用，均不得享受增值税免税优惠，但幼儿园除外。根据《财政部国家税务总局关于全面推开营业税改征增值税试点的通知》（财税〔2016〕36号）附件3《营业税改征增值税试点过渡政策的规定》第一条第一款规定，托儿所、幼儿园提供的保育和教育服务免征增值税。其中，公办托儿所、幼儿园免征增值税的收入是指，在省级财政部门和价格主管部门审核报省级人民政府批准的收费标准以内收取的教育费、保育费。民办托儿所、幼儿园免征增值税的收入是指，在报经当地有关部门备案并公示的收费标准范围内收取的教育费、保育费。

（4）企业所得税。《中华人民共和国企业所得税法》第一条规定，在中华人民共和国境内，企业和其他取得收入的组织（以下统称企业）为企业所得税的纳税人，依照本法的规定缴纳企业所得税。《中华人民共和国企业所得税法实施条例》第三条规定，《企业所得税法》第二条所称依法在中国境内成立的企业，包括依照中国法律、行政法规在中国境内成立的企业、事业单位、社会团体以及其他取得收入的组织。根据上述规定，在民政部门领取"民办非企业单位"证书的民办非营利学校，不论民办还是公办学校，均是企业所得税纳税人。非营利单位要想免征企业所得税，首先须获得免税资格。《中华人民共和国企业所得税法实施条例》第八十四条规定，企业所得税法第二十六条第四项所称符合条件的非营利组织，是指同时符合下列条件的组织：（一）依法履行非营利组织登记手续；（二）从事公益性或者非营利性活动；（三）取得的收入除用于与该组织有关的、合理的支出外，全部用于登记核定或者章程规定的公益性或者非营利性事业；（四）财产及其孳息不用于分配；（五）按照登记核定或者章程规定，该组织注销后的剩余财产用于公益性或者非营利性目的，或者由登记管理机关转赠给与该组织性质、宗旨相同的组织，并向社会公告；（六）投入人对投入该组织的财产不保留或者享有任何财产权利；（七）工作人员工资福利开支控制在规定的比例内，不变相分配该组织的财产。"需要说明的是，非营利民办学校即使符合上述条件并取得了免税批文，只代表具备了免税的前提条件，并不意味着其所有收入都可以免征企业所得税，具体还得看收入项目是否为免税收入。根据财政部、国家税务总局于 2009 年 11 月 11 日发布的《财政部　国家税务总局关于非营利组织企业所得税免税收入问题的通知》（财税〔2009〕122 号），非营利组织的下列收入为免税收入：①接受其他单位或者个人捐赠的收入；②除《中华人民共和国企业所得税法》第七条规定的财政拨款以外的其他政府补助收入，但不包括因政府购买服务取得的收入；③按照省级以上民政、财政部门规定收取的会费；④不征税收入和免税收入孳生的银行存款利息收入；⑤财政部、国家税务总局规定的其他收入。根据上述文件，非营利民办学校接受的捐赠及财政补助收入，属于企业所得税免税收入，而最常见的向学生收取的学费、住宿费、课本费、作业本费、考试报名费、伙食费、教育费、保育费等收入，以及向其他机构或学生收取的商铺租金、非学历培训费、延时服务费、服装费、赞助费、择校费等，则属于企业所得税的应税收入。

笔者认为，税务部门根据上述法律法规及文件规定，仅对非营利性民办学校接受的捐赠及财政补助收入免征企业所得税,存在不妥之处。公办学校的非营利性收入,历来免征企业所得税。其逻辑在于公办学校依法收取的学费属于行政事业性收费,根据《中华人民共和国企业所得税法》第七条中"依法收取并纳入财政管理的行政事业性收费"为不征税收入。新法优先于旧法、特别法优先于普通法是基本的法治原则。在2016年11月7日颁布的《中华人民共和国民办教育促进法》已经明确规定非营利性民办学校享受公办学校同等税收优惠政策的前提下,对公办学校和非营利性民办学校实行区别对待,造成两者实质上的不平等,有违公平的法治原则。况且,2017年1月18日国务院发布的《国务院关于鼓励社会力量兴办教育促进民办教育健康发展的若干意见》(国发〔2016〕81号)第14条明确规定,非营利性民办学校与公办学校享有同等待遇,按照税法规定进行免税资格认定后,免征非营利性收入的企业所得税。根据最新修订的法律及国家政策,非营利性民办学校依法取得免税资格认定后,可以享受企业所得税的优惠政策本是应有之义。非营利性民办学校的学费收入虽然不属于行政事业性收费管理范畴,但属于非营利性收入。将学费收入纳入免征企业所得税的税收优惠政策范畴也符合非营利性民办学校与公办学校享有同等待遇的政策。

关于非营利民办学校企业所得税的征收问题,虽然存在较大争议,但可以明确的是,非营利性民办学校只有取得非营利性组织免税资格认定,才能取得享受企业所得税优惠的资格,且仅对取得的非营利性收入免征企业所得税。因此,非营利民办学校应当积极办理非营利性组织免税资格认定,并正确区分营利性收入与非营利性收入。

(5)房产税及城镇土地使用税。财政部、国家税务总局《关于教育税收政策的通知》(财税〔2004〕39号)规定:"对国家拨付事业经费和企业办的各类学校、托儿所、幼儿园自用的房产、土地,免征房产税、城镇土地使用税。"因此,非营利性民办学校自用的房产、土地免征房产税、城镇土地使用税。营利性民办学校(企业办的除外)自用房产、土地应当按照规定缴纳房产税、城镇土地使用税。如果属于小规模纳税人,可以减半征收。

(6)个人所得税。在个人所得税方面,民办学校适用的法律和政策与企业并无不同,对举办者的分红、员工的工资奖金收入等个人所得需要履行代扣代缴义务。由于非营利性民办学校的举办者不能从学校分红,所以不涉及分红缴纳个人所得税的情况。营利性民办学校的举办者可以从学校的盈利中分红,应该按照规定缴纳个人所得税。

六、民办学校知识产权合规管理

民办学校的知识产权合规风险主要有三类。

（1）著作权合规风险。民办学校翻印教材、不当使用他人的课件，都有可能构成对他人著作权的侵犯。员工在工作中完成的教案、作品、课件等智力成果，其著作权的归属、使用方式都需要事先做出明确的约定，否则事后极易产生纠纷。

（2）商标权合规风险。民办学校应当通过合法的形式获得商标、标识的所有权或使用权，并完善权利保护制度。

北京环球天下公司与徐州市环球雅思学校侵害商标权纠纷案①

2004 年 11 月，北京市东城区雅思学校与史某签订《环球雅思特许加盟协议书》，授权史某在徐州开办环球雅思分校，加盟期为 2004 年 11 月 30 日—2007 年 12 月 31 日。2005 年 12 月，东城雅思学校向商标局申请注册"环球雅思"商标。2006 年 8 月，北京环球天下教育科技有限公司（简称环球天下公司）成为东城雅思学校的全资出资人。2008 年 1 月 2 日，东城雅思学校将该"环球雅思"商标的注册申请转让给环球天下公司。2008 年 4 月，环球天下公司与史某签订《北京环球天下教育科技有限公司特许加盟协议书 V4》；2009 年 9 月，授权期限届满，环球天下公司、环球雅思北京总校发布《关于停止环球雅思徐州分校加盟授权资格的公告》，并载明："任何机构不得以环球雅思徐州分校之名义进行宣传、招生，不得借用'北京环球天下教育科技有限公司''环球雅思全国连锁学校'在行业里取得的规模、成绩、荣誉等资源进行相关宣传及经营活动"。2010 年 6 月，东城雅思学校注销，其名下的商标、商誉均由其全资投资人环球天下公司承继。2013 年 3 月，环球天下公司经转让获得第3209688 号"环球教育及图"商标，并拥有第 11430105 号"环球教育及图"商标、

---

① 参见北京知识产权法院（2017）京 73 民终 1106 号民事判决书。

第 11429946 号"globaleducation 及图"商标、第 12614735 号"环球"商标，注册类别均为第 41 类，核定项目主要包括教育、学校、函授课程、培训、教学、讲课等。

2015 年 11 月 6 日，环球天下公司委托代理人向北京市海诚公证处申请对互联网上侵权情况进行公证取证，打开徐州环球学校经营的网站 www.gielts.com，网站首页显示 2004—2015 年，11 年 18 万徐州学子的唯一选择，来环球雅思学英语就对了。左上角存在一个圆形图标，圆形中间是大写的 G 字样，该图标右侧为"环球雅思英语学校 GlobalIELTSEnglishSchool"，首页标题栏中有"关于环球雅思"，点击进入显示有"活动新闻"，其中多个新闻标题中显示有"环球雅思"字样；在"口语及小语种"中"成人口语"一栏页面上方显示的是一个奖状的图片，其中多处显示"环球雅思"学校获得的各种荣誉奖项，且网页中多处"环球雅思"用显著的字体标明。环球天下公司以徐州市环球雅思培训学校侵害其商标权并构成不正当竞争，向法院提起诉讼，要求徐州环球学校承担侵权责任。

在本案中，法院认为，环球天下公司作为涉案四款商标的专有使用权人，除法律法规规定的情形外，有权禁止他人未经许可擅自在同类服务上使用相同或类似商标。双方约定在合同到期后未经许可，不得继续使用环球天下公司的商标标识等。合同到期后徐州环球学校已经不具备合法使用"环球"字样作为服务宣传品牌的基础，但其仍长期、持续在 www.gielts.com 网站上多处、突出使用"环球雅思"字样宣传自己。上述宣传字样证明徐州环球学校在宣传过程中确实使用借助了"环球"标识在雅思英语培训服务类别上的商誉，使得他人误解徐州环球学校系环球雅思的特许加盟机构。其对"环球"二字在英语教育培训领域的知名度是明知的，其继续使用系恶意使用，足以造成相关公众混淆误认，构成商标权侵权行为；其攀附了环球天下公司的商誉，构成不正当竞争行为。最终，法院判决：徐州环球学校立即停止涉案侵权行为，发布声明，为环球天下公司消除影响，赔偿环球天下公司经济损失 20 万元及诉讼合理支出 4.2 万元。

本案提醒民办学校，在加盟授权期限届满后，仍继续使用原授权人的相关商标、标识的，构成商标侵权和不正当竞争，将承担相应法律责任。

（3）不正当竞争合规风险。不正当竞争行为与商标侵权行为常常容易发生重合，即一个行为可能构成两项侵权。如使用他人的注册商标或驰名商标作为学校字号使用，足以让公众误导，可能同时构成侵犯商标权和不正当竞争。前述北京环球天下公司与徐州市环球雅思学校侵害商标权纠纷案就是很好的例证。在互联网推广日益普遍的今天，有的民办学校在搜索引擎上做招生的关键词推广，将其他学校的搜索结果导流到自己的网站等，同样是不正当竞争行为，将承担相应的侵权责任。

泓钰培训学校与千奕留学语言培训学校不正当竞争纠纷案[①]

千奕留学语言培训学校(简称千奕学校)登记成立于2006年4月21日。泓钰培训学校(简称泓钰学校)登记成立于2004年7月27日。二者的业务主管单位都是北京市朝阳区教育委员会，业务范围也都是文化教育培训。2014年7月7日，千奕学校申请北京市国信公证处对泓钰学校在搜狗网(网址为www.sogou.com)上使用"千奕"进行搜索推广的情况进行了证据保全公证。在搜狗网搜索栏内分别输入"千奕西班牙语学校""千奕西班牙语培训""千奕西班牙语""千奕西班牙语培训学校"后进行搜索，排在第二位、第三位的搜索结果题为"千奕西班牙语培训全国免费咨询4000-588-234"，网页简介信息显示为"千奕西班牙语培训13年教学研究，为学生量身定制西班牙语学习体系，优秀中外精英师资。教委批准。千奕西班牙语培训十年专注西班牙语培训"。该搜索结果下方还显示有"www.hyschool.cn"的网址及"推广"字样。但上述搜索结果中显示的电话"4000-588-234"系泓钰学校电话，分别点击上述链接，均可进入泓钰学校经营的网站(网址为www.hyschool.cn)，该网站左上方突出显示有"泓钰学校"以及"泓钰西班牙语"字样，但未显示"千奕"字样。千奕学校认为泓钰学校此等网络推广行为侵犯了其合法权益，遂向法院提起诉讼。

在本案中，法院认为：根据《中华人民共和国反不正当竞争法》第二条规定，经营者在生产经营活动中，应当遵循自愿、平等、公平诚信的原则，遵守法律和商业道德。千奕学校和泓钰学校同属留学语言培训行业的经营者，二者具有反不正当竞争法规定的竞争关系。泓钰学校在网络宣传中使用千奕学校的字

[①]　参见北京知识产权法院(2015)京知民终字第1539号民事判决书。

号"千奕"未能说明合理理由。虽然泓钰学校在其网站上使用的是自己的字号，并未使用千奕学校的字号，但是其上述搜索行为将导致欲了解千奕学校有关信息的消费者在搜狗栏键入"千奕"搜索时，找到的是泓钰学校的网站链接，进而误导消费者进入泓钰学校的网站。这势必降低消费者对千奕学校的网站访问量，反而提高了消费者对泓钰学校网站的访问概率，明显挤占了千奕学校在互联网领域的市场利益。不仅如此，对于初学者，在尚不确定是否学习西班牙语时，在被误导进入泓钰学校的网站后，会在泓钰学校的引导劝说下加入该校能力较强的其他外国语种培训班，造成千奕学校在西班牙语培训上潜在客户的流失，使其在市场竞争中处于不利地位。因此，泓钰学校具有明显的不正当竞争恶意，违背了市场竞争中应遵循的诚实信用原则，构成不正当竞争，应当承担侵权的法律责任。最终，法院判决：泓钰学校在其经营的网站首页上连续15日刊登声明以消除影响，并赔偿千奕学校经济损失5万元，以及为制止侵权支付的公证费1100元。

本案说明，民办学校的广告推广特别是网络推广也应当坚持合规立场，持谨慎态度，不能实施不正当竞争行为，侵犯他人合法权益。

七、民办学校教育服务质量合规管理

教育服务质量是民办学校的生命线。学生选择特定的民办学校接受教育，会重点考虑该校对教育服务质量的宣传和承诺。从民事法律关系的角度来看，民办学校与学生之间是一种教育服务合同关系，双方应当诚实信用地履行各种承诺、约定。若民办学校承诺的师资无法到位，学生考试、考核成绩未达到约定的标准，结业后无法获取相关证书，都有可能引发学生对学校的不满乃至问责。因此，学校的招生简章、广告等内容应当符合法律的规定，入学协议中关于双方权利、义务的内容要科学合理、明确具体、详略得当。特别是不能违背教育规律"拍胸脯""作保证"，大包大揽，做出一些可能遭致学生指控的虚假宣传、不实承诺。

戴某诉上海市某进修学校教育培训合同纠纷案①

原告戴某诉称，2010 年 11 月，上海市某进修学校高级教育顾问卫某以电话推销形式，向其推销"某某中学生 VIP 学习中心"的中学生课外辅导。当时，戴某之女就读高中二年级，期中考试因数学成绩退步，导致语、数、英三门总分从高一年级排序第 6 名，跌至高二年级排序第 60 名以外。卫某在电话中得知该情况遂表示，该学校可提供名校老师对戴某女儿进行补课并辅导完成作业，成绩肯定会有大幅度提高并恢复原排序，并承诺如不能恢复或超过原排序，将退还所有费用。戴某于 2010 年 11 月 27 日与上海市某进修学校签订了《学员注册合同》，缴纳费用人民币 30324 元。当时，卫某看了戴某女儿的成绩单并与其本人沟通后，表示只要进行数学和化学的辅导就可以达到恢复原年级排序的目的，故戴某与该学校签订了这两门课程的辅导合同。同月 29 日，卫某代表该学校出具了一份书面承诺，确保戴某女儿高中二年级期末考试达到年级排序高中一年级时的水平，否则全额返还 30324 元。戴某女儿实际上课至2011 年 6 月 20 日，同月参加学校高二期末考试，但成绩下跌至年级排序109 名。为此，戴某于暑假期间向进修学校提出不来补课，要求全额退还费用，但进修学校对戴某的要求置之不理，遂起诉维权。

在本案中，法院认为，卫某作为进修学校的工作人员，代表进修学校与戴某签订了教育培训合同。卫某在戴某全额支付培训费的当日出具的书面保证，同样使戴某有理由相信卫某是代表进修学校所出具，故该份书面保证的内容应视为双方当事人之间教育培训合同的权利和义务内容。进修学校主张，该份书面保证系卫某以个人名义出具，并不代表进修学校，但并未提供证据证明卫某是在工作地点和工作时间以外私自出具，故法院对进修学校的该项主张不予采纳。在前述的书面保证中明确载明，"高中二年级期末考试能达到年级排名原高一水平"，而戴某之女的"学习小档案"中与"年级排名"相关的就是"年级排序"和"年级三门排序"。进修学校及其工作人员作为专门从事中学生教育培训的专业机构和人员，应对此明知。故法院认定恢复戴某女儿的"年级排序"和"年级三门排序"在高中一年级的水平，应为双方教育培训合同的主要内容，进

---

① 参见上海市徐汇区人民法院(2011)徐民一(民)初字第 7812 号民事判决书。

修学校须按照自己所做的承诺履约。戴某提供的学习成绩单和学校的证明显示，进修学校并未履行该项主要义务，戴某以此为由要求解除双方的教育培训合同，要求进修学校按约全额返还 30324 元，法院对此予以支持。

此外，部分民办职业学校为了招揽生源，往往在广告、招生简章或者入学协议中规定学校可为学生推荐就业或保证就业。一旦日后有了出入，哪怕是由于学生的个人原因导致，学校也将面临剪不断、理还乱的烦恼。客观、准确、合法地对学生就业问题做出表述，才是民办职业学校生存之道。

朱某与福建武夷山中华职校教育培训合同纠纷案[①]

2014 年暑假，朱某收到中华职校派发的招生传单广告《武夷山民用航空站、福建武夷山中华职业学校定向委培航空安检员招生简章》。该招生简章显示，就业有保障：凡报读该专业，经过航空站组织的面试、体检、政审合格者，学校发给录取通知书，报到后即与航空站签订就业协议书，毕业后保证就业。其间，元翔武夷山机场派员参与了中华职校开办的航空地勤、安检专业入学面试，朱某也按照招生简章要求进行了体检、面试并到机场参加见习。临近毕业，朱某等学生被告知无法在机场就业，经多次与学校和机场沟通无果，遂向法院提起诉讼。另查明，中华职校曾与航空站、元翔武夷山机场的工作人员洽谈委培意向，但未签订书面委培协议。

在本案中，法院认为，中华职校发出的招生简章，属于向不特定的人发出，其内容不具体和可变更，属于要约邀请。学生报名就读是合同的要约方，中华职校接纳学生就读是承诺方。但中华职校无法兑现"入学即就业"这一承诺，另一承诺方航空站和元翔武夷山机场在招生简章中没有加盖公章，在学生入学后也没有与学生签订就业协议书。故该教育合同中到中华职校航空班学习，及同时学习取得大专文凭部分的合同成立并已履行。定向就业学习的专业及安排就业部分的合同没有成立，且无法履行。因此，本案的教育合同为部分有效合同。对于合同无效部分产生的损失，中华职校在仅与航空站、元翔武夷山机场的工作人员洽谈委培意向，却没有签订书面委培协议的情况下，就以"武夷山

① 参见福建省武夷山市人民法院(2017)闽 0782 民初 1406 号民事判决书。

民用航空站欢迎你"的醒目标题公开发布招生简章，属于发布错误的要约引诱，存在较大的过错。因此，过错方中华职校应承担赔偿责任。而航空站、元翔武夷山机场的工作人员在招生和学习期间，虽参与面试、体检、上课及安排实习等，但这些工作人员是航空站、元翔武夷山机场派出，还是中华职校邀请，没有证据证实，不能认定航空站和元翔武夷山机场存在缔约过失。最终，法院判决中华职业学校赔偿朱某各项损失 5070 元。

此案提醒民办职业学校，就业承诺莫随意，无法兑现将赔偿。民办职业学校不能虚假宣传，不能向学生做出无法确定的就业承诺。

八、民办学校对外业务往来合规管理

民办学校的对外业务往来，主要有采购、基建、场地租赁、融资、合作办学等。民办学校大型的基建、采购项目，应当与对方签订合同，明确双方的权利、义务。其中，交付时间、质量标准、验收、违约责任等在内条款内容要详尽、具有可操作性，以便将来出了问题，可以依法维权，充分保护学校的权益。当前民办学校受经济实力限制，自有校舍的仅为少数，大多数为租赁场地办学，房屋租赁纠纷成为民办教育法律纠纷的高发领域。有不少民办学校本来办得很红火，但因为是租赁场地办学，发生房屋租赁纠纷后丧失了办学场地，导致难以为继甚至被教育主管部门责令停止办学。若民办学校自行进行基础设施建设，应当注意工程建设合同是否存在漏洞，是否存在违法发包、分包，施工方是否具备相应资质等。民办学校在融资过程中，要注意审查投资人的法律主体资格、授权与审批情况、投资方案的合法性，签订详尽、全面、合法的融资或投资合同，预防陷入融资骗局而蒙受损失。在合作办学过程中，要明确约定合作各方的权利、义务、退出或终止合作的条件等事宜，了解国家及地方的相关法规、政策，确保合作办学方案的合法性。如国家明令禁止外资进入义务教育领域，违反这一禁令，将导致合同无效的法律后果。

温岭市某职业学校与台州威达电器有限公司房屋租赁合同纠纷案①

原告温岭市某职业学校起诉称：原告为筹建办学租赁被告台州威达电器有限公司房屋，于 2012 年 12 月 13 日签订了《厂房租赁合同》一份。合同约定租赁期间为 2013 年 3 月 1 日起至 2025 年 2 月 28 日，租金为 75 万元/年，保证金为 20 万元，水电押金为 30000 元。合同签订后，原告如约支付相应款项，并以该合同申报批准办学成为民办学校。2013 年 11 月份，政府职能部门在进行涉氨制冷企业执法检查过程中发现相邻的台州市爱德食品有限公司距离原告所租的被告房屋距离违反法定要求，经政府部门多次协调要求原告搬迁不得使用该房屋。原告遂于 2015 年 8 月 28 日前搬迁腾房完毕，并要求与被告解除合同办理交房手续。协商过程中被告同意解除合同，却不愿意归还保证金及合同解除后的租金，也不愿赔偿原告的损失，从而涉讼。现原告起诉请求判令：一、解除原、被告于 2012 年 12 月 13 日签订的《厂房租赁合同》；二、被告立即归还保证金 20 万元及自 2015 年 9 月 1 日起至 2016 年 2 月 28 日的预付租金；三、被告赔偿原告被限制办学及装修损失 50 万元。审理过程中，原告增加要求被告归还水电押金 30000 元的诉讼请求。

在本案中，法院认为，原告从客观上已难以利用租赁物，原告租赁房屋的目的已无法实现，支持原告解除合同、退还保证金及未发生的水电押金的诉讼请求。归还预付租金的请求因原告未尽腾退义务，不予支持。至于原告要求被告赔偿原告被限制办学及装修损失 50 万元的诉请，未提供任何证据，不予支持。虽然此案法院支持了原告要求解除合同和退还保证金及水电押金的诉讼请求，但其损失依然是巨大且不可为挽回的。民办学校因办学场地原因不得不终止办学，但办学及装修损失却因无法举证而得不到赔偿。此类情形不少民办学校都遇到过，举办者应当警醒，尽量防止悲剧重演。

. 民办学校为防控办学场地租赁的法律风险，应当注意以下事项。

（1）避免下列租赁行为。①租赁依法不能取得建设工程规划许可证或不能经主管部门批准建设的房屋。②租赁依法不能经主管部门批准的临时建筑，或租赁期限超过临时建筑的使用期限。③租赁存在权利瑕疵的办学场地。特别要

---

① 参见浙江省温岭市（2015）台温民初字第 1560 号民事判决书。

注意租赁方的场地是否具备合法产权，是否被抵押、查封，用地是否为教育用地或能用于教育的其他性质的土地，能否办理消防验收等手续，行政主管部门是否允许办学或变更办学地址等。

在实践中，有很大一部分民办学校租赁工业用地，将厂区内现有厂房、办公用房经改造后用于办学。对于此类办学场地，要特别注意其中的安全风险。对于工业厂房改造后能否用于办学，各地政策不一。一些地方不支持办学的理由是用地性质不符，以及消防安全问题。原有工业厂房与办公用房的安全措施一般不符合办学要求，建筑的基本结构、抗震等级、安全通道布置、消防设计等与学校并不相同。当然，学校可以采取一定的措施进行加固、改造，但是大多数都很难符合学校设计规范中的国家标准，更何况有些还违规进行了加盖、隔断。将工业厂房改造办学的民办学校普遍面临一个难题，即难以通过消防合格验收。当然，不排除部分民办学校租赁的工业厂房，原有建筑基础条件好或者是在工业用地基础上依法新建建筑，确实符合消防安全标准，主管部门可以开"绿灯"给予消防验收合格证明。但是，不少民办学校不具备基础条件，只是采取了一些规避措施：有的学校只用部分建筑参与消防验收，但实际上使用了全部建筑进行办学；有的甚至铤而走险，串通第三方提供虚假证明文件。无论采取哪种规避方式，都无法解决学校建筑质量与消防安全存在隐患的实质问题。民办学校管理者对此应时刻保持高度警觉，及时排除各类安全隐患。对于工业厂房改造办学，应避免私自加盖、隔断。若房屋经改造也无法达到安全标准，或无法通过消防验收，宁愿关闭拆除也不要心存侥幸冒险使用。发现校舍或教育教学设施存在安全隐患，应当及时采取安全措施，并立即报告有关部门，防范安全事故的发生。

（2）租赁房屋危及人身安全的，应当依法行使随时解除合同的权利。

（3）未经出租人同意，不得擅自对租赁房屋装饰装修或者扩建，或者擅自转租。

（4）在出租人出卖租赁房屋时，可依法行使优先购买权。

（5）不得拖欠租金，以免被出租人行使合同解除权。

（6）在条件成就时依法行使合同解除权，避免在对方根本违约的情况下，我方继续履行合同造成损失扩大，独自承担扩大部分的损失。

九、民办学校关联交易合规管理

（一）关联交易的定义

民办学校的关联交易，从本质上来看仍然属于民办学校对外业务往来的组成部分。由于法律法规对民办学校的关联交易有特别要求，因此本书特别单列出来作为民办学校合规管理的重要内容予以研究介绍。

关联交易，指公司或组织与其关联人之间发生的一切转移资源或者义务的法律行为。关联交易本身是中性的，并不必然违法，不能主观臆断关联人当然会滥用权力损害公司利益。关联交易有其积极的一面，具有提高交易效率、节省交易成本、扩展经营等重要功能，甚至有的公司没有关联交易将无法生存。如果关联人在关联交易中滥用控制权，损害单位利益，会构成不公平关联交易，为法律所不能容忍。法律并不禁止、事实上也无法禁止关联交易的发生，需要规制的是不公平的关联交易。关于关联交易的法律规定，最早出现在公司法领域。《中华人民共和国公司法》第二十一条从反面禁止的角度，对关联交易进行了规范：公司的控股股东、实际控制人、董事、监事、高级管理人员不得利用其关联关系损害公司利益；违反前款规定给公司造成损失的，应当承担赔偿责任。《中华人民共和国民法典》也对关联交易进行了规定，并将适用主体从公司扩展到了所有的营利性法人。对非营利性法人的关联交易规制，除了《中华人民共和国慈善法》有相应规定外，目前还没有其他的法律规定。根据《中华人民共和国慈善法》第十四条规定，慈善组织的发起人、主要捐赠人及管理人员，不得利用其关联关系损害慈善组织、受益人的利益和社会公共利益。以上人员与慈善组织发生交易行为的，不得参与慈善组织有关该交易行为的决策，有关交易情况应当向社会公开。在行政法规这个层面，则有《中华人民共和国民办教育促进法实施条例》专门对民办学校的关联交易进行了规制。

关于关联交易的具体指引性规范，目前主要集中在财政部发布的系列会计准则中。财政部于2006年发布的《企业会计准则第36号——关联方披露》，将关联交易定义为关联方之间转移资源、劳务或义务的行为，而不论是否收取价款。关联方包括：①该企业的母公司。②该企业的子公司。③与该企业受同一母公司控制的其他企业。④对该企业实施共同控制的投资方。⑤对该企业施加重大影响的投资方。⑥该企业的合营企业。⑦该企业的联营企业。⑧该企业的主要投资者个人及与其关系密切的家庭成员。⑨该企业或其母公司的关键管理人员及与其关系密切的家庭成员。⑩该企业主要投资者个人、关键管理人员或与其关系密切的家庭成员控制、共同控制或施加重大影响的其他企业。

财政部于 2020 年发布的《〈民间非营利组织会计制度〉若干问题的解释》，要求民间非营利组织与关联方发生关联交易的，应当按照《民间非营利组织会计制度》第七十一条第(十一)项规定，在会计报表附注中披露该关联方关系的性质、交易类型及交易要素。该解释对关联交易采取了与《企业会计准则第36 号——关联方披露》相同的定义，只是对关联方的界定有所不同。民间非营利组织的关联方包括：①该民间非营利组织的设立人及其所属企业集团的其他成员单位。②该民间非营利组织控制、共同控制或施加重大影响的企业。③该民间非营利组织设立的其他民间非营利组织。④由该民间非营利组织的设立人及其所属企业集团的其他成员单位共同控制或施加重大影响的企业。⑤由该民间非营利组织的设立人及其所属企业集团的其他成员单位设立的其他民间非营利组织。⑥该民间非营利组织的关键管理人员及与其关系密切的家庭成员。⑦该民间非营利组织的关键管理人员或与其关系密切的家庭成员控制、共同控制或施加重大影响的企业。⑧该民间非营利组织的关键管理人员或与其关系密切的家庭成员设立的其他民间非营利组织。此外，以面向社会开展慈善活动为宗旨的民间非营利组织(包括社会团体、基金会、社会服务机构等)，与《中华人民共和国慈善法》所规定的主要捐赠人也构成关联方。

根据《企业会计准则第 36 号——关联方披露》的规定，关联交易的范围包括：①购买或销售商品。②购买或销售商品以外的其他资产。③提供或接受劳务。④担保。⑤提供资金(贷款或股权投资)。⑥租赁。⑦代理。⑧研究与开发项目的转移。⑨许可协议。⑩代表企业或由企业代表另一方进行债务结算。⑪关键管理人员薪酬。《〈民间非营利组织会计制度〉若干问题的解释》对关联交易范围的界定，与上述规定基本一致，只减少了担保、研究与开发项目的转移两项内容。因为根据相关法律规定，民间非营利组织不能对外提供担保，自然不能发送该种关联交易。至于研究与开发项目的转移，实际上可以归纳到提供或接受劳务这个类别，无须重复规定。

（二）允许关联交易的民办学校类型

《中华人民共和国民办教育促进法实施条例》专门对民办学校的关联交易进行了规范，其中禁止民办义务教育学校进行关联交易。笔者认为，禁止民办义务教育学校进行关联交易的法理依据并不充足，实施效果也有待实践检验。正如前文所述，关联交易本是中性的，它也有积极的一面，法律难以全面禁止关联交易的发生，只能予以规范。行政法规对民办义务教育学校这一特殊主体，制定特别的禁止性规定，目的应是确保义务教育的公益性原则，防止民办义务教育学校的举办者、实际控制人通过关联交易变相营利。但根据法律规定，无论哪种类别和层次的民办学校，均有公益属性。既然《中华人民共和国民办教育促进法》已经明确对民办教育按照营利性与非营利学校分类管理，行政法规的此种例外规定似有在法律规定之外再创造出一种类型的民办学校之嫌，存在法理和逻辑矛盾。由于行政法规已经明确禁止民办义务教育学校发生关联交易，作为民办学校的管理者，从合规的角度也只能遵照执行。根据中共中央办公厅、国务院办公厅发布的《中共中央办公厅 国务院办公厅关于规范民办义务教育发展的意见》，关于民办义务教育学校的范围包含义务教育学段的中小学。因此可以进行关联交易的民办学校，只有单体的培训学校、幼儿园、高中、中等职业学校、高等职业学校、本科院校等。

（三）民办学校的利益关联方

根据《中华人民共和国民办教育促进法实施条例》第四十五条第三款规定，民办学校的利益关联方是指民办学校的举办者、实际控制人、校长、理事、董事、监事、财务负责人等，以及与上述组织或者个人之间存在互相控制和影响关系、可能导致民办学校利益被转移的组织或者个人。无论是《中华人民共和国民办教育促进法》还是其实施条例，均没有对民办学校的实际控制人作出概念性解释。参照《公司法》的相关规定，民办学校的实际控制人，应当是指虽不是民办学校的举办者，但通过投资关系、协议或者其他安排，能够实际支配民办学校行为的人。

(四)民办学校关联交易的合规要求

(1)基本原则。民办学校与利益关联方进行交易的,应当遵循公开、公平、公允的原则,合理定价、规范决策,不得损害国家利益、学校利益和师生权益。

(2)决策程序。民办学校应当建立和完善关联交易决策程序,重大关联交易应当经决策机构依法决策通过。决策机构成员(董事或理事)与董(理)事会会议决策事项涉及的相对方有关联关系的,不得对该项决议行使表决权,也不得代理其他成员行使表决权。该董(理)事会会议由过半数的无关联关系成员出席方可举行,会议所作决议须经无关联关系的成员过半数通过。

(3)合同审查。民办学校应当加强对关联交易的合同审查,确保合同签订的合理性与合法性。《中华人民共和国民办教育促进法实施条例》第四十五条第二款规定,教育、人力资源社会保障及财政等有关部门应当加强对非营利性民办学校与利益关联方签订协议的监管,并按年度对关联交易进行审查。民办学校支付关联方款项时应分析资金支付的合理合规性,根据经济业务活动的实际情况签订协议,并聘请第三方对关联交易定价进行评估,避免不合理的定价损害学校利益。

(4)信息披露。民办学校应当建立利益关联方交易的信息披露制度。民办学校关联交易的信息披露,除在财务报告中附注外,还可在年度审计报告中进行。披露的内容包括该关联方关系的性质、交易类型及交易要素。交易要素至少应当包括:交易的金额;未结算项目的金额、条款和条件,以及有关提供或取得担保的信息;未结算应收项目的坏账准备金额;定价政策。

十、民办学校法人财产合规管理

修订后的《中华人民共和国民办教育促进法》,规定了民办学校对举办者投入民办学校的资产及办学积累享有法人财产权。民办学校在民事活动中依法享有民事权利,独立承担民事责任。该法的修订,从法律层面解决了民办教育事业举办者投入民办学校的财产的产权问题。民办学校的举办者和经营管理者应当切实尊重民办学校的法人财产权,非营利性学校不得违法将其积累用于分配或违反有关规定对外投资，营利性学校对外投资若当地主管部门有特殊规定的，应当遵循规定。关于民办学校特别是非营利性民办学校能否对外投资的问题，实践中存在不同看法。有人认为，法律并没有明文禁止非营利性民办学校对外投资。对于民事主体而言，"法无禁止即可为"。非营利性民办学校可以对外进行投资，只是投资收益应当用于学校办学，而不能进行利润分配。也有人认为，民办学校包括非营利性民办学校都可以对外投资，但投资条件、投资主体和投资范围应所有限制。如民办学校应在预留足年度预算支出资金，并在年度结余资金中按规定留足10%的发展基金后才能对外投资，不得使用财政性奖励扶持资金及其结余进行对外投资；民办义务教育学校不得对外投资，不得投资股票、期货等高风险项目等。2022年10月21日发布的《深圳市民办中小学财务管理办法》明确规定非营利民办学校不得对外投资。笔者认为，"一刀切"式地禁止非营利性民办学校对外投资，并不符合立法宗旨，也不利于民办学校筹集办学资金扩大办学规模。无论是营利性法人还是非营利性法人，甚至是非营利性法人当中专以公益为目的的捐助法人，法律并不禁止其对外投资行为，只是需要规范投资行为。即不得违反法律禁止性规定和政策要求，从事高风险投资行为影响学校办学安全。民办学校不得违法将办学结余在举办者、经营管理人员之间进行分配。民办学校的经营管理人员可以从民办学校办学收益中获得工资、福利报酬等利益，但不得借机转移学校资产和办学积累。民办学校对自己的行为负责，以自己的财产承担行为的法律后果，而非以举办者或教职工的个人财产承担学校的民事责任。民办学校的举办者不得非法占有学校财产，不得抽逃资金或挪用办学经费。若对民办学校进行并购，无论是转让方还是受让方，都要对民办学校独立的法人财产权有清醒的认识，在举办者变更过程中不得侵犯民办学校的法人财产。

韶关市一中实验学校被吊销办学许可证案[①]

2022年7月18日，广东省韶关市教育局做出行政处罚决定书（韶教罚〔2022〕1号）。行政处罚决定书指出：根据人民法院生效法律文书认定的事实，行政处罚相对人韶关市一中实验学校存在以下主要违法事实：1. 民办学校举办

---

① 参见广东省韶关市教育局行政处罚决定书（韶教罚〔2022〕1号）。

者挪用办学经费；2.管理混乱严重影响教育教学，产生恶劣社会影响。该局根据《中华人民共和国民办教育促进法》第六十二条，对韶关市一中实验学校做出处罚决定：1.责令停止招生；2.吊销办学许可证。

本案是《中华人民共和国民办教育促进法》修订以来，教育行政主管部门对举办者挪用办学经费、侵犯民办学校法人财产权做出顶格处罚的典型案例。该案表明，民办教育实行分类管理以后，主管部门对举办者侵犯民办学校法人财产权的行为，容忍度将变得越来越低，对违法行为的处理不再投鼠忌器。韶关市教育局在发布本则行政处罚决定公告的同时，一并发布了韶关市一中实验学校学生安置公告，对该校在校学生全部由公办学校韶关市第一中学接收。在规范办学的大背景下，违法违规的民办学校以在校学生安置为筹码，"要挟"主管部门"大事化小、小事化了"的情形再难以复制。

靳荣、刘茜学校民办学校转让合同纠纷案[①]

三联外国语职业学校系 2009 年登记成立的民办学校，其举办者为王永刚，校长为周思敏，靳荣为该校副校长。周思敏与靳荣为该校的实际出资人与经营者。2014 年 8 月 20 日，受王永刚与周思敏的委托，靳荣与刘茜签订《学校转让合同》一份，以 13 万元的价格将三联外国语职业学校转让给刘茜。后刘茜主张合同未生效，要求返还转让款。

在本案中，法院认为，靳荣作为三联外国语学校的实际出资者，与刘茜签订了《学校转让合同》。根据《中华人民共和国民办教育促进法》的有关规定，只有民办学校才能对学校的所有资产享有财产权，包括举办者在内的任何个人在民办学校存续期间，不得抽逃出资。因此，民办学校从开办到终止，其法人财产不可流转，不能转让、分割。学校实际出资的靳荣、周思敏，登记的举办者王永刚均没有转让学校的权利，故刘茜与靳荣签订的《学校转让合同》无效。合同无效后，因该合同取得的财产应当予以返还。

根据《中华人民共和国民办教育促进法》的相关规定，民办学校对举办者投入民办学校的资产、固有资产、受赠的财产及办学积累，享有法人财产权。举

[①]　参见河南省郑州市中级人民法院(2018)豫 01 民终 3321 号民事判决书。

办者无权以自己的名义出卖学校的资产，涉案学校转让合同为无效合同。不过，根据《中华人民共和国民办教育促进法》第五十四条的规定，民办学校的举办者可以依法转让自己在民办学校的举办权，即通过变更举办者来实现财产利益。转让举办权要注意四点：第一，设计起草好举办者变更协议，避免合同无效或不能履行的法律风险。第二，应当在学校财务体系之外进行，这样就不存在抽逃学校注册资金和重新注入资金的风险。第三，严格注意程序，新的举办者必须符合法律规定的举办民办学校的资格条件，经决策机构做出同意的决议后报主管部门核准。民办学校如果由公司举办者，也可以通过转让举办者公司股权的方式来实现举办权变更的目的。此种方式无须经主管部门核准，只须事后进行备案即可。第四，无论是个人溢价转让，还是公司股权转让，都会牵涉个人所得税或企业所得税，需要依法纳税。

根据现行法律，对于非营利性民办学校的举办者而言，即便将来无法再从民办学校获取利润，但办学效益好、具有一定社会影响力的非营利性民办学校，仍具有相当多元的价值，足以吸引新的举办者以较高代价投入进来，举办人得以通过转让举办权的方式实现退出。《中华人民共和国民办教育促进法》第五十四条对此作出了原则规定，民办学校举办者变更应在经财务清算及董事会（或理事会）同意后，报审批机关核准。《中华人民共和国民办教育促进法实施条例》对民办学校的举办者变更予以了一定的限制，即非营利性民办学校举办者变更的，应当签订变更协议，现有民办学校的举办者可以根据其依法享有的合法权益与继任举办者协议约定变更收益。举办者变更协议应当依据《中华人民共和国民办教育促进法》第五十四条的规定，与其他材料一并报审批机关核准。根据该条规定，新建设的民办学校的举办者能否通过变更方式取得或变相获得收益，法律未予明确禁止；在分类登记过渡期内的现有民办学校举办者可以依据其依法享有的合法权益，与继任举办者约定变更收益。在实践中存在的问题是现有民办学校举办者享有的合法权益不仅包括依照政策法规和学校章程规定参与办学和管理的权利，也包括将来学校终止时获得补偿与奖励的权利。举办人是否可以就其享有的未来补偿奖励部分的合法权益采取适当溢价方式转让举办权，还是只能完全按原出资进行平价转让？如可适当溢价，又该如何把握限度，避免突破营利目的？相关疑问有待主管部门明确。

第五章 民办学校常见刑事合规风险防范

一、民办学校刑事合规风险概况

　　刑事法律风险，对于个人或单位，都是后果最为严重的法律风险。刑事责任是最严厉的责任。受到行政处理或行政处罚，比如今年被核减招生计划、被取消招生资格，明年还可以在改正后重新向行政主管部门争取；签订合同不慎导致蒙受经济损失，来年还可以通过办学弥补回来，正所谓"千金散尽还复来"。但是自由失去了，就再也回不来；生命失去了，不可能再起死回生。所以，刑事风险是最大的风险，不可逆的风险。笔者在中国裁判文书网，针对民办学校的刑事案件进行了司法判例大数据调查。具体检索方法为，设定"民办学校"为关键词，案由设定为"刑事"，裁判文书作出时间为最高人民法院裁判文书网开通以来至检索日 2022 年 6 月 1 日。本次检索共获取了 1034 篇裁判文书，具体案由分布如图 5-1 所示。

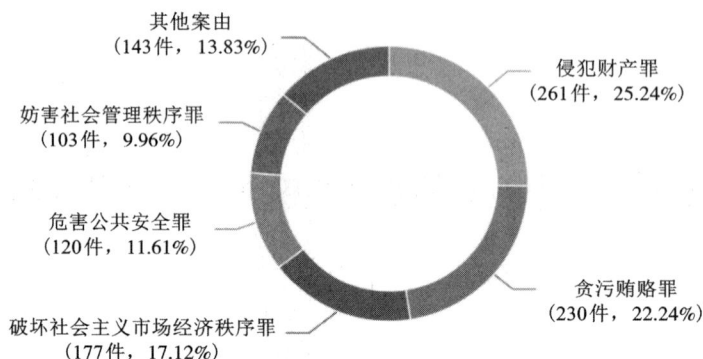

其他案由
（143件，13.83%）

妨害社会管理秩序罪
（103件，9.96%）

危害公共安全罪
（120件，11.61%）

破坏社会主义市场经济秩序罪
（177件，17.12%）

侵犯财产罪
（261件，25.24%）

贪污贿赂罪
（230件，22.24%）

图 5-1　民办学校刑事案件案由分布

从上面的案由分类情况可以看到，民办学校涉及的刑事犯罪主要有侵犯财产罪、贪污贿赂罪、破坏社会主义市场经济秩序罪、危害公共安全罪、妨害社会管理秩序罪等五类犯罪，其他犯罪类型主要为渎职类犯罪。其中，民办学校涉及的侵犯财产类犯罪主要为职务侵占、挪用资金、诈骗等罪名；贪污贿赂类犯罪主要为行贿罪、单位行贿罪、对单位行贿罪、非国家工作人员受贿罪等商业贿赂犯罪罪名；破坏社会主义市场经济秩序类犯罪主要为非法吸收公众存款罪、提供虚假证明文件罪，隐匿、故意销毁会计凭证、会计账簿、财务会计报告罪等罪名；危害公共安全类犯罪主要为教育设施重大安全事故罪、重大责任事故罪等罪名；妨害社会管理秩序类犯罪主要为伪造、变造、买卖国家机关公文、证件、印章罪，以及非法占用农用地罪等罪名；渎职类犯罪主要为滥用职权罪、玩忽职守罪、招收学生徇私舞弊罪等罪名。

民办学校容易触犯的以上罪名，以自然人犯罪为主，单位犯罪相对少见。其中自然人犯罪，包括举办者、实际控制人、法定代表人、董（理）事、校长、教职员工等，均有涉及。单位犯罪主要涉及单位行贿罪等罪名。

二、职务侵占犯罪合规风险防范

职务侵占罪是指公司、企业或者其他单位的人员，利用职务上的便利，将本单位财物非法占为己有，侵占数额较大的行为。民办学校从业人员为防控本罪的合规风险，具体应当避免如下风险行为：①以非法占有为目的，将自己经手、管理、合法使用的本单位财物不入账、截留、隐匿，或者擅自转赠、非法转卖等；②以非法占有为目的，谎称自己经手、管理、合法使用的本单位财物丢失、失盗、遭人抢劫等；③以非法占有为目的，采用变造、伪造的单据、票据、结算凭证、支款凭证进行报账、套取现金等。

廖某职务侵占民办学校学杂费案[①]

　　长沙星城计算机信息学校(位于长沙市开福区)于2002年1月11日经长沙市民政局登记成立。2009年5月经湖南省教育厅备案登记，吉首大学、湘南学院、南华大学在该校设立高等学校成人教育函授站。2007年12月至2010年5月期间，被告人廖某利用担任长沙星城计算机信息学校益阳地区成人高考招生负责人，负责益阳地区招收成人高考学生及代收学杂费的职务便利，在益阳市先后招收肖某某、邓某某、刘某某一、杨某某、刘某某二、姚某一、姚某二、姚某三、郭某某、陈某某、肖某、刘某某三、魏某、唐某等十四名学生并代收到学杂费共计78964元后，上交长沙星城计算机信息学校上述学生部分学杂费49679元，将余下的学杂费29285元占为己有。2010年6月份，长沙星城计算机信息学校通知被告人廖某到学校，对其在益阳市代收的学生学杂费用对账时，被告人廖某离开学校和岗位，导致学校无法与其取得联系。2013年2月20日，被告人廖某的家属彭某代其退赔给长沙星城计算机信息学校被侵占款额及经济损失共计5万元；长沙星城计算机信息学校当日出具谅解书，表示谅解并请求对廖某从轻处罚。最后，开福区人民法院依法判决：被告人廖某犯职务侵占罪，判处有期徒刑九个月。

　　近年来，民办学校招生人员私自收取学费并据为己有的现象，呈高发趋势。因此，民办学校在完善收费制度的同时，加强对工作人员的合规教育和监督管理，及时拿起法律武器维护自己的合法权益非常必要。此外，需要特别注意的是：职务侵占罪不仅针对普通工作人员，单位负责人、举办者、实际控制人及其他高级管理人员也可能会涉嫌此罪。民办学校有独立的法人财产权，如

---

① 参见长沙市开福区人民法院(2013)开刑初字第00110号刑事判决书。

果学校举办者将个人财产与学校财产混同，很容易触犯职务侵占罪。在实践中，有举办者在办学过程中收回出资、未足额履行出资义务。《中华人民共和国民办教育促进法》及其实施条例将此种行为界定为抽逃出资，对应刑法则为抽逃出资罪。笔者认为该界定并不妥当。民办学校的法人财产权包含了占有、使用、收益和处分权，具备了所有权的全部权能。不论是举办者的出资，还是其他依法应归属于民办学校的财产，都应由民办学校享有所有权。① 举办者用于出资开办学校的资金，已进入学校账户，属于学校的资产。举办者再利用其身份便利予以抽逃，实际上侵犯了民办学校的法人财产权，应构成职务侵占罪。

三、挪用资金犯罪合规风险防范

挪用资金罪是指公司、企业或者其他单位的工作人员利用职务上的便利，挪用本单位资金归个人使用或者借贷给他人，数额较大、超过 3 个月未还的，或者虽未超过 3 个月，但数额较大、进行营利活动的，或者进行非法活动的行为。民办学校负责人或其他从业人员在使用民办学校资金时，应避免以下风险行为：①利用职务之便，挪用本单位资金数额较大（3 万元以上），超过 3 个月未归还或进行营利活动；②利用职务之便，挪用本单位资金为自己进行赌博等非法活动。

沈某挪用民办学校资金案②

2003 年 12 月 23 日，定南县第二中学（简称定南二中）成立，系独资民办学校。沈某、鲁某、何某、陈某、徐某、童某等人成立定南二中董事会，沈某为董事长。与此同时，江西省大宏投资管理有限公司也相继成立，股东人数和股份份额与定南二中董事会相同，经营范围为中等教育、房地产开发经营，法定代表人沈某。被告人沈某为了筹措资金进一步实施房地产开发，2007 年 9 月至

---

① 张文国.中国民办学校法人制度研究［M］.北京：教育科学出版社，2012：85.
② 参见江西省赣州市中级人民法院（2020）赣 07 刑终第 88 号刑事裁定书。

2016 年 10 月期间，沈某利用其担任定南二中法人代表、董事长的职务便利，在定南二中未召开董事会议及其他股东不知情的情况下，采取自批自借方式，指使定南二中财务人员将定南二中公账上的资金 6825365.59 元，分多次转到其个人账户或指定账户。同时，自 2010 年 10 月开始，沈某擅自以学校名义向定南二中教职工集资互助款。截至 2017 年 9 月，沈某通过学校财务人员转到其个人账户或指定账户的集资互助款有 6671000 元。综上，被告人沈某通过学校财务人员将定南二中公账上的资金 6825365.59 元，定南二中公账上的教职工集资互助款余额 2285000 元，以及擅自以学校名义向定南二中教职工集资的互助款 6671000 元，转到其个人账户或指定账户，合计 15781365.59 元，全部挪用于经营房地产开发项目相关支出及偿还个人债务及利息，至案发时仍未归还。

在本案中，法院认为，被告人沈某利用其担任定南二中法人代表、董事长的职务便利，挪用定南二中资金 15781365.59 元，数额巨大，进行营利活动，其行为已构成挪用资金罪，应依法惩处。为打击刑事犯罪，保护法人财产不受侵犯，依照《中华人民共和国刑法》第二百七十二条第一款、第六十七条第一款、第六十四条之规定，做出如下判决：一、被告人沈某犯挪用资金罪，判处有期徒刑八年。二、继续追缴被告人沈某挪用的资金 15781365.59 元，返还被害单位定南县第二中学。

个人挪用民办学校资金问题频发，主要是由举办者法律意识不强、民办学校财务管理不规范造成的。为了防止此类违规行为发展成为刑事犯罪，建议民办学校从以下几个方面加强治理。

（1）切实尊重和维护民办学校的法人财产权。鉴于民办学校享有独立的法人财产权，民办学校的举办者若在学校任职，应注意将本人资金及关联公司资金与学校资金严格区分，不得随意挪用，以免触犯挪用资金罪。在发生大额资金支出时，应当经过决策机构依法决议，确保资金用途合法合规。民办学校的学费收入属于学校的法人财产，而非举办者的个人资产。《中华人民共和国民办教育促进法》第十九条第二、第三款明确规定，非营利性民办学校的举办者不得取得办学收益，学校的办学结余全部用于办学。营利性民办学校的举办者可以取得办学收益，学校的办学结余依照公司法等有关法律、行政法规的规定处理。非营利性学校即使有办学结余也只能用于办学，而不能擅自将办学结余出借或挪给举办者使用；营利性学校的办学结余则需要依照法律规定处理后形成合法办学收益后方能归举办者所有。

（2）规范学校资金的收支方式。民办学校应当通过学校的对公账户和其他专用账户收取和支出相关费用，不得通过个人的账户收支；同时应严格区分举办者财产和学校财产，避免混同。

（3）建立健全财务管理制度，规范使用资金。民办学校应当建立完善的财务管理制度，使用学校资金应当按程序由相关负责人审批，使用较大金额的资金应当按照学校章程的规定，经合法程序做出决议后方可使用。

（4）不得虚构学校债务。学校的债务须有合法依据和凭证，如借款合同、银行转账单等，并且在财务报表上得到体现，是真实存在的债务。

（5）规范关联交易。关联交易须坚持"公平、公正、必要性、合理性"原则，不得借关联交易之名行挪用资金之实。

四、诈骗犯罪合规风险防范

诈骗罪是指以非法占有为目的，用虚构事实或者隐瞒真相的方法，骗取数额较大的公私财物的行为。在教育行业引发诈骗罪的情形主要有：学校帮助不符合申请国家助学金资格的学生骗取国家助学金，以机动名额或特批招生指标为名骗取报名手续费，假借让落榜生上大学为名诈骗学生钱财，诈骗人社部门培训补贴资金，发布虚假招生简章或者广告骗取钱财，非法颁发或者伪造学历证书、结业证书、培训证书、职业资格证书，中外合作办学项目发布虚假招生简章骗取钱财，等等。

葛某某骗取国家免学费补助金案[①]

渭南市某某职业学校是市教育局批准、省教育厅备案的一所全日制民办中等职业学校，校长为左某某。被告人葛某某于 2012 年成立某某职业学校。2013 年，根据渭南市教育局社会力量办学资源整合工作会议精神，某某职业学

---

① 参见陕西省渭南市临渭区人民法院（2018）陕 0502 刑初第 32 号刑事判决书。

校作为渭南市某某职业学校的教学点。被告人葛某某在担任该校某某教学点校长，左某某与葛某某口头约定，某某教学点每学期要按实际招生人数享受补贴总钱数的10%作为管理费交给某某学校。其间，被告人葛某某利用上报中等职业学校免学费学生名单，享受国家免学费补助政策的机会，将不符合免学费政策条件的学生虚假上报给临渭区教育局骗取国家免学费资金。其中，被告人葛某某将该校二年级（2015级）学生虚报9人11学期，骗取国家免学费补助款（每名学生一学期补助款为800元）8800元；将三年级（2014级）学生虚报17人49学期，骗取国家免学费补助款39200元。被告人葛某某共骗取国家免学费补助款48000元，并将其中的10%的管理费4800元上交至渭南市某某职业学校。

在本案中，法院认为，被告人葛某某以非法占有为目的，虚构事实，骗取国家免学费补助款，数额较大，其行为已构成诈骗罪，依法应予惩处。最后判决被告人葛某某犯诈骗罪，判处有期徒刑二年，缓刑三年，并处罚金20000元。

民办教育领域此类犯罪目前呈高发态势，主要在国家助学金、免学费补助金、培训补贴资金等资金领取上，部分人利欲熏心、胆大妄为。因此，国家对民办学校此类资金的申领和使用审计越来越严格，甚至由中央审计机关直接到民办学校进行审计。民办学校管理者对此应高度重视，始终坚守法律底线，严格按照主管部门的政策文件规定，规范国家奖补经费的申领和使用。

五、商业贿赂犯罪合规风险防范

民办学校商业贿赂刑事合规风险，主要涉及五个罪名：行贿罪、单位行贿罪、对单位行贿罪、对非国家工作人员行贿罪、非国家工作人员受贿罪。犯罪主体包括个人与民办学校自身。行贿罪是指为谋取不正当利益，给予国家工作人员、集体经济组织工作人员或者其他从事公务的人员财物，从而构成犯罪的行为。单位行贿罪是指单位为谋取不正当利益而行贿，或者违反国家规定，给予国家工作人员回扣、手续费，情节严重构成犯罪的行为。对单位行贿罪是指为谋取不正当利益，给予国家机关、国有公司、企业、事业单位、人民团体财物的，或者在经济往来中，违反国家规定，给予各种名义的回扣、手续费，从而构成犯罪的行为。对非国家工作人员行贿罪是指为谋取不正当利益，给予公司、企业或者其他单位的工作人员财物，数额较大构成犯罪的行为。非国家工作人员受贿罪是指公司、企业或者其他单位的工作人员利用职务上的便利，索取他人财物或者非法收受他人财物，为他人谋取利益，数额较大的行为。

东莞市高培职业技术学校单位行贿案①

东莞市高培职业技术学校成立于 2005 年 10 月。2009 年 1 月，该学校经批准申办为广东东莞高培职业培训学院，后又更名为广东高培职业培训学院（即本案原审被告单位高培学院）。上述三个办学机构的办学地址一样，负责人均系方某（已判刑），办学类型中均包括维修电工、焊工、制冷工等安全生产培训。2005 年底至 2011 年，高培学院为得到东莞市安监局在安全生产培训业务方面的关照，给予市安监局培训费回扣，并向该局局长陈某行贿，具体事实如下：

（一）对单位行贿罪。2005 年底，时任东莞市安监局局长的陈某（已判刑）暂时停止东莞市范围内的安全培训机构开展培训工作。后陈某安排时任市安监局综合科科长的高某（已判刑）与方某商议，由高培学院作为市安监局定点培训机构并给予市安监局相应回扣。双方就回扣的标准达成合意后，市安监局将高培学院确定为定点培训机构之一，并为高培学院安排各镇区安监分局组织的生源，从而大幅增加高培学院的业务量及收入。高培学院按照约定，以每向培训学员颁发一个证件就向市安监局支付 15 元至 200 多元不等的标准，以收费分成的名义给予市安监局回扣。2007 年中，东莞市安全生产协会成立，市安监局监管三科科长沈某某（已判刑）开始收取上述回扣，且经陈某同意，沈某某、高某和方某将上述回扣标准予以调整。2005 年底至 2007 年中，高某经手从方某处收取现金回扣约 1000000 元；从 2007 年年中开始，方某先后将十笔回扣共计 2030736.2 元转账至高某名下的建设银行账户；此后至案发，由沈某某经手从方某处收取现金回扣约 3000000 元。综上，2005 年底至 2010 年底，高培学院给予市安监局的回扣合计约 6030736.2 元。

（二）单位行贿罪。2012 年 1 月底，为答谢陈某多年来对高培学院的帮助并争取陈某对高培学院的继续关照，方某花费 408000 元为陈某办理了东莞市厚街海逸高尔夫球会会籍。同年 2 月 1 日起，陈某使用该会籍到海逸高尔夫球会打球。

---

① 参见广东省东莞市中级人民法院(2014)东中法刑二终字第 85 号刑事判决书。

在本案中，法院认为，广东高培职业培训学院为谋取不正当利益，给予东莞市安全生产监督管理局培训费回扣6030736.2元，其行为已构成对单位行贿罪；原审被告单位广东高培职业培训学院还为谋取不正当利益，向国家工作人员行贿，数额达408000元，情节严重，其行为又构成单位行贿罪，依法应予数罪并罚。被告单位广东高培职业培训学院犯对单位行贿罪，判处罚金人民币2000000元；犯单位行贿罪，判处罚金人民币50000元，数罪并罚，决定执行罚金人民币2050000元。

毛某非国家工作人员受贿案[①]

2005年，石阡某学校被石阡县民政局登记为民办非企业单位；经原贵州省铜仁地区教育局批准，2010年12月至2015年12月，石阡某学校具有民办学校办学许可资格。2009年，被告人毛某被石阡某学校聘为信息技术教师；2011年9月至2014年12月，担任石阡某学校办公室主任兼学籍管理员，负责学籍管理、高考报名等工作。2013年，湖南邵东人即石阡某学校教师李某强联系被告人毛某，为了让湖南籍部分中学生转入石阡某学校的学籍，享受贵州省高考优惠政策。被告人毛某为李某强办理了湖南籍多名中学生转入石阡某学校的学籍，当年收受李某强好处费人民币1万元。2014年，被告人毛某再次为李某强办理了湖南籍杨某佳、朱某羽等14名中学生转入石阡某学校的学籍，当年收受李某强好处费人民币1.5万元。2015年1月，中共石阡县纪律检查委员会在调查其他案件时，发现石阡某学校湖南籍教师违法办理学籍的线索，调查组随即找到被告人毛某，被告人毛某交代了为该校教师李某强等人办理学生学籍收取好处费的事实。2015年1月9日，中共石阡县纪律检查委员会将该案及被告人毛某移送石阡县公安局，该局于当日对该案立案侦查；2015年5月11日，被告人毛某之亲属主动向该局为其上交款项人民币4.5万元。

在本案中，法院认为，被告人毛某身为石阡某学校学籍管理员，利用职务便利，将贵州省外籍多名中学生办理为具有石阡某学校的学籍，收受李某强好处费人民币2.5万元，数额较大，其行为触犯《中华人民共和国刑法》第一百六

---

① 参见贵州省石阡县人民法院(2015)石刑初字第68号刑事判决书。

十三条第一款"公司、企业或者其他单位的工作人员，利用职务上的便利，索取他人财物或者非法收受他人财物，为他人谋取利益，数额较大的，处三年以下有期徒刑或者拘役，并处罚金；数额巨大的或者有其他严重情节的，处三年以上十年以下有期徒刑，并处罚金；数额特别巨大或者有其他特别严重情节的，处十年以上有期徒刑或者无期徒刑，并处罚金"，已构成非国家工作人员受贿罪，依法应追究刑事责任，判决被告人毛某犯非国家工作人员受贿罪，判处有期徒刑七个月，犯罪所得 2.5 万元依法予以追缴。

民办学校商业贿赂刑事犯罪，主要集中在招生、行政审批、争取国家奖补经费支持等环节，其中尤以招生环节为甚。为争取生源，有的民办学校负责人、招生工作人员以介绍费、分成费、信息费、合作办学费、差旅费等名义，向相关部门、学校及相关工作人员给予回扣，从而触发贿赂犯罪。民办学校预防此类刑事合规风险，除了负责人严守法律底线，不以单位名义行贿外，还必须建立相应完善的合规机制，构建刑事合规风险的"防火墙"，将员工的违规行为与单位进行有效切割。对于单位员工或者高管的违法犯罪行为，假如单位建立了明确的规章制度，既对员工有明确的禁止性要求，又对员工的违规行为有严厉的惩戒措施，那么这种内部控制与管理机制足以证明违规员工或高管的行为属于个人行为，而不属于单位行为，单位对此不应承担刑事责任。[①] 民办学校要实现与员工商业贿赂犯罪行为的有效切割，应当在合规管理体系中做好以下几个方面的工作。

（1）颁布禁止商业贿赂专项合规政策和员工行为准则，明确告知员工行为的边界范围，提出禁止性要求，建立惩戒制度。

（2）对员工和高管进行合规培训，既有定期的常规培训，又有专项的合规培训，重点针对高管、招生人员、外联人员进行。

（3）建立实时合规监控机制，实行合规报告机制，鼓励对违规行为进行举报。在违规行为发生后，及时启动内部调查，及时对违法违规的员工进行惩戒。

（4）严格经费管理，从源头上切断商业贿赂。要建立健全经费管理使用制度，大额经费支出必须经决策机构依法决策，不得违规使用学校经费。

[①]　陈瑞华.企业合规基本理论［M］.北京：法律出版社，2020：216.

六、非法吸收公众存款犯罪合规风险防范

非法吸收公众存款罪是指违反国家金融管理法规非法吸收公众存款或变相吸收公众存款，扰乱金融秩序的行为。在民办教育领域，引发此类犯罪的主要原因是举办者资金短缺，为筹集学校开办、运作需要的大量资金，铤而走险选择非法吸收公众存款。

张某花非法吸收公众存款案①

2012 年 12 月，被告人张某花与其前夫宋某(已判决)开始筹建"××幼儿园"。2013 年 12 月 19 日，宋某注册成立"通道县永平投资有限公司"(个人独资)，公司注册资本 100 万元，法定代表人宋某，监事张某花。2012 年至 2018 年期间，张某花在宋某的指使下，以建设"××幼儿园"的名义，并承诺按月利率 2% 计算利息向杨某一、刘某二、杨某二等不特定对象 23 人借款共计 429 万元，全部交给宋某用于建设"××幼儿园"及从事民间借贷活动。至 2018 年底，被告人张某花除支付了集资出资人利息 229.67 万元外，其余资金都未归还。经湖南明信联合会计师事务所鉴定：宋某 2012 年 9 月 14 日至 2018 年 12 月 31 日止，采取口口相传方式，以支付高于银行同期利率的高额回报方法，向社会公众不特定对象 43 人吸收存款 18157164 元。被告人张某花于 2020 年 1 月 14 日在通道县××门口被传唤归案，归案后如实供述了自己的犯罪事实。

在本案中，法院认为，被告人张某花在不具备金融资质的条件下，受其前夫宋某(已判决)指使，以签订借款合同，支付高于银行存款利息的方式，向不特定的公众 23 人(同事、同事家属或其他熟人)吸收存款 429 万元，数额巨大；其行为扰乱了正常的金融秩序，构成非法吸收公众存款罪。被告人张红花犯非法吸收公众存款罪，判处有期徒刑三年，并处罚金十万元。

---

① 参见湖南省通道侗族自治县人民法院(2021)湘 1230 刑初第 2 号刑事判决书。

上述案例的被告人及其辩护人在庭审时提出，涉案借款系向单位同事所借，未向社会公开宣传，不符合向公众吸收存款的特征。该借款行为不构成非法吸收公众存款罪，其犯罪情节轻微可免于刑事处罚。但法院对上述辩护观点不予采纳。法院的裁判理由为：张某花系××学校的教师，其采取支付高额利息的方式向其同事、同事家属及其他熟人共计 23 人吸收存款，该 23 人不属于永平投资有限公司或××幼儿园单位内部人员，符合向社会不特定对象非法吸收存款的构成要件；张某花吸收的存款达 429 万元，数额巨大，至宣判前未能偿还的借款金额达 188 万余元，造成被害人经济损失严重，属于情节严重，不能免于刑事处罚。

构成非法吸收公众存款罪的关键要素在于，违反国家金融管理法律规定，实施同时具备下列条件的向社会不特定对象（包括单位和个人）吸收资金的行为：①未经有关部门依法批准或者借用合法经营的形式吸收资金；②通过媒体、推介会、传单、手机短信、网络等途径向社会公开宣传；③承诺在一定期限内以货币、实物、股权等方式还本付息或给付回报。民办学校为筹集办学资金，避免踩踏非法集资红线，或在涉嫌非法集资犯罪时能及时采取整改措施，符合下列条件之一的，则不构成犯罪或可以从轻处理：①如果只是向举办者亲友或学校内部教职工募集资金，则不属于非法吸收或者变相吸收公众存款。②非法吸收或者变相吸收公众存款，案发前后已归还的数额，可以作为量刑情节酌情考虑。③非法吸收或者变相吸收公众存款，主要用于正常的教育教学活动，能够及时清退所吸收资金，可以免予刑事处罚；情节显著轻微的，不作为犯罪处理。

《中华人民共和国民办教育促进法》第三十八条规定："民办学校收取费用的项目和标准根据办学成本、市场需求等因素确定，向社会公示，并接受有关主管部门的监督。非营利性民办学校收费的具体办法，由省、自治区、直辖市人民政府制定；营利性民办学校的收费标准，实行市场调节，由学校自主决定。民办学校收取的费用应当主要用于教育教学活动、改善办学条件和保障教职工待遇。"因此，民办学校未经有关部门批准并公示即向学生家长、社会大众以各种名目收取的学杂费以外的费用，应认定为非法集资，涉嫌非法吸收公众存款或集资诈骗犯罪。

七、提供虚假证明文件犯罪合规风险防范

提供虚假证明文件罪是指承担资产评估、验资、验证、会计、审计、法律服务等职责的中介组织及其人员故意提供虚假证明文件、情节严重的行为。一般而言，构成提供虚假证明文件罪的主体是出具证明文件的中介组织人员，但并不排除其他人员也可能构成本罪。《广东省教育系统移送涉嫌犯罪案件标准》规定，民办学校提交虚假证明文件骗取办学许可或其他许可证件，且达到移送标准的，亦可构成提供虚假证明文件罪。这意味着，民办学校的相关人员在明知验资报告、资产评估报告或其他证明文件是虚假的情况下，仍然以此申请和骗取办学许可证的，也可能构成此项罪名。

张某甲提供虚假证明文件案[①]

2014 年 8 月 1 日，太原市杏花岭区人民检察院以提供虚假证明文件罪对被告人张某甲依法提起公诉。2009 年初，张某甲在不具备办学资格的情况下，向太原市人力资源和社会保障局提出成立某职业培训学校的申请，并向该局提供了虚假的租房协议、固定资产清单及报价等申请资料。工作人员依其职责对其办学申请进行审核，审核期间，不认真履行职责，工作流于形式，致使不具备办学条件的学校得以成立。2010 年 4 月，经太原市人力资源和社会保障局评审，该学校成为太原市农村劳动者转移就业技能培训定点机构。2010 年 12 月 31 日，太原市人力资源和社会保障局年检中发现该学校的租房协议、固定资产清单及报价等申请资料系伪造。

在本案中，因张某甲提供虚假证明文件，骗取办学许可，本人构成提供虚假证明文件罪；太原市人力资源和社会保障局作为审批机关，相关工作人员因在审批过程中对资料审查不严，造成国家财政资金的重大损失，构成了玩忽职守罪。这一教训不可谓不深刻。

---

① 参见山西省太原市杏花岭区人民法院(2014)杏刑初字第 210 号刑事判决书。

根据《中华人民共和国民办教育促进法》的相关规定，在筹设和正式设立民办学校阶段，举办者需要向审批机关提供资产来源、资金数额及有效证明文件，并载明产权。民办学校开办资金的出资形式多种多样，可以是现金、不动产、教学设备、知识产权等。但无论是何种出资形式，都应注意出资是否能如实到位的问题。一些民办学校在筹设和正式设立阶段，为显示办学实力以便尽快通过审批，在验资报告或资产评估报告中载明显示学校的开办资金全部由举办者以土地和房产的形式出资，并且已经出资到位。但在学校成立后，用于出资的土地和房产一直登记在举办者公司或第三人名下，未曾过户至学校。如此一来，验资报告或资产评估报告中关于举办者已经出资到位的表述显然真实性存疑。在这种情况下，出具该报告的会计师事务所可能涉嫌提供虚假证明文件罪，民办学校的相关责任人也可能构成该罪的共犯。民办学校在办学过程中的各类证明文件均应当经过合法、正规途径开具，切忌弄虚作假。在向主管部门递交上述文件前，应对相关文件的真实性、有效性进行严格审核，以免构成犯罪。

八、隐匿、故意销毁会计资料犯罪合规风险防范

隐匿、故意销毁会计凭证、会计账簿、财务会计报告罪是指故意隐匿、故意销毁有法定保存义务的会计凭证和账簿、财务报告，情节严重的行为。《广东省教育系统移送涉嫌犯罪案件标准》规定，民办学校隐匿、故意销毁的会计凭证、会计账簿、财务会计报告涉及金额在五十万元以上的，或者依法应当向司法机关、行政机关、有关主管部门等提供而隐匿、故意销毁或者拒不交出会计凭证、会计账簿、财务会计报告的，即构成本罪。

陈某芳隐匿、故意销毁会计凭证、会计账簿、财务会计报告案[①]

2020 年 3 月 22 日，思南县人民政府召开专门会议，明确将购买思南县思齐实验学校(以下简称"思齐学校")资产以建立思南县第七中学并组建工作专

---

① 参见贵州省思南县人民法院(2020)黔 0624 刑初第 150 号刑事判决书。

班。4月18日，思齐学校与思南县人民政府达成收购协议；4月23日，思齐学校委托中兴华会计师事务所对该校的财务进行审计。5月9日凌晨，思齐学校股东即被告人陈某芳与其丈夫游某将思齐学校二楼的一间办公室门锁破坏后，将办公室内存放有思齐学校自成立至2017年2月期间财务资料的保险柜搬走，被告人陈某芳将该保险柜藏匿。当日下午，思南县人民政府工作专班与思齐学校股东到该校进行审计时发现保险柜丢失。在场股东随即报警，经思南县公安局调查证实系陈某芳所为。陈某芳对搬走学校保险柜的事实供认不讳，但拒不交出保险柜。思齐学校股东及董事会分别于2020年5月10日、5月19日及6月5日召开会议，形成股东大会决议和董事会决议，要求陈某芳限期交出保险柜，并通过手机短信、电话联系、送达告知书等多种方式告知陈某芳，但陈某芳仍拒绝交出保险柜。思南县公安局2020年7月1日对该案立案侦查，同月15日将陈某芳抓获归案。经多次讯问，陈某芳虽交代了搬走保险柜的事实，但仍拒绝交代保险柜的藏匿地点。8月11日，陈某芳交代保险柜藏匿地点后，思南县公安局对保险柜及其内存放的资料进行扣押。经清点，保险柜内存放着思齐学校自成立至2017年2月期间的会计凭证、记账本、会计报表、对账单、明细账等相关会计资料、物品。

在本案中，法院认为，被告人陈某芳故意隐匿依法应当保存的会计凭证、会计账簿，经多次要求拒不交出，严重影响思齐学校的财务审计工作，犯罪情节严重；其行为触犯了《中华人民共和国刑法》第一百六十二条之一第一款"隐匿或者故意销毁依法应当保存的会计凭证、会计账簿、财务会计报告，情节严重的，处五年以下有期徒刑或者拘役，并处或者单处两万元以上二十万元以下罚金"的规定，已构成隐匿会计凭证、会计账簿、财务会计报告罪，依法应负刑事责任。被告人陈某芳犯隐匿会计凭证、会计账簿、财务会计报告罪，判处有期徒刑六个月，并处罚金人民币两万元。

会计制度执行不严格是民办学校普遍存在的问题，也是最容易被举办者忽视的法律风险之一。民办学校相关人员隐匿、故意销毁会计资料，其目的往往是隐瞒学校的真实收支情况，以逃避监管或实现经济利益最大化等。为避免财务犯罪风险，建议民办学校严格执行会计制度，规范会计资料的保管，重点做好以下工作。

(1)聘请专业财务人员，规范记账。民办学校应当聘请专业的财务人员，根据学校的法人性质，使用相应会计准则要求规范记账，收集和保存会计凭证，编制财务报表。

（2）委派专人负责保存和整理学校所有的会计凭证、会计账簿和财务会计报告，包括电子财务数据和纸质报告等，以备应对有关行政部门的检查。

（3）完善学校的财务管理制度，规范学校资产入账、费用报销等相关流程和手续。

九、教育设施重大安全事故犯罪合规风险防范

教育设施重大安全事故罪是指明知校舍或者其他教育设施有危险，而不采取措施或者不及时报告，导致发生重大伤亡安全事故的行为。民办学校负责人发现校舍或教育教学设施存在安全隐患，应当及时采取安全措施，并立即向有关部门报告，防范安全事故的发生。一旦发生安全事故，应当及时采取救治措施，控制事态的发展。造成死亡 1 人以上、重伤 3 人以上或者轻伤 10 人以上事故的，有关责任人将被追究刑事责任。

淮北市同仁职业中学围墙倒塌致学生重大伤亡案①

被告人汤某于 2006 年出资受让淮北市同仁职业中学，并对学校进行管理，系同仁中学负责人，对学校安全负全面责任。在其管理期间，该校西侧临近莲花大厦施工工地围墙（该围墙不在同仁中学地界内，产权不属于同仁中学）为同仁中学实际使用，后被其他施工单位加高。汤某在施工单位将围墙加高后，为防止围墙坍塌多次到施工单位交涉对围墙进行加固，未果。同仁中学在改建围墙内的土地和使用过程中，亦未对围墙进行加固。2014 年 12 月 8 日 14 时 48 分许，淮北市同仁中学部分高中学生在该校篮球场观看篮球比赛时，该篮球场西侧临近莲花大厦施工工地围墙突然倒塌，造成被害人武某甲、邱某甲、李某甲、陈某甲、范某甲当场死亡，多名学生受伤的重大事故。

---

① 参见安徽省淮北市中级人民法院(2016)皖 06 刑终第 36 号刑事附带民事裁定书。

在本案中，一审法院认定被告人汤某犯教育设施重大安全事故罪，判处有期徒刑五年六个月。汤某不服一审判决提起上诉。二审法院认为，上诉人汤某作为淮北市同仁职业中学总负责人，明知该校实际使用的围墙有危险，而未采取安全措施，致使发生重大伤亡事故，后果特别严重，其行为已构成教育设施重大安全事故罪。汤某提出原判认定事实不清、未查明涉案围墙的所有权人的上诉理由。经查，现有证据足以证明涉案围墙系淮北市同仁中学实际使用。汤某作为该校总负责人，对涉案围墙坍塌造成的后果理应承担相应的刑事责任。围墙的权属不影响对汤某行为的定性，被告人汤某的行为已构成教育设施重大安全事故罪，且后果特别严重。故二审裁定维持原判。

做好学校的教育教学设施维护，事关师生员工的生命安全。刑法对此类行为专设了罪名，可见它的重要性。作为民办学校管理者应当特别注意的是，学校的教育教学设施，除了教学楼、宿舍楼、食堂、图书馆、围墙、厕所等固定建筑外，还包括教学仪器设备、体育设施、校车等供教育教学使用的其他设施设备。民办学校管理者应时刻保持高度警觉，及时排除各类安全隐患。

十、重大责任事故犯罪合规风险防范

重大责任事故罪是指在生产、作业中违反有关安全管理的规定，因而发生重大伤亡事故或者造成其他严重后果的行为。民办学校为防控本罪，应当明确人员安全管理职责，杜绝马虎应付、疏忽大意、玩忽职守的工作态度，认真履行维护公共财产、学生、教职工人身财产安全的职责，防范安全事故的发生。一旦发生安全事故，应当及时采取措施控制事态发展，把事故损失降到最低，避免受到刑事责任的追究。

王某重大责任事故案[①]

2010 年 5 月以来，被告人王某在以其女儿王某某作为法定代表人、其本人实际经营位于湘潭市雨湖区响塘乡金桥村的乐乐旺幼儿园的过程中，缺乏安全

---

① 参见湖南省长沙市中级人民法院（2015）长中刑一终字第 00458 号刑事判决书。

意识，疏于管理，违反安全管理规定管理、使用校车。2014 年 7 月 10 日 17 时许，该幼儿园车牌号为湘 C×××××的校车在运送幼儿回家的途中，违规超载及不按规定的路线行驶，当车行至长沙市岳麓区含浦镇干子村石塘水库塘基由西往北左转弯时，加之驾驶员郑友华超速且操作不当致该车翻入水库，造成包括驾驶员在内的 11 人(含 8 名幼儿)全部溺水死亡的重大伤亡事故。案发后，被告人王某在事故现场向公安机关投案，如实供述自己的犯罪事实，并取得了被害人家属的谅解。

在本案中，法院认为，上诉人王某在使用校车过程中违反有关安全管理的规定，因而发生重大伤亡事故，其行为已构成重大责任事故罪，且情节特别恶劣。上诉人王某主动投案，系自首，依法从轻处罚。上诉人王某取得了被害人家属的谅解，酌情从轻处罚。判决王某犯重大责任事故罪，判处有期徒刑三年。

民办学校的重大责任事故，主要发生在教育教学环节，涵盖学校运营管理的全过程。校车运营事故，消防责任事故，食品卫生安全事故，学生意外伤亡事故等均可引发重大责任事故犯罪。因此，民办学校应当建立健全事故预防和处置机制，时刻加强教育安全管理。发生突发事件时，要及时上报，积极处理，切不可瞒报、谎报。

十一、伪造、变造、买卖国家机关公文、证件、印章犯罪合规风险防范

伪造、变造、买卖国家机关公文、证件、印章罪是指非法制造、变造、买卖国家机关公文、证件、印章的行为。《中华人民共和国民办教育促进法》第六十二条明确禁止提交虚假文件或者采取其他欺诈手段隐瞒重要事实骗取办学许可证，不得伪造、变造、买卖、出租、出借办学许可证。

刘某伪造、变造、买卖国家机关公文、证件、印章案①

被告人刘某因其投资的福鼎市优升教育培训咨询有限公司未通过消防验

———————————

① 参见福建省福鼎市人民法院(2016)闽 0982 刑初 63 号刑事判决书。

收，无法对外招生，遂欲伪造消防部门同意办学的函件，以骗取教育部门出具办学许可证。2014年11月至12月，被告人刘某从互联网上找到消防部门审批办学点的文件模板及消防大队的公章模板，利用自己的电脑制作福鼎市消防大队电子印章及加盖有该签章的《关于同意福鼎市优升教育培训机构办学的函》，并将上述公文打印后，连同相关材料提交给福鼎市教育局，于2015年6月15日骗取该局发放的办学许可证，并于同年8月10日被福鼎市消防大队发现。经福建省公安厅物证鉴定中心鉴定，《关于同意福鼎市优升教育培训机构办学的函》上的印文与真实印章印文不是同一枚印章盖印。事后，刘某于2015年10月12日向福鼎市公安局投案，并如实供述罪行。

在本案中，法院认为，刘某伪造国家机关的公文和印章，其行为已构成伪造国家机关公文、印章罪，公诉机关指控罪名成立。刘某案发后能主动投案并如实供述罪行，属自首，可从轻处罚。法院判决刘某犯伪造国家机关公文、印章罪，判处拘役六个月，缓刑八个月，扣押在案的作案工具电脑主机一台，予以没收。

举办民办学校关系广大师生的生命财产安全和社会公共利益，为杜绝教学过程中的诸多隐患发生，在申请办学许可的过程中需要办理诸多国家机关的许可证件及证明文件。为预防此类犯罪，民办学校在办学过程中所需的相关国家机关公文、证件均应当通过正规途径办理。事先做好学校的消防、卫生等准备工作，确保相关审批环节顺利通过。举办者应尽量安排工作人员亲自到政府部门窗口办理，不要轻信中介代办。如委托中介办理相关公文、证件，在递交上述文件前，应对相关文件的真实性、有效性进行严格审核。

民办学校还要警惕名为合作办学、实为出租出借办学许可的校企合作行为。有的民办学校举办者在取得学校的办学许可证之后，便与第三方机构合作，由该机构收取学费、住宿费及其他杂费，全权负责经营管理学校并自负盈亏。甚至在协议中约定由该机构全权承担办学过程中可能出现的各种法律责任，学校只是每年向该机构收取固定的费用。有的民办幼儿园举办者自政府处投标取得该幼儿园的举办权，经营一段时间后即与第三人签约，言明将剩余的举办权作价转让第三人。举办者作为学校相关办学资质的申请主体，本应负责学校的经营管理，承担全部办学责任。举办者可以与第三方机构合作办学，由第三方机构为学校提供诸如教学辅助管理、后勤服务等辅助性业务，并向学校收取一定的服务费用。服务费用的收取方式可以是固定收费，也可以采取绩效考核的方式收取。如果是举办者向第三方机构收取固定费用之后，由第三方机构负责承担学校所有的运营成本、承担办学过程中的各种责任，这样的本末倒置使得第三方机构变成了实质上的举办者。原举办者实际只是提供一个出租或买卖办学许可证的服务，这显然违反了法律的禁止性规定。

在过往的司法实践中，行政部门对买卖、出租办学许可证的行为，以行政处罚为主，很少将此移送至公安机关立案和追究刑事责任。在引导规范民办教育发展的大背景下，主管部门的执法力度肯定会逐步加强。《广东省教育系统移送涉嫌犯罪案件标准》明确规定，将民办学校伪造、变造、买卖办学许可证，作为"伪造、变造、买卖国家机关证件罪"的犯罪行为移送司法机关追究刑事责任。这表明政府对于伪造、变造、买卖办学许可证的行为有从严治理的趋势。因此，民办学校在合作办学的过程中，应坚守底线，不得借合作办学之名，行出租、出借办学许可证之实，以免构成伪造、变造、买卖国家机关公文、证件、印章犯罪。

十二、非法占有农用地犯罪合规风险防范

非法占用农用地罪是指自然人或者单位违反土地管理法规，非法占用耕地、林地等农用地，改变被占用土地用途，数量较大，造成耕地、林地等农用地大量毁坏的行为。土地是财富之母，是最为稀缺的资源之一。民办学校能顺利办学，取得合适的场地是基础和关键。教育用地属于公益事业用地，对于公办学校，政府一般采取划拨方式供地。由于我国目前教育划拨用地一般优先供应公办学校，民办学校取得教育划拨用地非常困难，许多民办学校往往租用工业厂房、商住用地、仓储用地甚至农村集体土地办学。以上改变土地用途办学的方式在合法性方面存疑，以致教育行政部门在审批民办学校，以及其他部门在相关执法实践中，也存在尺度不一、进退两难的问题。

洛阳瑞安农业开发有限公司、洛阳市少林武术学校非法占用农用地案①

2012 年 2 月 16 日，被告人陈某某与洛阳市老城区邙山镇后洞村村委签订《土地租赁合同》，租赁后洞村土地 200 余亩。2013 年，被告单位洛阳瑞安农业开发有限公司在被告人陈某某、武某甲、刘某某(另案处理)经营期间，违反土地管理法规规定，擅自改变土地用途，在租赁土地上建设仓库、办公楼等。经河南省国土资源科学研究院勘测、鉴定：该行为造成 39.62 亩一般农田的种植条件严重毁坏。2013 年，被告单位洛阳市少林武术学校在被告人陈某某担任校长期间，违反土地管理法规规定，擅自改变土地用途，在租赁土地上建设学校。经河南省国土资源科学研究院勘测、鉴定：该行为造成 11.52 亩一般农田的种植条件严重毁坏。

在本案中，法院认为，被告单位洛阳瑞安农业开发有限公司、洛阳市少林武术学校、被告人陈某某、武某甲违反土地管理法规，非法占用农用地，改变被占用土地用途，造成农用地大量毁坏，数量较大，其行为均已构成非法占用农用地罪。判决如下：一、被告单位洛阳瑞安农业开发有限公司犯非法占用农用地罪，判处罚金人民币 30000 元。二、被告单位洛阳市少林武术学校犯非法占用农用地罪，判处罚金人民币 30000 元。三、被告人陈某某犯非法占用农用地罪，判处有期徒刑三年，缓刑四年，并处罚金人民币 20000 元。四、被告人武某甲犯非法占用农用地罪，判处有期徒刑两年，缓刑三年，并处罚金人民币 20000 元。五、违法所得人民币 54 万元予以没收，上缴国库。

《中华人民共和国教育法》《中华人民共和国民办教育促进法》等教育法律法规对民办学校是否必须使用教育用地办学，并无明确要求。但仔细研究以下法律规定，则得出民办学校是否可以使用非教育用地办学的答案。

(1)《中华人民共和国民办教育促进法》第十一条："设立民办学校应当符合当地教育发展的需求，具备教育法和其他有关法律、法规规定的条件。"

(2)《中华人民共和国土地管理法》第四十四条："建设占用土地，涉及农用地转为建设用地的，应当办理农用地转用审批手续。"

(3)《中华人民共和国土地管理法》第五十六条："建设单位使用国有土

---

① 参见河南省洛阳市西工区人民法院(2015)西刑初字第 49 号刑事判决书。

地的，应当按照土地使用权出让等有偿使用合同的约定或者土地使用权划拨批准文件的规定使用土地；确需改变该幅土地建设用途的，应当经有关人民政府自然资源主管部门同意，报原批准用地的人民政府批准。其中，在城市规划区内改变土地用途的，在报批前，应当先经有关城市规划行政主管部门同意。

(4)《中华人民共和国城市房地产管理法》第四十四条："以出让方式取得土地使用权的，转让房地产后，受让人改变原土地使用权出让合同约定的土地用途的，必须取得原出让方和市、县人民政府城市规划行政主管部门的同意。"

合格的办学场地是设置民办学校的基本条件。故主管部门在民办学校设立审批时，应当审核其土地用途是否能用于办学。鉴于当前民办学校很难直接取得教育用地的实际情况，民办学校投资者欲购买或承租非教育用地办学时，应当先行取得所在地自然资源与规划部门同意，并经县级以上人民政府批准；使用农用地办学的，还必须先行办理农用地转用审批手续，才能避免非法占用农用地犯罪等刑事合规风险。

十三、滥用职权犯罪合规风险防范

滥用职权罪是指国家机关工作人员故意逾越职权，不按或违反法律决定处理其无权决定、处理的事项，或者违反规定处理公务，致使公共财产、国家和人民遭受重大财产损失等行为。2002年12月28日，第九届全国人大常委会第三十一次会议对渎职罪的主体做出了扩大规定："在依照法律、法规规定行使国家行政管理职权的组织中从事公务的人员，或者在受国家机关委托代表国家机关行使职权的组织中从事公务的人员，或者虽未列入国家机关人员编制，但在国家机关中从事公务的人员，在代表国家机关行使职权时，有渎职行为，构成犯罪的，依照刑法有关渎职罪的规定追究刑事责任。"从这一立法解释可以看出，渎职类犯罪的主体有了很大变化，出现了多元化现象。滥用职权罪属于渎职类犯罪，故民办教育从业者也可能触犯本罪。

林某梅、俞某林滥用职权滥发国家助学金案①

2000年4月，被告人林某梅、俞某林合作办学，投资兴办"福州国防教育职业中专学校"。林某梅任法定代表人、董事长，俞某林任副董事长、副校长，共同决定学校事务。2012年至2013年期间，受托管理、发放国家助学金、免学费补助金的被告人林某梅、俞某林，违反规定擅自将"福州海西培训中心"126名高考复读班学生注册为"福州国防教育职业中专学校"高中后中专班学生，向国家申领助学金、免学费补助金，造成国家财政专项资金损失359100元人民币。2016年12月5日，"福州国防教育职业中专学校"将359100元人民币退回到福州市教育局监管账户。

在本案中，法院认为，被告人林某梅、俞某林身为"福州国防教育职业中专学校"董事长、副董事长，受国家机关委托管理、发放国家助学金、免学费补助金，违反规定处理公务，致使国家财政专项资金损失359100元人民币，两人行为均已构成滥用职权罪。公诉机关指控的犯罪事实及罪名成立。归案后，被告人林某梅、俞某林如实供述其罪行，并积极弥补国家财政损失，认罪、悔罪态度较好，依法予以从轻处罚，各判处有期徒刑六个月，缓刑一年。

教育是公共产品，具有很强的公益性，因此国家对民办教育的管理，不可能完全交由市场调节。民办学校特别是从事学历教育的民办学校不可避免地将要受国家委托，履行部分公共职权。近年来，中等职业学校的国家助学金、免学费补助金发放是案件高发领域，无论是公办学校还是民办学校均有发生。民办学校相关负责人要纠正一个认识误区，即认为自己不是国家工作人员，只要钱不进自己的口袋，就没有关系。中等职业学校发放国家助学金、免学费补助金，是受国家机关的委托，从事公务的行为。因此，民办学校的负责人或教职员工虽然不是国家工作人员，若不正确履行职责，同样可以构成滥用职权罪。

---

① 参见福建省福州市仓山区人民法院(2016)闽0104刑初1107号刑事判决书。

十四、玩忽职守犯罪合规风险防范

玩忽职守罪是国家机关工作人员对工作严重不负责任，致使公共财产、国家和人民的利益遭受重大损失的行为。本罪的犯罪主体本来必须是国家机关工作人员，但同样根据第九届全国人大常委会第三十一次会议对渎职罪的主体做出的立法解释，在受国家机关委托代表国家机关行使职权的组织中从事公务的人员，在代表国家机关行使职权时，有渎职行为，构成犯罪的，依照刑法有关渎职罪的规定追究刑事责任。玩忽职守罪属渎职类犯罪，故民办教育从业者也可能触犯本罪。

石某某、常某某玩忽职守案①

横山县（现横山区）蓝天幼儿园是 2012 年经横山县教育局批准设立的民办幼儿园，被告人石某某系园长暨法定代表人，该幼儿园实行园长负责制。被告人石某某负责幼儿园全面管理工作，被告人常某某（石某某丈夫）是幼儿园教职工，负责学校的教师和安全管理，同时也负责幼儿园的保安、门卫等工作。2013 年 2 月 27 日，横山县蓝天幼儿园开学的当日，被害人胡某某（3 周岁）报名入园，在小二班就读。3 月 1 日中午 11 时 20 分放学后，被害人胡某某的家长没来接孩子，班主任贺某和保育员张某将胡某某交到了石某某和常某某手中。中午 11 时 30 分左右开始吃饭，胡某某和他的姐姐胡某某（在教学区上课）先吃完饭后到院子里去玩。吃饭的中途，小班牛某的奶奶朱某某来到幼儿园提出要带哭闹的牛某回家，被告人石某某和常某某同意但未将其送出大门，也未去检查大门是否关好。在院子里玩耍的被害人胡某某趁大门未关闭跑出去被街上三轮车撞倒，经抢救无效死亡。被告人石某某、常某某在事发前就知道幼儿园大门门锁时间长了不是很灵敏，不容易关住，但没有及时更换门锁，致使隐患长期存在。

---

① 参见陕西省榆林市横山县人民法院（2013）横刑初字第 00103 号刑事判决书。

　　在本案中，法院认为，被告人石某某身为蓝天幼儿园园长、法定代表人，被告人常某某作为幼儿园门卫及负责安全管理的工作人员，受教育行政机关委托负有幼儿园安全管理职责。但上述两位被告人严重不负责任，不履行自己的职责。在已知蓝天幼儿园教学区大门门锁存在安全隐患的情况下，不及时更换门锁；在家长接孩子离开校园时也不检查大门是否锁好，最终导致幼儿园学生胡某某私自走出幼儿园发生交通事故死亡的严重后果。其行为触犯了《中华人民共和国刑法》第三百九十七条第一款之规定，构成玩忽职守罪。判决被告人石某某犯玩忽职守罪，判处拘役六个月，宣告缓刑一年；被告人常某某犯玩忽职守罪，判处拘役六个月，宣告缓刑一年。

　　上述案件法院的裁判理由之一，是当地教育行政部门与民办学校签订了安全维稳责任书。幼儿园受教育行政部门委托进行安全管理并且承担安全管理责任，从而认定被告受行政机关委托负有安全管理职责。笔者认为，该理由过于牵强。维护校园安全稳定，保障就读学生在校期间的人身安全，本就是学校的基本义务。是否与教育行政部门签订安全维稳责任书，均不影响学校义务的存在与履行。因此，该案被告人的犯罪行为，应当定性为重大责任事故罪，而非玩忽职守罪。但是，正如前文所述，教育是公共产品，具有很强的公益属性，民办学校接受国家机关委托履行部分公共管理职权是不可避免的现象，民办学校负责人及相关工作人员也有构成玩忽职守犯罪的可能。因此，民办学校在接受相关部门委托履行相应职能时，如作为考点承办各类考试，发放国家提供给学生的奖、助学金，注册学籍，接受委托承办各类大型活动，等等，负责人及相关工作人员均面临刑事合规风险。行为人应当认真、正确履行相应职责，避免疏忽大意、过于自信、擅离职守等情况发生，以免发生事故造成重大损失，构成玩忽职守罪。

十五、招收学生徇私舞弊犯罪合规风险防范

　　招收学生徇私舞弊罪是指国家机关工作人员在招收学生工作中徇私舞弊，情节严重的行为。本罪的犯罪主体本来必须是国家机关工作人员，但同样根据第九届全国人大常委会第三十一次会议对渎职罪的主体做出的立法解释，在受国家机关委托代表国家机关行使职权的组织中从事公务的人员，在代表国家机

关行使职权时，有渎职行为，构成犯罪的，依照刑法有关渎职罪的规定追究刑事责任。招收学生徇私舞弊罪属渎职类犯罪，故民办教育从业者也可能触犯本罪。

兰某某、马某招收学生徇私舞弊案①

2007 年 11 月份，河南省温县温泉乡人侯某某、董某到镇原县英才中学，找时任镇原县英才中学校长兰某某(已死亡)商议"高考移民"事宜。经协商由侯某某、董某提供河南籍学生姓名、出生年月等基本信息，由兰某某负责办理河南籍学生在镇原县参加高考报名所需的身份证、毕业证、户籍证明等相关手续，每名学生由侯某某、董某分阶段支付兰某某9000元。侯某某、董某回到河南后，先后向兰某某提供了邵某某等 38 名河南籍学生的信息，随后兰某某联系兰州办假证的人员为这 38 名河南籍学生办理了假户籍证明、假身份证等。之后兰某某将 29 名河南籍学生以镇原县英才中学考生名义在该校办理高考报名手续，将 9 名河南籍学生介绍给镇原县新星中学校长马某。被告人马某同意并利用兰某某提供的户籍证明、身份证，以镇原县新星中学考生的名义为 9 名学生在该校办理高考报名手续。上述 38 名学生均参加了 2008 年甘肃省普通高校招生考试。被告人兰某某先后从侯某某、董某及一名学生家长处收取现金191000 元，价值 80000 元的别克轿车一辆。案发后，2008 年 7 月 18 日、21 日，庆阳市招生办两次建议省招生委员会取消了邵某某等 38 名河南籍考生的报考资格，考试成绩作废，不予录取。镇原县公安局在该案侦查中，收缴了兰某某非法所得现金 70000 元、别克轿车一辆，已依法上缴财政。

在本案中，法院认为，被告人马某系受委托从事国家高考招生的公务人员，在 2008 年该校高考报名工作中，徇私舞弊，为明知不符合条件的 9 名考生办理高考报名手续并取得考试资格，参加了当年的高考，严重破坏了国家正常的招收学生管理制度，影响恶劣，情节严重。其行为已触犯刑律，构成招收学生徇私舞弊罪。判决被告人马某犯招收学生徇私舞弊罪，免予刑事处罚。被告人兰某某因在本案侦查阶段因病死亡，依法不再追究刑事责任。

---

① 参见甘肃省庆阳市中级人民法院(2015)庆中刑终字第 177 号刑事裁定书。

　　招收学生工作中的徇私舞弊行为，破坏了国家对招生工作的正常管理秩序，侵害了公民的受教育权，破坏了公平竞争的环境，增加了社会不平等现象。此类犯罪发生在国家统一招生的过程中，尤其以普通高考为甚。"高考移民"，冒名顶替他人上大学，注册虚假学籍，都涉嫌构成本罪。民办学校特别是学历教育学校应当在这些环节加强管控，填补漏洞，严防别有用心之人钻空子，避免此类刑事合规风险。

第六章　国家监管与民办学校合规管理

一、国外私立学校国家监管制度

（一）国外私立学校的法人类型与分类管理

国外一般将学校分为公立学校与私立学校，没有使用民办学校的概念。在 20 世纪前半叶，教育的公益属性观念在世界各国的私立教育中占主导地位，私立学校以非营利性为主，多数国家的法律不认可营利性办学。但 20 世纪 70 年代以来，因经济不景气，部分西方国家对私立教育的观念发生了较大转变，放松了对私立教育的管制，营利性私立学校开始兴起和发展。[①] 在此背景下，对私立学校按是否具有营利性质进行区别和划分，成为许多国家管理私立教育的主要趋势。[②]

大陆法系将法人分为财团法人与社团法人两种基本类型。财团法人是以财产的集合为基础成立的法人，社团法人是以人的集合为基础成立的法人。非营利性私立学校以捐助财产成立，对应为财团法人；营利性私立学校由股东投资

---

① 董圣足.民办学校分类管理推进策略研究[M].上海：华东师范大学出版社，2020：114.
② 周海涛.民办学校分类管理政策研究[M].北京：经济科学出版社，2016：52.

设立, 对应为社团法人。英美法系则采取集体法人与独任法人的法人类型分类。集体法人是指若干成员共同组成的法人, 其性质与大陆法系的社团法人基本相同; 独任法人是指由担任特定职务的一人组成的法人。[①] 英美法系的这两种法人类型, 若按大陆法系的法人分类标准, 实际上都属于社团法人。英美法系无财团法人概念, 但通过信托制度实现了财团法人的职能。信托分为公益信托和私益信托。在英美法系, 非营利性私立学校与营利性私立学校实质上仍可分别归入财团法人与社团法人两种类型。

基于法律传统的不同, 国外对私立学校的国家监管制度模式, 侧重点有所不同。美国联邦政府不直接监管私立学校, 主要通过政府奖励资助、税收优惠和政府管制等政策工具引导私立学校分类发展。美国各州虽然形成了自己关于私立学校的管理制度, 但私立学校仍然有极大的自主权和自由发展的空间。特别是司法审查对行政监管制度实施的广度和深度, 有着决定性的影响。澳大利亚对私立学校实行了国家、州和地方的三级管理体制模式, 使用公共财政经费资助的私立学校必须接受政府的财政监管, 并通过学校信息报告制度帮助政府实现常规监管。日本法律禁止营利性私立学校, 但通过建立营利性私立学校特区的方式实现分类管理。日本主要由行政主管机关承担对私立学校的监管职责, 具有浓厚的行政色彩, 监管比较全面和广泛; 行政机关对私立学校有较多的主动干预的权力, 事前、事中监管特点明显。韩国私立学校监管法规体系比较完备, 对私立学校采取统管与扶植相结合的政策。各国监管模式虽然不一, 但都有淡化行政干预、强化以第三方组织为主的监管机制、实施差别化的支持管理政策等共同的发展趋势。[②]

(二) 美国私立学校国家监管制度模式

(1) 实行地方分权的监管体制。美国是世界上私立教育最发达的国家之一。根据美国宪法规定, 家长享有为子女选择私立教育的基本自由。这一宪法精神为私立学校的发展提供了最基本的保障。美国宪法没有赋予联邦政府管理教育事务的权力, 而是将其留给了各州。美国在1979年成立了联邦教育部, 但根

---

① 江平. 法人制度论 [M]. 北京: 中国政法大学出版社, 1994: 55-56.
② 周海涛. 民办学校分类管理政策研究 [M]. 北京: 经济科学出版社, 2016: 51.

据《教育部组织法》，设置教育部的目的在于保障州政府、地方政府及教育机关在制定教育政策及行政管理上的权力。联邦教育部的职能是负责联邦政府对教育的投资、解释联邦的教育法律、出版教育情报、促进教育研究、提供研究成果和统计资料等，实施对全国教育的指导和服务。因此，美国联邦教育部是一个服务性机构而不是管理控制机构①。美国的教育管理体制是地方分权制，州政府承担着管理私立学校的职责。

（2）政府充分尊重学校自治权。美国将私立学校定义为自治机构，无论是联邦政府还是州政府，对自治机构的管理往往是间接的而且是十分谨慎的。州政府对私立学校的管理，主要是根据学校建立的标准颁发执照，要求私立学校提供首届董事会成员名单和其后董事会成员的选举方式。有些州对私立院校的课程内容及目的也有批准和监督的法律法规。② 在私立学校设立方面，美国主要存在许可主义和准则主义两种模式。一些州对私立学校的设立，实行许可主义，即采取审批制，学校必须通过严格的审核标准才得以设立。一些州采取的是准则主义，即实行核准制，私立学校只要达到基本的条件即可在教育部门或工商部门注册登记成立。

（3）办学质量监管由中介机构通过评估实施。对于私立学校办学质量的监管，主要由政府委托的第三方机构代为评估。经政府批准的中介评估机构，在一定程度上可以看作是政府管理机构的延伸。中介机构本身没有权力要求美国的私立学校必须参加其组织的评估，私立学校也可以在多种评估中选择什么样的评估机构进行评估。自1952年《退伍军人法案》及1965年《高等教育法案》实施以来，私立学校只有通过中介机构的评估后，其办学质量才能得到社会的承认，学校才可以得到联邦政府和州政府的资助，学生也才有申请联邦政府和州政府奖金、贷款的资格。同时，只有通过评估的高等院校才能向州政府申请授予学位。

（4）日常办学行为须遵守条例法。美国国会通过的成文法只在一般意义上做出法律规定，调整的问题具有一般性和广泛性。国会代表相应的行政机构的权力，制定具体条例以补充法律的不具体。条例法具有法律的效力。私立学校在财务公开、校园安全等方面，须遵守最基本的企业法条例。美国建立了私立

---

① 吴开华.美国私立学校与政府关系之法理分析［J］.比较教育研究，2000（5）：30.

② 谢安邦，曲艺.外国私立教育［M］.北京：中国社会科学出版社，2003：188.

学校财务公开制度，谨防不法牟利现象。私立学校每年要向政府税务部门和教育部门报送经费收支详细报告，州政府立法审计员每一年或两年要对私立学校财务状况进行详细、严格的最终审计。不论是公立还是私立学校，均须遵守联邦或州法律对氡气、石棉隔离、安全饮用水、室内空气质量、疾病预防及消防等方面的规定。如果学校严重违反安全和消防规定，州建设和消防部门有权关闭学校。①

（5）司法审查对监管制度有决定性的影响。美国是判例法国家，在美国私立教育的历史进程中，最具影响力的不是联邦或各州政府，而是联邦最高法院。联邦最高法院依据宪法所作的判例，对私立学校监管制度具有决定性的影响，其中最具代表性的是 1819 年的达特茅斯学院案。1816 年，著名民主主义思想家托马斯·杰克逊等人向新罕布尔什尔州议会施压，试图把该州历史最悠久的私立学校达特茅斯学院改建为州立大学。此举遭到该学院董事会强烈反对，遂向法院起诉要求撤销州议会的改建决定。1817 年州地方法院判决学院董事会败诉。学院董事会上诉到联邦最高法院，联邦最高法院于 1819 年判决学院董事会胜诉，判决理由主要是：根据联邦宪法精神，必须维护私立学校取得的法规保障，州议会不得更改私立学校已取得的权利。② 达特茅斯学院案在法律上肯定了私人办学的权利，明确了私立学校的法理基础，鼓励了私人办学的积极性，推动了美国私立教育的发展。比较典型的法院判例还有皮尔斯诉姐妹会案、迈耶诉布拉加斯案等。通过这些判例，联邦最高法院形成了私立学校监管的一些基本原则：①各州必须接受宪法的限制，允许私立学校的存在；②州政府可以规范、指导、监督私立学校，但这并非其宪法上的义务与责任；③各州在规范、监管私立学校的运作时，必须在宪法许可的范围内，手段必须是合理的，不能不必要地过度干涉私立学校的运作。③

（6）分类管理以税收引导为主。在税收政策上，美国的非营利性私立学校和营利性私立学校分别被称为免税学校和纳税学校。税收待遇是政府管理两类学校的最主要区别。美国根据《国内税收法》，对教育机构的分类税收，采取自动获取与自动排除法。美国《国内税收法》列举了有资格获得联邦所得税减免

---

① 周海涛，等.民办学校分类管理政策研究［M］.北京：经济科学出版社，2016：59.
② 谢安邦，曲艺.外国私立教育［M］.北京：中国社会科学出版社，2003：183.
③ 张文国.中国民办学校法人制度研究［M］.北京：教育科学出版社，2012：176.

的社会组织，并规定这些免税组织必须以增进公共利益和非营利为目的，不得为个人谋取利益。根据美国《国内税收法》，符合该法 501(c)(3) 条款的私立学校，政府认可其非营利性身份，自动获得免税身份；不符合 501(c)(3) 条款的私立学校，被视为营利性组织，自动放弃此类税收优惠。此外，向非营利性私立学校捐赠的个人或机构可获得优于一般性商业组织的税收抵免，而向营利性私立学校捐赠的个人或机构不能获得此类优惠。对教职工的分类税收，实行义务均等与约束差异。私立非营利性学校与营利性学校的教职员工负有同样的税收义务。私立营利性高校可自行设定员工薪酬结构与涨幅，不受税务部门的约束；私立非营利性高校则受到税务部门的严密监管。①

(三)澳大利亚私立学校国家监管制度模式

（1）实行三级管理体制。澳大利亚实行联邦制的管理，对各级学校形成了国家、州和地方的三级管理体制模式。联邦政府主要负责全国教育发展的政策和策略，在给予私立学校高额财政支持的同时，制定教育发展的大政方针，引导学校发展。联邦政府要求所有的私立学校必须结成一个统一的社团，遵守联邦社团法。私立学校的举办者一旦无力支撑学校的发展，不能保障学校的正常教学时，则按社团法的规定由审计师进行破产审计，政府给予学校破产保护。各州承担了管理私立学校的主要职责，负责私立学校的注册并对私立学校的教学质量进行监控，但监管手段以间接方式为主。各州主要通过经费资助、师资培训、统一课程标准来间接管理私立学校。地方政府主要负责本地区教育规划，保障学校的区域结构合理。②

（2）学校设立实行登记注册制。澳大利亚所有私立学校都必须到教育主管部门注册登记，举办者须以书面形式提出申请报告，就办学目标、学校位置、课程设置、学习时间、校舍设备、师资力量、招生程序、经费来源及学校规划做出详细说明。在地方教育部门全面考察，并经州及教育部门审核批准后，学校才可以招生。审核的内容包括学校的治理结构是否合法、管理者是否具备经营学校的资格和能力、新学校是否可能对其他学校造成不利后果等。如果私立学

---

① 周海涛，等.民办学校分类管理政策研究[M].北京：经济科学出版社，2016：57.

② 谢安邦，曲艺.外国私立教育[M].北京：中国社会科学出版社，2003：308.

校希望获得公共经费资助，必须要在申请中注明学校的非营利性质，即办学收益不能分配，必须用于促进学校发展。

（3）公共经费使用必须接受政府监管。与其他国家不同，澳大利亚州政府主要负责对公立学校资助，联邦政府主要对私立学校资助。私立学校向联邦政府和州政府报告公共财政的使用情况，接受政府对财政拨款经费的监督。如西澳洲政府规定，私立学校要按时向教育部门提交报告，内容包括学校财务报表审计和独立财务报告、学年经营费用、贷款协议计划表、财产租赁协议、教师工资和学校管理人员薪酬情况、学校商业计划、未来 3~5 年的预算及保险政策等。

（4）教育教学监管公、私立学校一视同仁。2000 年通过的澳大利亚《国家拨款（初等和中等教育援助）法案》规定，需要获得政府资助的学校必须在获得资助前，与相关当局签订协议。协议要求私立中小学与国家教育目标保持一致，并接受相关部门的检查和评估。2010 年通过的《澳大利亚课程纲要》规定，包括私立学校在内的全国所有学校从 2013 年起，全面实施基础教育国家统一课程大纲。无论是公立学校还是私立学校，都需要参加国家学业评估项目，其中包括语文和数学国家评估项目、国际学生评估项目、国际数学和科学评测趋势项目、国际阅读素养进展项目、国家计算机和信息素养项目等。

（5）实行信息报告制度。接受财政资助的私立学校必须定期登记报告学校的具体信息，包括背景信息（学校的宗教属性、学校位置、学生人数、特殊学生人数等），能力信息（学校收入、教学和非教学人员人数、全日制教师人数），成就信息（学生出勤率、学业评估结果、进入高等教育的学生人数，以及职业教育的学生人数等）。学校还要定期向学生家长汇报学生的学业表现情况，具体形式不一。[①]

（四）日本私立学校国家监管制度模式

（1）设置统一的私立教育行政管理部门。日本 1949 年的《私立学校法》，对私立教育的行政管理做了规定，由文部科学大臣和都道府县知事负责对私立教育进行管理。文部科学大臣主管私立高等教育，包括大学、短期大学和高等

---

① 周海涛，等.民办学校分类管理政策研究［M］.北京：经济科学出版社，2016：78-79.

专门大学等。都道府县知事负责管理幼儿园、初等教育、中等教育和其他各类私立教育。文部科学省设置统一管理私立教育的私学部，管理权限主要有四项：①私立学校的设置、废止，学校定员、课程等变更的认可认定；②进行日常调查、统计等监督管理；③对违反法律、法规和命令的学校法人进行处置；④对私立学校的全局工作进行决策、规划并指导和帮助地方私立学校的工作。由以上可见，日本实行的是行政主导的私立学校监管模式。

（2）私立学校设立实行严格的行政许可制。在日本申办（类似于我国民办学校的筹设）、设置私立学校，将由私学部依法对其办学条件进行严格审核，达到申办、设置条件的，在法律规定的期限内对其做出认可或许可的决定。若不予认可或许可，必须说明理由，允许申办学校经过改进可以继续申办。行政主管机关在私立学校申办、设置的审核和决定过程中，必须严格依法行政、照章办理，没有自由裁量权。对私立学校的行政许可，除学校新设外，还包括私立学校增设学科系所、合并、解散等。①

（3）给予私立学校较多的行政资助。日本政府自1946年就向私立学校提供资助。当时的资助方式相对间接，即在"二战"结束后一段时期，政府出资帮助私立学校重建被战争毁坏的校舍，并为学校后续发展提供低息贷款。从20世纪70年代起，日本政府开始对私立学校给予直接的经费资助。20世纪60年代末，日本进入人口高峰期。虽然私立学校不断增加但仍不能满足社会的需求，私立学校的经费问题严重制约了它的继续扩张。因此，日本政府在1970年启动了对私立学校的行政资助，给予私立大学经费补助；同时政府拨款补助地方各类私立学校，以维持和改进私立学校的教学和科研条件。1975年，日本议会颁布实施《振兴和促进私立学校法》，为国家对私立学校的资助提供了法律保障。日本政府依照该法主要通过拨款和减免税收的方式，对私立学校进行资助（对私立学校经常性费用的补助金最高可达学校办学经费的50%），促进了私立学校的发展。

（4）行政监管主要围绕补助、税收减免和融资等方面。①收益事业监管。日本《私立学校法》第26条规定，学校法人在不影响所设私立学校教育的前提下，可以从事以收益为目的的事业，但必须以其收益补充私立学校的经营。私立学校的举办者必须到主管部门登记收益事业的内容和类型，并在认可后予以

---

① 谢安邦，曲艺.外国私立教育［M］.北京：中国社会科学出版社，2003：17.

公告，不得随意更改经营种类，以便政府减免税收。②会计账务监管。国家可以对私立学校发展给予资金补助。为了确保补助的公平性和补助金的合理性，日本文部科学省于1971年颁布了《学校法人会计基准》，所有接受国家资助的学校都必须按照基准规定处理会计事务。对违反基准的学校，管理部门有权要求收回资助费或停发、减免补助金额。③日常事务监管。为避免和处理私立学校在日常工作中可能出现的违规情况，日本文部科学省采取了一系列措施对私立学校加强管理，如行政监督、检查、经济制裁等。同时，日本还设立了校外监督组织，每年对私立学校的管理运营情况进行调查、指导。

（5）行政处罚对象包括学校法人和其他相关人员。如有私立学校违反法律法规，日本行政机关实施的行政处罚，既包括对学校法人的处罚，也包括对其他相关人员的处罚。处罚具体有三种类型：命令停业、解散、经济处罚。对学校法人最严厉的行政处罚是命令解散。日本《私立学校法》第62条规定，主管机关在学校法人违反法令规定，或违反主管机关根据法令规定所做出的处理，用其他方法又不能达到监督的目的时，可命令学校法人解散。命令停业和命令解散是十分严厉的处罚，日本法律对此十分慎重。行政机关在对私立学校进行停业和解散处罚时要严格履行法律程序，在处罚前要事先听取私学审议会或学校法人审议会的意见，下达停业或解散命令前必须给处罚学校申辩的机会；要明确通知学校提交申辩书的最终期限，并准予参加审议会，允许当面申辩。① 对其他相关人员的处罚以罚款手段为主。日本《私立学校法》第66条规定，对学校法人的理事、监事或清算人的相关违法行为，可以给予罚款处罚，包括不主动呈报年度会计资料书面文件、不计入应记载内容或记载不实；不主动提出破产宣告请求等。②

（6）在法律框架外管理营利性私立学校。日本《学校教育法》规定，小学、中学、大学只能由中央、县、市三级政府和非营利性学校法人举办。日本政府允许设立营利性教育机构，但不能成为私立学校。即日本法律框架禁止营利性私立学校，所有的私立学校都是非营利性的，属于公共事业组织类别。21世纪以来，这种法律体制不断受到诟病和挑战。2004年，日本第一所营利性私立大学成立，开启了营利性学历教育的先河。日本开始在法律框架外对营利性私立

---

① 谢安邦，曲艺. 外国私立教育[M]. 北京：中国社会科学出版社，2003：19-20.
② 张文国. 中国民办学校法人制度研究[M]. 北京：教育科学出版社，2012：171.

学校进行管理。日本通过设立结构改革特别区，为放松私立学校管制提供了突破口。特区的营利性学校试点项目，打破了原有的体制机制。不过，日本的营利性学校改革实行的是"一校一策""一区一策"，没有对教育法进行修订，对传统的非营利性私立学校的政策也没有大的变动。[①]

（五）韩国私立学校国家监管制度模式

（1）私立学校监管法律体系比较完备。韩国的教育基本法《教育法》明确承认了私立学校的法律地位。为了适应私立学校不同于公立学校的特点，加强对私立学校的行政监管，韩国还在1963年6月26日制定颁布了专门的《私立学校法》，并且随后制定颁布了"实行令"和相关的系列法。诸如1969年的《私学机关财务、会计规则》、1973年的《私立学校教员年金法》、1976年的《学校法人的学校经营财产基准令》、1989年的《私学振兴财团法》、1992年的《学校法人及私立学校教职员规则》等。《私立学校法》及其管理制度规定，韩国政府监督厅有对私学的指挥和监督权；学校法人对其收益有申报的义务；监督厅有私立学校法人收益事业的监督权；监督厅有关于私立学校职员定员与构成的限制，以及对教员的惩戒要求权和教员任用方面任期制的规定权；监督厅有私立学校校长的任命承认和任命取消权；文教部长有临时理事选任权；对违反《私立学校法》的私学经营者可以拘留、罚款等。可见韩国关于私立学校的监管立法比较系统完备，政府对私立学校的监管有明确的法律依据。

（2）韩国政府对私立学校采取统管与扶植相结合的政策。在韩国私立学校发展历程中，国家曾采取放任自流政策。私立教育急剧膨胀，导致学校滥发文凭，资本过度逐利，影响了私学的声誉，阻碍了私立教育的健康发展。韩国政府为了整顿私学质量，实行严厉的统管政策，又阻碍了私学的发展，还增加了公办教育经费的压力。韩国政府吸取历史经验教训，从20世纪80年代开始采取统管与扶植相结合的私立教育发展政策，逐渐整顿了私学办学条件和政策要求，使私立学校走上了正常发展的轨道，成为国家教育事业不可缺少的组成部分。韩国政府对《私立学校法》进行了几次大的修改，对私立学校的发展，在教育制度层面上规定得更加明确、详细，做到学校管理制度化。对私立学校法律

---

① 周海涛、等.民办学校分类管理政策研究[M].北京：经济科学出版社，2016：84-85.

上的要求更加严格，使私立教育走上法治化发展轨道，做到办学有法可依。同时，韩国私立学校在政策环境上又是宽松的，政府给私立学校许多政策上的实惠和关照，有利于私立学校的扩大发展。法律赋予了私立学校教职员工更多参与学校管理的机会，体现出私立学校办学民主化、自律化的发展趋势。[1]

（3）政府对私立学校实行国库专题财政专项支援、税制支援和注册费自律化。韩国政府和公众普遍认为，私立教育属于私人事务，当然不应与政府发生任何财政上的关系。所以，即使私立学校得到政府的财政投资，也仅仅是专题财政支援性的，学校运转很大程度上依赖学生缴纳的费用。由于私立教育财政的薄弱，私立学校经费不足造成了深刻的问题。韩国政府为了解决私学的财政困难，在形成国库专题财政支援之前，首先进行税制支援和注册费自律化，以奠定私学财政的基础。税制支援上，与学校正常运营直接有关的国税、地方税以非课税为原则；对学校法人的收益事业及收益财产进行课税，但适用非营利法人的法人税率。韩国政府对大学实行注册费"自律化"政策，由政府制定上限，由各大学自行在范围内决定收费标准。韩国政府对私立学校的专题财政支援，包括对私立学校的设备设施投资、支援私立学校事业费用、设立私学振兴基金三个方面。

二、我国民办学校现行国家监管制度

（一）我国民办学校监管机制的总体特点

随着民办学校分类登记工作的深入推进，民办教育分类管理改革政策不断完善，我国对民办学校的监管也进入了制度重建的新阶段。规范发展、强化监督是当前民办教育的政策主线。《国务院关于鼓励社会力量兴办教育促进民办教育健康发展的若干意见》（国发〔2016〕81号），对健全民办教育监督管理机制做出了系统规定：加强民办教育管理机构建设，强化民办教育督导，完善民办学校年度报告和年度检查制度。加强对新设立民办学校举办者的资格审查。完

---

① 谢安邦，曲艺.外国私立教育[M].北京：中国社会科学出版社，2003：35.

善民办学校财务会计制度、内部控制制度、审计监督制度，加强风险防范。推进民办教育信息公开，建立民办学校信息强制公开制度。建立违规失信惩戒机制，将违规办学的学校及其举办者和负责人纳入"黑名单"，规范学校办学行为。健全联合执法机制，加大对违法违规办学行为的查处力度。大力推进管办评分离，建立民办学校第三方质量认证和评估制度。民办学校行政管理部门根据评估结果，对办学质量不合格的民办学校予以警告、限期整改直至取消办学资格。

《中华人民共和国民办教育促进法实施条例》第四十七条规定，县级以上地方人民政府应当建立民办教育工作联席会议制度。教育、人力资源社会保障、民政、市场监督管理等部门应当根据职责会同有关部门建立民办学校年度检查和年度报告制度，健全日常监管机制。其中，日常监管机制包括对民办学校设立时的财务审核和行政许可审批，办学过程中的财务审计、年度检查和年度报告制度、民办学校信用档案及举办者和校长执业信用制度，办学水平和教育质量评估、督导督学制度，等等。对非营利性民办学校的"禁止分配办学结余"执行情况做出明确规定；同时举办或者实际控制多所民办学校的，"不得改变所举办或者实际控制的非营利性民办学校的性质，直接或者间接取得办学收益"；"任何社会组织和个人不得通过兼并收购、协议控制等方式控制实施义务教育、非营利性学前教育的民办学校"；"实施义务教育的民办学校不得与利益关联方进行交易；其他民办学校与利益关联方进行交易的，应当遵循公开、公平、公允的原则，合理定价、规范决策，不得损害国家利益、学校利益和师生权益；民办学校应当建立利益关联方交易的信息披露制度；教育、人力资源社会保障及财政等有关部门应当加强对非营利性民办学校与利益关联方签订协议的监管，并按年度对关联交易进行审查"；"非营利性民办学校收取费用、开展活动的资金往来，应当使用在有关主管部门备案的账户；有关主管部门应当对该账户实施监督"。从以上规定可以看出，我国民办学校监管机制总体呈现出分级管理、主体多元、内容丰富、手段多样的特点。

1. 实行分级管理

我国是单一制国家，从中央到地方上下一盘棋。根据《中华人民共和国教育法》的有关规定，国家对教育事业实行分级管理、分工负责的管理体制。国务院即中央政府统筹领导管理全国教育工作，各级地方政府根据权限领导管理各自辖区内的教育工作。中等及中等以下教育在国务院领导下，由地方人民政府管理；高等教育由国务院和省级人民政府管理。在部门分工上，由国务院教育行政部门主管全国教育工作，统筹规划、协调管理全国的教育事业；县级以上地方各级人民政府教育行政部门主管本行政区域内的教育工作，县级以上各级人民政府其他有关部门在各自的职责范围内，负责有关的教育工作。具体到民办教育，根据 2016 年 11 月修订的《中华人民共和国民办教育促进法》，国务院教育行政部门负责全国民办教育工作的统筹规划、综合协调和宏观管理，国务院人力资源社会保障行政部门及其他有关部门在国务院规定的职责范围内分别负责有关的民办教育工作(人社部主要负责以实施职业技能为主的职业资格培训、职业技能培训的民办学校)；县级以上地方各级人民政府主管本行政区域的民办教育工作，相应的人力资源和社会保障部门及其他有关部门在各自的职责范围内，分别负责有关的民办教育工作。

我国法律对民办教育的管理部门予以了明确，划分了中央和地方主管部门的权限，但对地方各级主管部门的具体分工并未做出规定。该项工作主要由部门规章或省一级的地方性法规及行政规章予以明确。原国家教委颁布的《教育行政处罚暂行实施办法》，对教育行政违法行为的行政处罚做出了级别管辖规定：除国务院教育行政部门管辖的处罚案件外，对高等学校或者其他高等教育机构及其内部人员的处罚，为省级人民政府教育行政部门；对中等学校或者其他中等教育机构及其内部人员的处罚，为省级或地、设区的市级人民政府教育行政部门；对实施初级中等以下义务教育的学校或者其他教育机构、幼儿园及其内部人员的处罚，为县、区级人民政府教育行政部门。

《湖南省实施〈中华人民共和国民办教育促进法〉办法》，规定了省、设区的市(州)、县(市、区)三级民办教育管理体制：本科学历教育学校，师范、医药类专科学历教育学校，按国家规定报国务院教育行政部门批准；高等职业技术学院由省人民政府审批，报国务院教育行政部门备案；高级技工学校，由省人民政府劳动和社会保障行政部门审查，报国务院劳动和社会保障行政部门确认；技工学校，由省人民政府劳动和社会保障行政部门审批，报国务院劳动和社会保障行政部门备案；高等教育自学考试助学机构、非学历教育高等学校，由省人民政府教育行政部门审批；高级及以上职业技能培训的民办职业培训机构，由省人民政府劳动和社会保障行政部门审批；高级中等学历教育学校，由设区的市、自治州人民政府教育行政部门审批；中级职业技能培训的民办职业培训机构，由设区的市、自治州人民政府劳动和社会保障行政部门审批；初级中等以下学历教育学校、幼儿教育机构,由县级人民政府教育行政部门审批;初级职业技能和非技术岗位的民办职业培训机构,由县级人民政府劳动和社会保障行政部门审批。根据"谁审批、谁监管"的基本行政原则,地方各级主管部门根据以上规定对相应的民办学校进行管理。

2. 监管主体多元

对民办学校的审批和监管,一般以教育行政部门为主负责;以实施职业技能为主的职业资格培训、职业技能培训的民办学校及技工学校,由人力资源和社会保障保障部门为主负责。随着民办教育的快速发展,分类管理改革推进引发出一系列新的问题。民办学校治理的形势日益复杂,监管任务日益繁重,难度不断加大,多元主体协同治理、协力监管成为新趋势。① 首先,行政监管从单纯的审批主管部门单打独斗,扩展到相关的多个行政主管部门。本来"谁审批、谁监管"是行政监管的基本原则,但随着社会治理形势的变化,教育行政部门执法权威不够,执法手段存在不少局限,一些强势的行政执法部门遂开始介入民办教育监管领域中来。如《中华人民共和国民办教育促进法》第六十四条针对违反国家规定擅自举办民办学校的违法行为,由所在地县级以上地方人民政府教育行政部门或者人力资源和社会保障部门会同同级公安、民政或者市场监督管理等有关部门共同实施处罚。其次,审批主体日趋多元。自国家义务教育"双减"政策实施以来,对校外培训机构的审批更加严格。面向中小学生的校外培训机构开始明确分为两种类型:学科类校外培训机构与非学科类校外培训机构。学科类校外培训机构仍由教育行政部门单独审批,非学科类校外培训机构的审批则因地而异:有的仍以教育行政部门为主,但需要先行取得相关部门如文化旅游、体育等部门的同意;有的则直接由相关主管部门直接审批。再次,第三方组织的间接监管作用日益凸显。第三方社会服务机构和中介组织成为民办学校风险防控的重要力量。近年来,教育质量认证与评估机构、行业协会、学术联盟等第三方组织成为民办教育领域研究与实践的新兴力量。它们参与民办学校的治理,对规范民办学校办学行为,丰富监督管理手段发挥了积极作用,成为帮助政府加强民办学校监管的重要主体。

---

① 周海涛.民办教育分类管理政策实施跟踪与评估研究[M].北京:经济科学出版社,2019:167.

3. 监管内容丰富

行政主管部门对民办学校实施监管的依据，除了法律法规外，还有数量众多的规范性文件。由于教育行业的公共利益属性，对于民办教育，国家政策无论是在宏观调控还是微观管理上，都给予了高度重视。从理论上来看，我国行政主管部门对民办学校的监管是全方位、无死角的。民办学校的招生、收费、办学条件、财务会计、安全管理等，均处在主管部门的监管视域内。《中华人民共和国民办教育促进法》及其实施条例与相关配套文件，针对民办学校办学过程中高发的各种违法违规行为，做出了详细、明确的列举，规定了相应的法律责任，在监管范围上也增加了一些新的内容。如《中华人民共和国民办教育促进法》第四十二条确立了民办学校招生广告备案制度：民办学校的招生简章和广告，应当报审批机关备案。《国务院关于鼓励社会力量兴办教育促进民办教育健康发展的若干意见》确立了民办学校财务监管制度的基本框架，规定建立健全民办学校第三方审计制度：非营利性和营利性民办学校按照登记的法人属性，根据国家有关规定执行相应的会计制度；民办学校要明晰财务管理，依法设置会计账簿；完善民办学校年度财务、决算报告和预算报告报备制度。针对人民群众反映强烈的突出问题，我国不断健全监督管理机制，加大监管力度。新修订的《中华人民共和国民办教育促进法实施条例》，对"公参民"民办学校、关联交易、集团化办学等领域，做出了相应的监管规定。针对中小学校校外培训领域存在的"顽瘴痼疾"，国家和地方政府也不断加强对校外培训机构的监管力度。此外，民办教育新法新政加强了民办学校办学过程中重大事项变更的管理。《中华人民共和国民办教育促进法实施条例》第十二条建立健全了民办学校举办者变更监管机制：民办学校举办者变更的，应当签订变更协议，但不得涉及学校的法人财产，也不得影响学校发展，不得损害师生权益；民办学校的举办者不再具备法定条件的，应当在 6 个月内向审批机关提出变更；逾期不变更的，由审批机关责令变更；举办者为法人的，其控股股东和实际控制人应当符合法律、行政法规规定的举办民办学校的条件，控股股东和实际控制人变更的，应当报主管部门备案并公示。这一新增内容，有利于避免境外资本控制我国学历教育特别是义务教育阶段民办学校现象的发生。民办教育新法新政还重点加强了对民办学校办学是否执行国家教育方针和坚持社会主义办学方向的监管，特别突出强调加强党的建设，要求民办学校保障党组织履行职责，发挥好党组织的政治核心作用。

4.监管手段多样

我国政府部门对民办学校的监管，除了依靠法律手段外，还有丰富多样的政策举措，行政许可、行政处罚与行政计划、行政指导等刚性与柔性手段并用，行政执法与行政处理方式并行。在行政许可方面，规定任何组织和个人不得随意开办民办学校，对民办学校的设立实行严格的审批；筹设期间的民办学校不得招生，必须取得办学许可证才能招生办学。对民办学校的违法行为，有警告、没收违法所得、罚款、责令停止招生或办学、吊销办学许可等行政处罚措施，以及取消评先评优资格、削减或不予下达招生计划等行政处理措施。在日常监管方面，除年度评估报告、检查制度、督导制度等年度性监管制度外，还有专项审计制度、违规失信惩戒制度、信息公开制度、第三方质量认证和评估制度等。为加强监管实效，改变各个部门职能割裂、合力不足的执法困境，逐步建立了联合执法机制和部门协同机制，综合运用经济、行政和法律等多种监管手段，基本构建出一个由单一到多元、由独立到协同，包括事前、事中和事后、内控与外控在内的监督管理机制。①

（二）民办学校设立监管

1."先证后照"的双重监管模式

我国对民办学校的设立实行"先证后照"的业务模式，实际上实施的是双重监管制度，包括业务主管部门的办学许可审批与法人组织登记部门的登记监管两个方面。民办学校的办学许可审批，根据《中华人民共和国民办教育促进法》第十二条规定，举办实施学历教育、学前教育、自学考试助学及其他文化教育的民办学校，由县级以上人民政府教育行政部门按照国家规定的权限审批；举办实施以职业技能为主的职业资格培训、职业技能培训的民办学校，由县级以上人民政府人力资源社会保障行政部门按照国家规定的权限审批。根据上述规定，文化教育类的民办学校办学许可由教育行政部门审批，职业培训类的民办学校办学许可由人力资源社会保障行政部门审批。同时，根据《教育部等五部门关于印发〈民办学校分类登记实施细则〉的通知》（教发〔2016〕19号），正式批准设立的非营利性民办学校，符合《民办非企业单位登记管理暂行条例》等民

① 周海涛.民办教育分类管理政策实施跟踪与评估研究[M].北京：经济科学出版社，2019：167.

办非企业单位登记管理有关规定的，到民政部门登记为民办非企业单位；符合《事业单位登记管理暂行条例》等事业单位登记管理有关规定的，到事业单位登记管理机关登记为事业单位；正式批准设立的营利性民办学校，依据法律法规规定的管辖权限到工商行政管理部门办理登记。原工商总局、教育部《工商总局　教育部关于营利性民办学校名称登记管理有关工作的通知》（工商企注字〔2017〕156号）规定，营利性民办学校应当按照《中华人民共和国公司法》《中华人民共和国民办教育促进法》有关规定，登记为有限责任公司或者股份有限公司。根据以上规定，民办学校理论上可以登记为四种法人形式：民办非企业单位、事业单位、有限责任公司、股份有限公司；登记监管部门相应有民政部门、事业单位管理部门、市场监督部门三个。登记机关的设立监管为"准则主义"，只要民办学校取得办学许可符合相应登记法规的组织条件，通过登记机关的形式审查，即可获准法人登记。值得注意的是，作为非营利性民办学校登记管理机关的民政部门，依据《民办非企业单位登记管理暂行条例》，同样对民办学校的设立享有实质性审查的权利。这种登记管理制度，不仅使民办学校的设立更加繁琐，而且业务主管部门和登记管理机关的自由裁量权都很大，在具体问题上极易发生分歧。两个部门在审查标准上可能出现不同，给民办学校的设立带来不便。① 当然，登记主管部门可以依照其部门法规，对民办学校行使职责范围内的监督管理职权。

2.民办学校的设立主体及其资格条件

民办学校的设立主体即举办者，既可以是除国家机构以外的具备法人资格的社会组织，也可以是公民个人。我国法律对民办学校的举办者设置了资格条件，即不是任何人或者组织都可以举办民办学校，民办学校的举办者必须符合法律规定的条件。

举办民办学校的社会组织，应当具有法人资格和良好的信用状况。根据《中华人民共和国民法典》第五十七条对法人的定义，法人是具有民事权利能力和民事行为能力，依法独立享有民事权利和承担民事义务的组织。设立民办学校是一项重大复杂的法律行为，设立人必须具有独立承担该设立后果的能力。《中华人民共和国民办教育促进法实施条例》对具有法人资格的社会组织可以举办的民办学校的范围做了更加细化的规定：在中国境内设立的外商投资企业

---

① 吴开华，安杨.民办学校法律地位[M].南京：江苏教育出版社，2011：159-160.

及外方为实际控制人的社会组织不得举办、参与举办或者实际控制实施义务教育的民办学校；实施义务教育的公办学校不得举办或者参与举办民办学校，也不得转为民办学校；其他公办学校不得举办或者参与举办营利性民办学校，但是实施职业教育的公办学校可以吸引企业的资本、技术、管理等要素，举办或者参与举办实施职业教育的营利性民办学校。《教育部　人力资源社会保障部工商总局关于印发〈营利性民办学校监督管理实施细则〉的通知》(教发〔2016〕20号)对举办营利性民办学校的社会组织规定了具体的条件要求：①有中华人民共和国法人资格；②信用状况良好，未被列入企业异常经营名录或严重违法失信企业名单，无不良记录；③法定代表人有中华人民共和国国籍，在中国境内定居，信用状况良好，无犯罪记录，有政治权利和完全民事行为能力。

举办民办学校的个人，应当具有政治权利和完全民事行为能力，且信用状况良好。根据《中华人民共和国宪法》规定，除依照法律被剥夺政治权利外，中华人民共和国公民都享有政治权利。由此可以推断，举办民办学校的个人，不能是外籍人士，只能是具有中华人民共和国国籍的公民。举办民办学校的个人应当具有完全民事行为能力，无民事行为能力和限制民事行为能力人没有举办民办学校的资格。个人举办营利性民办学校，根据《教育部　人力资源社会保障部　工商总局关于印发〈营利性民办学校监督管理实施细则〉的通知》(教发〔2016〕20号)，应当具备下列条件：①有中华人民共和国国籍，在中国境内定居；②信用状况良好，无犯罪记录；③有政治权利和完全民事行为能力。

3. 民办学校的设立条件

民办学校的设立必须具备与其办学层次、类别、规模相适应的基本教育教学条件。《中华人民共和国民办教育促进法》第十一条规定：设立民办学校应当符合当地教育发展的需求，具备教育法和其他有关法律、法规规定的条件。民办学校的设置标准参照同级同类公办学校的设置标准执行。根据以上法律规定，民办学校设立至少应当具备三项条件。

(1)设立民办学校应当符合当地教育发展的需求。民办学校虽然由举办者自筹资金，但也应纳入当地教育事业发展规划，与公办学校统筹考虑，合理布局。既要考虑当前的需求，也要着眼于未来教育事业的发展需要。《营利性民办学校监督管理实施细则》规定，设立营利性民办高等学校，应当纳入地方高等学校设置规划，按照学校设置标准、办学条件和学科专业数量等严格核定办学规模。为规范民办义务教育发展，各地相继从2021年6月开始，原则上不再审批新的民办义务教育学校。① 甚至在有的地方，民办普通高中、中职学校也纳入宏观调控，原则上不再审批新的学校。但此种做法是否有行政法上的依据还有待商榷，至少有随意解释立法意图、无限扩大行政自由裁量权之嫌。《中华人民共和国民办教育促进法》第十一条第一款的规定，实际上是要求政府发挥行政指导功能，引导民办教育从当地教育发展的实际需要出发，合理调整教育结构和布局，避免滥设或低水平重复建设学校，造成教育资源的浪费。简单地"一刀切"不再审批新的民办学校的做法，并不符合立法精神。

（2）设立民办学校应当具备基本的办学条件。《中华人民共和国教育法》第二十七条规定了设立学校及其他教育机构，应当具备四个基本条件：有组织机构和章程；有合格的教师；有符合规定标准的教学场所及设施、设备等；有必备的办学资金和稳定的经费来源。具备以上条件后，举办者须按照《中华人民共和国民办教育促进法》第十三条、第十四条的规定，向审批机关申请筹设或正式设立民办学校。申请筹设民办学校，应当提交的材料有：申办报告；举办者的姓名、住址或者名称、地址；资产来源、资金数额及有效证明文件，并载明产权；属捐赠性质的校产须提交捐赠协议。经筹设后申请正式设立民办学校，应当提交的材料有：筹设批准书；筹设情况报告；学校章程、首届学理事会、董事会或者其他决策机构组成人员名单；学校资产的有效证明文件；校长、教师、财会人员的资格证明文件。具备办学条件，达到设置标准的，可以直接申请设立，向审批机关提交以上除筹设批准书、筹设情况报告之外的文件。

（3）设立民办学校应当符合一定的设置标准。民办学校的设置标准参照同级同类公办学校的设置标准执行。目前在国家层面，只有高等学校具备统一的设置标准，即教育部制定的《高等职业学校设置标准（暂行）》和《普通本科学校设置暂行规定》。中小学、培训学校等其他教育机构还没有统一的设置标准，但部分地区出台了地方的设置标准。

（三）民办学校法人财产权监管

享有独立的法人财产权是法人的本质特征之一，法人独立享有民事权利和

---

① 中国民办教育协会湖南等地调减民办义务教育在校生规模不再审批新校［EB/OL］.［2022-07-21］. https://www.canedu.org.cn/site/content/5594.html.

承担民事义务，财产是重要保障和基础。长期以来，民办学校由于财产产权不明、性质不清、关系混乱，导致实践中出现诸多问题，引发了一系列矛盾和冲突。为解决民办学校法人财产权问题，国家在政策和法律层面对民办学校的产权进行了规范。2006 年，《国务院办公厅关于加强民办高校规范管理引导民办高等教育健康发展的通知》就明确对民办高校法人财产权做出规定，要求出资人按时、足额出资，对投入学校的资产履行验资和过户手续。教育部 2007 年颁布的《民办高等学校办学管理若干规定》，要求民办高校的资产必须于批准设立之日起 1 年内过户到学校名下，资产未过户到学校名下前，举办者对学校债务承担连带责任。2016 年，《国务院关于鼓励社会力量兴办教育促进民办教育健康发展的若干意见》，再次强调民办学校依法享有法人财产权。《中华人民共和国民办教育促进法》明确了民办学校对举办者投入民办学校的资产、国有资产、受赠的财产及办学积累，享有法人财产权；民办学校存续期间，所有资产由民办学校依法管理和使用，任何组织和个人不得侵占；加强了对抽逃出资、挪用办学经费等侵犯民办学校法人财产权行为的法律责任。《营利性民办学校监督管理实施细则》专门对营利性民办学校的注册资本数额，提出了应与学校类别、层次、办学规模相适应的要求；举办者不得抽逃注册资本，不得用教育教学设施抵押贷款、进行担保；对抽逃办学资金的行为规定了处罚措施；对法人财产权未落实的民办学校的举办者予以准入限制。《中华人民共和国民办教育促进法实施条例》对民办学校法人财产权的规定更加全面，加强了国有资产监管，限制不当关联交易，规范集团化办学，防止变相损害民办学校法人财产权。总体来看，民办学校法人财产权的相关规定还较为粗糙，相关内容还不够明确具体，实际操作性不强。今后民办学校法人财产权监管的重点，可能还在于继续明确学校法人财产权的性质，深入推进民办学校法人财产过户工作，规范民办学校不当的关联交易行为等方面。

（四）民办学校办学自主权监管

民办学校办学自主权的政府监管尺度问题，事关国家与民办学校法律关系的认定和处理。无论在理论还是实务中，都是争议的焦点问题之一。我国民办教育立法赋予的民办学校办学自主权，在国外多被称为"私学自由"或"私人兴学自由"。许多国家的宪法均有关于私学自由的规定。我国宪法虽然没有关于办学自主权的明确规定，但相关条文还是提供了法理基础。《中华人民共和国宪法》第十九条规定："国家鼓励集体经济组织、国家企业事业组织和其他社会力量依照法律规定举办各种教育事业。"因此，社会力量依法自主举办民办学校是一项宪法性权利。《中华人民共和国民办教育促进法》第五条是对我国宪法规定的办学自主权的落实。该条明确了民办学校与公办学校具有同等的法律地位，国家保障民办学校的办学自主权。根据法律规定，民办学校的办学自主权主要有五项：招生自主权、教育教学活动开展自主权、组织机构设置自主权、教职工聘用和管理自主权、财产和经费使用自主权。法律法规和政策对民办学校的办学自主权存在诸多限制，民办学校的办学自主权必须在主管部门的监管下规范行使，甚至有的权利在实践中还难以得到保障。《中华人民共和国民办教育促进法》第四十一条规定，教育行政部门及有关部门依法对民办学校实行督导，建立民办学校信息公示和信用档案制度；组织或者委托社会中介组织评估办学水平和教育质量，并将评估结果向社会公布。该法第四十二条规定，民办学校的招生简章和广告，应当报审批机关备案。《中华人民共和国民办教育促进法实施条例》第三十一条对民办学校的招生自主权，在招生范围、招生时间等方面做出了诸多的限制性规定。

（五）民办学校收费监管

《中华人民共和国民办教育促进法实施条例》第四十二条对民办学校的收费进行了规范，要求民办学校建立办学成本核算制度，基于办学成本和市场需求等因素，遵循公平、合法和诚实信用原则，考虑经济效益与社会效益，合理确定收费项目和标准。对公办学校参与举办、使用国有资产或者接受政府生均经费补助的非营利性民办学校，省、自治区、直辖市人民政府可以对其收费制定最高限价。根据以上规定，政府对民办学校的收费管理，分为市场调节价与政府指导价两种类型。各地政策制定与执行的严厉程度不一，主要有三种模式。一是全放开模式。云南、湖北、内蒙古、江西四省区对民办学校收费政策全放开，不区分学校性质与办学层次，均实行市场调节价。几乎全部省份对营利性民办高等教育学校实行学校自主定价，把定价权交给市场。二是逐步放开模式。安徽、甘肃、上海、江苏、青海、吉林等省市对于非营利性民办学校，逐步实行市场调节价，具体实施政策由相关部门制定，但并无统一的时间表。海南、广西等省区对于非营利性民办教育实行政府定价，但"十三五"之后逐步放开，实行市场调节价。三是不予放开模式。除云南、湖北、内蒙古、江西等四省区外，所有已出台收费监管政策细则的省份，均对民办义务教育学校实行政府定价。许多省份对非营利性民办学校，在收费管理、收费标准制定等方面都有严格的规定，注重民办教育公益性和非营利性导向，政府干预管控倾向明显。如山西省明确非营利性本科、公办学校参与举办的中小学学历教育、独立院校、太原市义务教育阶段中小学校均实行政府定价。湖南省非营利性民办中小学校学费、住宿费，实行政府指导价管理。部分省份在强化民办学校收费监管制度方面，还出台了一些创新性的举措。如上海市规定完善收费公示、学费专户管理，健全收费监管机制。河南省规定，民办学校收费标准和项目一经确定，在一个学年内不得随意调整。广东省要求，民办学校收费标准、收费项目及收费方式应在招生报名开始前不少于 30 天向社会公示，不得在公示的标准和项目之外收取其他费用。江西省在省、市、县三级建立了民办教育机构自主定价清单制度，对民办教育机构定期开展信用评估，划分信用等级实行动态管理。云南省探索建立民办学校目录清单管理制度，民办学校收费行为被纳入教育与价格主管部门的重点监管范围。①

（六）民办学校退出监管

民办学校退出包括民办学校主动终止办学退出运营和被依法强制终止办学退出运营两种情形。民办学校退出需要遵守严格的审批程序。《中华人民共和国民办教育促进法实施条例》第五十条对民办学校终止办学后的注销登记进行了规定：民办学校自己要求终止的，应当提前 6 个月发布拟终止公告，依法依章程制定终止方案；民办学校无实际招生、办学行为的，办学许可证到期后自然废止，由审批机关予以公告；民办学校自行组织清算后，向登记机关办理注销登记；对于因资不抵债无法继续办学而被终止的民办学校，应当向人民法院申请破产清算。《中华人民共和国民办教育促进法》第五十六条规定了民办学校根据学校章程要求终止的，应当经审批机关批准；被吊销办学许可证和因资不抵债无法继续办学而终止的，没有明确的必须经审批机

---

① 周海涛.民办教育分类管理政策实施跟踪与评估研究［M］.北京：经济科学出版社，2019：181-182.

关批准的规定。但这两种终止情况涉及的问题更多，重要性更突出，特别是民办学校的破产清算还涉及学生安置、学校资产处置等重大问题。根据举轻明重的基本法理，民办学校的破产申请，理应先行报经审批机关批准。[①] 民办学校终止时的学生安置、财务清算、剩余财产清偿都要在审批机关的监管之下进行。特别是剩余财产的处置，会根据营利性民办学校和非营利性民办学校法人属性的不同，做出不同的处理。非营利性民办学校清偿债务后的剩余财产继续用于其他非营利性民办学校办学，营利性民办学校则依照公司法的有关规定处理。国家对民办学校的退出监管，关注的重点在民办学校退出可能引发的各类风险，特别是受教育者的权益保护问题。我国法律对民办学校退出时的学生安置规定，仅做出了"应当妥善安置在校学生"宣示性规定。对于如何具体安置，由谁来安置，如何才能充分保障在校学生及其他利益相关者的合法权益，相关法律并没有明确具体的可操作性制度规定，以致全依赖于主管部门的自由裁量。实践中此类问题的解决依靠政府行政强力干预或采取临时性的措施加以调整和管控，缺乏制度的稳定性和连续性，不利于民办教育的长远发展。由于法律制度的缺失，主管部门在面临民办学校退出情形时，往往习惯于让学校先停止招收新生，待现有学生全部完成学业后，再依法履行终止办学手续。对于一些招生严重不足、资不抵债的民办学校，也采取类似措施。即待其学生全部毕业后再关闭学校，清偿资产。这不仅浪费了社会资源，也极易诱发各种社会风险。[②] 当然，对于实在难以为继的民办学校，如举办者卷款潜逃、学校资金链完全断裂等极端情形，地方主管部门也会采取临时性的应急措施，将学生分流安置到其他民办学校或者公办学校。这体现出了我国社会主义制度的优势，但这种应急做法也同样面临着法律依据不充分的问题。

---

① 郭瑞，陈秀良.法院组织民办学校清算若干问题研究[J].法律适用，2006(7)：15-17.

② 周海涛，等.民办学校分类管理政策研究[M].北京：经济科学出版社，2016：296.

三、行政监管主导下的民办学校合规管理

(一)行政主导下的民办学校合规管理体系建设

我国企业的合规管理体系建设,走的是由外而内、由上到下的路径。随着改革开放的深入推进,大量跨国企业进入中国,企业合规制度在这些企业的分支机构逐步建立。同时,中国企业"走出去"的步伐不断加快,如何遵守所在国家和地区的法律法规,规避在外经营的法律风险,成为中国企业面临的重大挑战。由此,我国政府主管部门高度重视企业合规机制的建设问题,并力图推动外向型企业在合规管理方面与国际接轨,企业合规逐渐成为公司治理的重要方式。我国政府对企业合规管理体系的重视,最先从金融企业开始,后来逐步推广到所有中央国有企业。由此可见,我国企业的合规管理体系建设,是在行政力量的推动下进行的。政府监管部门通过强制合规、合规报告、合规评估、合规监管等措施,督促企业建立合规管理体系;对那些未按要求建立合规管理体系或者在建立合规体系方面存在违法违规行为的企业,可以采取相应的行政处罚措施。①

我国民办学校与政府的法律关系,就其本质而言是一种基于政府对民办学校的监管形成的行政法律关系。有学者主张,应当重构政府与民办学校的关系,建立政府与民办学校的合作伙伴关系。② 随着社会国家理念的不断深入,政府的职能范围越来越广泛,向民办学校购买公共教育服务的做法在不少地方得到推广。但政府对民办学校的规制、管制从来没有放松过,并且近年来有更加严格的趋势,政府与民办学校之间的监督管理关系没有发生本质变化。我国的民办学校虽然已经实行分类管理,既有营利性学校,也有非营利性学校,但民办学校的公益属性没有改变,民办教育的公益性仍是民办教育基本法律所要求的首要属性。因此,政府对民办学校进行管理的基本目标就是要确保民办学

① 陈瑞华.企业合规基本理论[M].北京:法律出版社,2020:36-37.
② 吴开华,安杨.民办学校法律地位[M].南京:江苏教育出版社,2011:171.

校的公益性不被改变。行政主管部门对民办学校的管理，既有宏观发展方向的调控，也有办学具体事务的监管。民办学校设立、分立和合并，办学地址、办学层次和内容、举办者的变更，以及终止办学等，均要受到审批机关和登记管理机关的监督。民办学校收取学费，要受到审批机关、财政部门、价格管理部门的管理和监督。民办学校财务、会计制度和资产管理制度的建立和执行情况，要受到审批机关、财政部门和审计部门的管理和监督。民办学校从事经营活动，要受到审批机关、市场监督部门和税务部门的管理和监督。

近年来，教育行政主管部门聚焦民办学校规范发展、防范化解重大风险，实际上也是通过行政主导机制来推进民办学校合规管理体系建设。《国务院关于鼓励社会力量兴办教育促进民办教育健康发展的若干意见》要求民办学校加快现代学校制度建设，完善学校法人治理，健全资产管理和财务会计制度，规范学校办学行为，落实安全管理责任，从国家层面对民办学校提出了合规管理体系建设的要求。教育部办公厅在2019年连续下发了《教育部办公厅关于推动民办教育规范发展防范化解重大风险的通知》《教育部办公厅关于全面开展民办学校规范办学防范化解风险专项行动的通知》《教育部办公厅关于进一步开展民办教育规范发展防范风险专项行动的补充通知》等文件，要求民办学校坚守社会效益导向，重点防控法律、财务等重大风险，说明防控法律风险、可持续发展、履行社会责任等合规治理理念，已经得到作为民办学校主要监管机关即教育行政部门的认可。教育部强调，各地要建立民办教育风险防控机制，健全风险评估、应急处理、组织协同、行政问责等相关制度，指导民办学校在重大事项变更时同步提交风险防范工作预案，加强对舆情、法律、财务等方面的风险研判与评估。虽然主管部门并没有在民办教育领域明确提出合规这一概念，但行政压力机制是客观存在的。这种压力对于民办学校建立合规管理体系，构成了一种有效的动力机制。[①]

在行政监管主导下的民办学校合规管理体系建设，要求民办学校建立与监管部门的监管规定相一致的合规管理制度，制定相应的流程控制措施。对于流程控制，监管规定一般要包括合规政策及标准、工作底稿、合规部门的报告机制、监督机制、培训机制等。要建立与监管部门规定相呼应的合规风险监测清单，监测内外部合规风险环境的发展变化，如法律法规、相关政策的出台和变

---

①　陈瑞华.企业合规基本理论[M].北京：法律出版社，2020：42.

化，司法、执法及社会守法环境的变化，学校自身战略的调整改变，等等。合规管理部门要特别注意监测主管部门揭露的合规风险事件，分析趋势及其变化并从中吸取经验教训。①

（二）行政监管激励与民办学校合规管理

企业合规不仅是一种公司治理方式，而且属于可以获得法律激励的企业自我改进方式。合规激励机制，是指企业或其他组织在违法违规行为发生之后，通过建立或者完善合规计划，来换取政府主管部门的宽大处理。行政压力机制的存在，无疑有利于推进企业合规体系建设。在合规管理体系的推行方面，我国存在行政压力有余、法律激励机制不足的问题。在行政监管领域，尽管已经有了合规激励机制的萌芽，一些违规企业可以通过提出合规抗辩来换取较为宽大的行政处理，但这种合规激励机制适用的范围很小，所发挥的激励作用十分有限。② 合规激励机制在民办教育领域的适用更是微乎其微。对于民办学校的违规行为，主管部门常以学校的整改作为从轻或减轻对学校处罚的条件，但无论是主管部门还是学校，均没有树立建立合规激励机制的意识。没有合规激励机制，单纯依靠外部的行政压力，民办学校就没有主动建立完善合规管理体系的强大动力。

随着社会经济的发展，行政权不断扩张，几乎所有的行政机关都拥有行政执法权，对各自监管领域的违法违规行为，都有行政处罚或行政处理的权力。根据 2021 年 7 月 15 日起施行的《中华人民共和国行政处罚法》，对于实施行政违法行为的单位和个人，行政机关可以采取的行政处罚措施有：警告、通报批评；罚款、没收违法所得、没收非法财物；暂扣许可证件、降低资质等级、吊销许可证件；限制开展生产经营活动、责令停产停业、责令关闭、限制从业；行政拘留；法律、行政法规规定的其他行政处罚；等等。行政机关对违法行为的行政处罚，应当从轻或减轻的情形有：主动消除或者减轻违法行为危害后果的；受他人胁迫或者诱骗实施违法行为的；主动供述行政机关尚未掌握的违法行为的；配合行政机关查处违法行为有立功表现的；法律、法规、规章规定其他应

---

① 李明燕，洪麒.企业大合规［M］.北京：中国经济出版社，2021：40.
② 陈瑞华.企业合规基本理论［M］.北京：法律出版社，2020：37.

当从轻或者减轻行政处罚的。不予行政处罚的情形有：违法行为轻微并及时改正，没有造成危害后果的；当事人有证据足以证明没有主观过错的。可以不予行政处罚的情形有：初次违法且危害后果轻微并及时改正的。我国行政处罚法对于企业或其他组织的行政违法行为，虽然没有明确合规激励机制，但若仔细考察关于从轻、减轻或不予处罚的相关规定，如主动消除或者减轻违法行为危害后果、配合行政机关查处违法行为有立功表现、违法行为轻微并及时改正等，实际上蕴含了合规激励的精神。

我国当前的行政执法，处罚从严的趋势越来越明显。监管部门对有些领域的违规企业所处的行政处罚相比以往更加严厉，所处的罚款数额越来越高，有些甚至已经达到天价的程度，民办教育领域也不例外。特别是在全国规范民办学校办学行为、大力推行义务教育"双减"政策的背景下，不少民办教育机构因违规行为受到监管部门顶格罚款的行政处罚，其严厉程度前所未有。例如，2021年6月1日，国家市场监督管理总局召开新闻发布会，就强化校外培训机构市场监管问题向社会公开通报了部分案例。市场监管总局价监竞争局局长袁喜禄提到，总局组织地方市场监管部门迅速组建专案组，在5月初对"作业帮""猿辅导"两家机构开展检查的基础上，对新东方、学而思、精锐教育、掌门1对1、华尔街英语、哒哒英语、卓越、威学、明师、思考乐、邦德、蓝天、纳思等13家校外培训机构进行重点检查。经检查发现，15家校外培训机构均存在虚假宣传违法行为，13家校外培训机构存在价格欺诈违法行为。市场监管部门对15家校外培训机构分别予以顶格罚款，共计3650万元。同日，上海市场监管部门发布消息，针对群众反映强烈的校外培训机构乱象，市场监管总局部署上海市市场监管局统一开展执法行动，分别对哒哒英语、掌门1对1、华尔街英语和精锐教育等四家校外培训机构依法从重处罚，罚款合计1000万元。① 除顶格罚款外，主管部门对严重违法违规的民办教育机构，已经不再像以前那么宽容，通过责令整改的方式让民办学校有改正违法行为的机会。近年来，直接吊销办学许可的顶格行政处罚案件明显增多。据有关统计，2020年被吊销办学许可证的民办学校为历年之最，将近有上百家，与以往年份相比，足足多出10%

---

① 光明网市场监管总局依法对15家校外培训机构虚假宣传、价格欺诈行为顶格罚款3650万元［EB/OL］.［2022-08-10］. https：//m. gmw. cn/baijia/2021-06/01/34891591. html.

左右。①

主管部门对民办学校违法违规行为进行监管和处理，基本上仍然遵循"通过严厉处罚来震慑潜在违法者"的思路，这与当前国家对民办教育的政策大调整相关。自改革开放以来，我国民办学校已经走过 40 多年的发展历程。民办学校经历了四个发展阶段：一是人口红利带来的发展机遇期，二是政策模糊提供的发展机遇期，三是资本爆发制造的发展机遇期，四是规范管理隐藏的发展机遇期。② 当前民办学校的发展已从外向求大的野蛮生长阶段，进入向下扎根的规范发展阶段。规范是当前和今后一个阶段民办教育政策执行的主题词。但规范不是打压，规范只是手段，是为了更好地促进民办学校可持续健康发展，这是民办教育政策实施的最终目的。因此，在日益升高的罚款与顶格的吊证处罚的背后，实际上存在着制度悖论。若违法违规的民办学校，在支付高额的罚款后，在完善规章制度、整改违规行为方面无所作为，而是将罚款作为办学成本向学生转嫁，今后继续铤而走险，突破行政监管执法的底线，那么行政处罚的社会效果大打折扣。吊销办学许可证相当于直接判处民办学校"死刑"，但学校不同于企业，做的不是"一锤子"买卖，学校服务的对象是广大学生，服务周期具有长期性。若没有稳妥的过渡方案，学生得不到妥善安置，必将损害社会公共利益，影响社会稳定。若政府予以兜底安置，则在增加财政支出的同时，还可能影响教育公平。此外，凡事由政府兜底的做法，反而会让一些违法违规的民办学校更加有恃无恐，实际上虚化了行政监管制度。

对于严厉的行政处罚所造成的制度悖论，我国政府有关主管部门已经有了初步的认识，对行政监管的方式逐步做出了适度的改革尝试。尤其是在证券、反垄断等领域，开展了全面探索行政执法和解的改革试点，引入了公司严格责任制度。无论是行政和解还是公司严格责任制度，都包含着将企业建立完善合规管理体系作为行政监管激励的行政自由裁量因素。甚至在证券监管领域，行政监管部门在确立强制合规制度的前提下，还明确引入了一定的合规激励机

---

① 2020 年被吊销办学许可证的校外培训机构为历年之最［EB/OL］.［2022 - 08 - 10］. https：//www. 163. com/dy/article/FT3Q2E2T0536ACBQ. html.

② 李明. 当前民办学校发展面临的挑战和机遇［N/OL］. 齐鲁晚报［2022 - 08 - 15］. https：//epaper. qlwb. com. cn/meidaxian/zh/33916. html.

制。① 为优化营商环境，提升政务服务效率，我国有关部门在行政许可领域推行了信用承诺审批机制：凡信用良好的申请人在办理适用承诺制审批的行政许可事项时，只要提交了主审材料，并向行政机关做出自承诺之日起一定时限内补齐相关申请材料并符合法定形式的书面承诺，行政机关可以容缺审批，当场或在承诺审批时限内做出行政审批决定。

对违法违规的民办学校给予严厉的处罚，并不是行政监管执法的终极目的。教育主管部门严格执法的根本目的在于督促民办学校规范办学、持续健康发展，实现学生、学校与社会公共利益的平衡。通过监管激励，强制民办学校推行合规制度，将大大有利于这一目标的实现。所有民办学校都应当实施合规管理，实行全员合规，将合规管理覆盖到教育教学活动的各个环节。对不进行合规管理的民办学校，主管部门可以对其采取监管约谈、出具警示函、责令整改、年度办学评估降等、削减招生计划等行政处理措施。在建立强制合规制度的前提下，主管部门在发现和调查民办学校违法违规案件时，可以根据学校建立合规管理制度的情况，对其采取从轻或减轻处罚的措施，甚至可以不予追究行政责任。

(三)行政执法和解与民办学校合规管理

"执法必严、违法必究"是我国行政执法一直以来坚持的基本原则，行政执法机关素来强调对违法行为实施零容忍。受传统观念影响，在行政执法调查环节，原来并不存在行政和解行为。2015年2月17日，中国证监会发布了《行政和解执法试点实施办法》，开始在证券期货监管领域试点实行行政和解制度。该办法所称行政和解是指中国证监会在对行政相对人涉嫌违反证券期货法律、行政法规和相关监管规定行为进行调查执法过程中，根据行政相对人的申请，与其就改正涉嫌违法行为，消除涉嫌违法行为不良后果，交纳行政和解金补偿投资者损失等进行协商达成行政和解协议，并据此终止调查执法程序的行为。对行政相对人采取行政和解方式，有利于实现监管目的，减少争议，稳定和明

---

① 陈瑞华.企业合规基本理论[M].北京：法律出版社，2020：55.

确市场预期，恢复市场秩序，保护投资者合法权益。① 此后，中国证监会采用行政和解方式处理了一些疑难复杂案件，对及时赔偿投资者损失、提高行政执法效能、尽快恢复市场秩序发挥了积极作用，得到了市场的总体认可。

为进一步完善行政和解的适用性，2021 年 11 月，国务院公布《证券期货行政执法当事人承诺制度实施办法》，自 2022 年 1 月 1 日起施行。2022 年 1 月 1 日，中国证监会发布《证券期货行政执法当事人承诺制度实施规定》，中国证监会、财政部联合发布《证券期货行政执法当事人承诺金管理办法》。以上新规的发布，标志着行政执法当事人承诺制度成为行政执法和解的重要组成部分，行政和解制度进一步完善。行政执法当事人承诺是指国务院证券监督管理机构对涉嫌证券期货违法的单位或者个人进行调查期间，被调查的当事人承诺纠正涉嫌违法行为、赔偿有关投资者损失、消除损害或者不良影响并经国务院证券监督管理机构认可，当事人履行承诺后国务院证券监督管理机构终止案件调查的行政执法方式。当事人申请适用行政执法当事人承诺，前提条件是当事人已采取或者承诺采取纠正涉嫌违法行为、赔偿有关投资者损失、消除损害或者不良影响的措施。这种由当事人申请启动的行政和解机制，相比强制合规要求，更有利于激励当事人主动加强对公司的内控管理，完善合规管理体系。证券期货行政执法当事人承诺制度在提高执法效率、及时赔偿投资者损失、尽快恢复市场秩序等方面具有重要意义。一是有效提高执法效能，化解资本市场执法面临的"查处难"与市场要求"查处快"之间的矛盾。二是及时赔偿投资者损失，增强其获得感和满意度。通常情况下，证券期货行政处罚案件的罚没款直接上缴国库，而受到损失的投资者通过民事诉讼求偿可能面临举证难、成本高、时间长等问题。适用行政执法当事人承诺制度，当事人交纳的承诺金可用于赔偿投资者损失，这是投资者获得及时有效救济的新途径，更加有利于保护投资者尤其是中小投资者的合法权益。三是切实提高违法成本，增强监管实效。行政执法当事人承诺制度具有涉嫌违法当事人履行意愿强、履行速度快等优势，且国务院证券监督管理机构认可的承诺金数额通常高于罚没款数额，使涉嫌违法当事人付出较高的经济代价。四是行政执法当事人承诺制度能够尽快实现案结

---

① 李东方.论证券行政执法和解制度——兼评中国证监会《行政和解试点实施办法》[J].中国政法大学学报，2015(3)：35.

事了、定分止争，妥善化解社会矛盾，及时恢复市场秩序，稳定预期。①

民办教育与证券期货市场相比，其经济规模较小，但同样与公共利益密切相关。对于民办学校的合规监管，完全可以借鉴这些先进的做法和经验。在美国，拥有行政执法权的监管部门，几乎都可以与实施违法违规行为的企业达成行政和解协议。目前我国在证券期货领域试点的行政和解制度，没有将企业建立合规机制作为适用行政和解程序的前提条件。但在美国的诸多行政执法案件中，监管部门都将企业建立合规机制视为企业配合监管调查的重要标志。企业建立合规机制可以成为企业成功签署和解协议的重要依据，也可以作为和解协议的条款，这对企业主动建立完善合规管理体系起到了积极的推动作用。② 我国监管部门可以通过行政执法和解，引导民办学校确立合规制度，建设完善合规管理体系，避免后续再发生类似的违法违规行为，实现学校利益与社会公共利益的平衡。

传统的行政行为，其行政监管模式是以"命令—服从"为核心的强制行政。随着社会发展，单纯的强制行政不足以化解日益复杂的社会矛盾、最大程度地实现立法意图。因此现代行政逐渐开始转向积极性、协商性和合作性的行政监管模式，引入了协商型执法和契约行政理念。在民办教育监管执法领域引入行政和解，可以达成四个方面的预期目标：一是责令违法违规学校或举办者交纳高额的行政和解金，可及时弥补学生和家长的经济损失；二是对疑难教育行政执法案件达成和解协议，可推动案件迅速解决，尽快稳定涉案学校的教育教学秩序；三是减少、平息与行政相对人的争议，避免案件进入行政复议、行政诉讼或信访程序，有利于从源头上治理诉争；四是破解民办教育法律法规，特别是教育行政执法制度供给不足的现实难题，对那些违反国家教育政策但在法律上难以定性的违规行为，可以在不给出明确结论的情况下，通过和解的方式予以结案。

对违法违规的民办学校适用行政和解，应当引入较为完整的企业合规机制。首先，主管部门应将民办学校建立合规机制作为适用行政和解的前提条

---

① 为完善资本市场基础制度建设完善法治保障——司法部、中国证监会负责人就《证券期货行政执法当事人承诺制度实施办法》有关问题答记者问［EB/OL］．［2022-08-26］．http：//www.moj.gov.cn/pub/sfbgw/jgsz/jgszjgtj/jgtjlfej/lfejtjxw/202112/t20211203_443098.html.

② 陈瑞华.企业合规基本理论［M］.北京：法律出版社，2020：161-162.

件，并针对特定违规办学风险颁布基本的合规管理指引。其次，在设计行政和解协议条款时，主管部门应当与民办学校订立专门的规范办学条款或者规范办学协议，要求民办学校按照主管部门的要求，全面实施与改进专门的合规计划。再次，主管部门应当对民办学校实施合规机制的进展情况进行持续不断的监督和审查；可以委托第三方如会计师事务所、律师事务所及教育评价机构，对民办学校的合规计划完善情况进行定期评估，也可以要求民办学校定期提交合规整改进展报告。最后，主管部门在考验期结束后，应对民办学校建立或者完善合规计划的情况进行综合审查评估；对于建立合格合规机制并有效实施的民办学校，才能终止行政执法程序；对于那些建立合规计划不达标的民办学校，可以恢复行政执法程序。

第七章　民办学校专项合规计划打造

一、民办学校专项合规计划概述

企业合规本为西方舶来品，我国企业在这方面的建设经验是比较缺乏的，实施合规管理最初以行政机关的推动为主。2018 年 11 月 2 日，国务院国资委发布了《中央企业合规管理指引（试行）》（以下简称《指引》），对中央企业和国有企业强化合规经营、构建合规管理体系，具有重要的指导意义，对其他企业构建合规管理体系起到了示范引领作用。国资委的《指引》确立了中央企业合规管理的基本原则，明确了企业内部各职能机构的合规管理职责，确定了合规管理的重点领域和重点环节，确立了合规管理运行方式，以及合规管理的保障机制。总体来看，该《指引》是框架性、引导性的，企业在缺乏合规实操经验的情况下，完全依赖《指引》建立的合规管理体系，其合规计划难免陷入大而全的窠臼。大而全的合规计划，针对性弱，不能突出重点，很有可能忽略了真正需要迫切解决的合规风险。合规管理既是宏观的，又是微观的；既要高大上，又要接地气；既要高屋建瓴，又要注重细节。细节决定成败，看起来再美好的政策，不注意细节，注定会是失败的政策。道家创始人老子有句名言："天下难事必作于易，天下大事必作于细。"天下的难事必定从容易的做起，做大事必须从小事开始。老子还说："治大国，若烹小鲜。"从古至今，不少政治家喜欢用这句话来提醒执政者。如果只有高大上的合规概念和大而全的合规管理制度，没有明确的针对性，没有相关配套措施去落实，合规管理只能成为一句空话。管理在落地层面走样，很大程度上在于管理本身没有注意细节。在合规管理体系建设中，专项合规计划如同宏观政策的实施方案与工作重点，是合规管理能否落实与发挥作用的关键环节。

诚如陈瑞华教授所述，企业合规的灵魂并不是大而全的合规管理体系，而在于针对企业的合规风险点确立专项合规计划。专项合规计划是指企业针对特定领域的合规风险，为避免企业因为违反相关法律法规而遭受行政处罚、刑事追究及其他方面的损失，所建立起来的专门性合规管理体系。① 企业应当根据自身行业特点、性质、规模、业务方向等，研究主要的合规风险点，量身打造有针对性的专项合规计划。常见的专项合规计划有：反商业贿赂合规计划、诚信合规计划、反洗钱合规计划、反垄断合规计划、反不正当竞争合规计划、信息数据保护合规计划、知识产权保护合规计划、财务税收合规计划、劳动人事合规计划、环境保护合规计划等。企业在构建了统一的合规管理框架后，根据自身实际和轻重缓急，针对常见易发的风险领域，建立实施专项合规计划，使企业合规不断走向专业化，有效地识别、预防和应对合规风险和违规事件。民办学校不是大型企业，也不直接生产商品，在反商业贿赂、大数据保护、反洗钱、反垄断、反不正当竞争、环境保护等方面一般不存在较大的合规风险。笔者认为，根据当前要求民办学校规范发展的政策大背景及民办教育领域长期以来存在的一些顽瘴痼疾，民办学校的专项合规计划应当重点关注诚信办学、财务风险管理等领域，切实加强办学过程中的规范管理，将合规流程化、标准化。

二、民办学校诚信办学专项合规计划

（一）诚信合规计划概述

诚实信用是市场经济的基本准则，也是民法中的"帝王条款"。世界银行作为经济全球化的重要推动者和全球腐败治理的重要参与者，在基础建设合规领

---

① 陈瑞华. 企业合规基本理论［M］. 北京：法律出版社，2020：115-116.

域积累了相当丰富的经验。其指定的诚信合规指引，对于推动参与世界银行项目的企业完善诚信合规体系建设，发挥了至关重要的作用，可供相关国内企业借鉴。《世界银行集团诚信合规指引》要求企业主要从以下方面建立或完善诚信合规体系，落实诚信合规计划。

（1）企业行为准则或类似文件或往来函件中须明确规定并明确禁止的任何形式的不当行为，不论是直接的还是间接的，不论是通过其有效控制下的代理人和其他中间人。

（2）高级管理层和董事会或类似机构须坚定、明确、清晰且积极地支持并承诺贯彻实施诚信合规计划，同时为管理层的诚信合规计划的制定和实施提供指导、资源和积极支持，并对诚信合规计划的内容和运作有所了解，对诚信合规计划的实施和有效性进行合理监督。

（3）必须让企业全体员工知悉，遵守诚信合规计划是一项强制性规定，是各层级人员的责任。

（4）企业须定期梳理、审查适用的合规规范，并定期审查诚信合规计划在预防、侦查、调查和应对各类不当行为方面的适宜性、充分性和有效性。

（5）企业须制定并有效落实企业合规管理制度，范围应包括：员工的尽职调查，限制与前公职人员的关系安排，馈赠、接待、娱乐、旅行和开支，政治捐款，慈善捐款和赞助，疏通费，记录保存，防止欺诈、共谋和胁迫行为，等等。

（6）企业须制定并落实针对商业伙伴的合规管理制度，范围应包括：对商业合作伙伴的尽职调查、向商业合作伙伴告知诚信合规计划，要求商业伙伴遵循诚信合规计划，等等。

（7）企业须制定并落实有效的内部控制制度，对企业的财务、会计、记账，以及其他业务活动进行制约，妥善公正地记录所有的财务交易。

（8）企业须制定并落实有效的合规培训制度，定期宣传诚信合规计划，为员工提供有效的合规培训。

（9）企业须制定并落实有效的奖惩制度，以激励员工落实公司诚信合规计划，并对违规行为零容忍。

（10）企业须制定并落实有效的报告制度，建立顺畅的沟通及举报渠道，使员工能及时寻求帮助，或提出改进建议而无须担心报复。

（11）企业应通过与商业组织、行业组织、专业协会和民间社会组织进行交流，为提高商业合规标准、透明度和问责制做出积极贡献，鼓励和帮助其他公司制定内控、道德、诚信合规计划。①

（二）民办学校诚信办学的重点合规问题

教学质量好不好，学校是否诚信，这都是不少家长为孩子选择民办学校时考虑的重要因素。一直以来，社会大众对公办教育信赖度较高。民办学校如何取信于民，是否能够在与公办学校的激烈竞争中脱颖而出，关键在于民办学校能否提供优质诚信的教育教学服务。民办学校办学初期为招到学生、扩大规模，主要依靠广告宣传和招生人员招生，既要花费高昂的广告费，也要承担较高的人力资源成本。一些民办学校的招生广告往往存在着虚假承诺，招生人员对学校的宣传也有不实之处。这种依赖广告宣传和招生人员招揽生源的方式，费用高，效果差，可以说是事倍功半，学生入学后流失率也很高。民办学校扩大办学规模的根本路径在于依法诚信办学，只有学校办学形成了品牌，在社会上有了口碑，才会走上健康持续发展的轨道。②

湖南省长沙市教育局从 2012 年开始，在推进民办学校规范诚信办学方面进行了一系列探索实践。一是推行优质诚信服务计划。建立了长沙市民办学校官方网站，制作和发放了民办学校认证标识，开通了长沙市民办学校招生监督服务咨询热线，制定了《长沙市民办培训学校管理办法》《关于实行民办培训学校教师实名备案和身份公示制度的通知》等多个文件；大力推进民办学校诚信文化建设，要求学校统一使用规范校名，在民办教育网上适时传送和更新学校相关信息，在学校醒目位置公示学校办学资质证照、专兼职教师基本情况和收费管理等重大制度，主动接受社会监督。教育主管部门组织现场评查，有 28 所学校被评为首批"优质诚信服务示范校（园）"。二是扩大办学情况评估影响。大胆创新公示形式，将民办学校办学情况评估结果统一印制公告，分发到区域内所有公、民办学校和街道社区，统一张贴在宣传栏内。此举有效扩大了信息公开的覆盖面，提高了市民对民办学校办学情况的知晓率。三是引导市民群众理性选择。教育主管部门专门印制了《致全体市民的公开信》5000 余份，分发

① 郭青红，杨洁，严珍蓉.世界银行诚信合规体系建设实务——世界银行诚信合规体系建设（第五部分）[EB/OL].[2022-09-22].https://www.sohu.com/a/473787162_100138309.
② 李俊年.研究与实践——我的教育探索[M].长春：吉林大学出版社，2019：59.

到全市所有公办和民办学校、乡镇(街道)办事处和社区(村委会)张贴,提醒家长在为孩子选择教育培训机构时,应查看教育行政部门颁发的《办学许可证》,查验教育行政部门颁发的二维码认证标识,查询长沙民办教育官方网站相关信息,以免上当受骗。① 教育主管部门对民办学校诚信办学的重视,有利于推动民办学校诚信办学专项合规计划的制定和实施。通过审视社会公众与教育主管部门对民办学校的关注重点,可以看出民办学校的诚信办学专项合规计划应当重点关注的问题有依法治校合规、办学行为合规、教师管理合规等。

(三)民办学校诚信办学专项合规计划打造

1. 完善法人治理结构

民办学校要依法制定章程,按照章程管理学校。健全董事会(理事会)和监事(会)制度,董事会(理事会)和监事(会)成员依据学校章程规定的权限和程序共同参与学校的办学和管理。董事会(理事会)应当优化人员构成,由举办者或者其代表、校长、党组织负责人、教职工代表等共同组成。监事会中应当有党组织领导班子成员。探索实行独立董事(理事)、监事制度。健全党组织参与决策制度,积极推进"双向进入、交叉任职"。即学校党组织领导班子成员通过法定程序进入学校决策机构和行政管理机构,党员校长、副校长等行政机构成员可按照党的有关规定进入党组织领导班子。学校党组织要支持学校决策机构和校长依法行使职权,督促其依法治教、规范管理。完善校长选聘机制,依法保障校长行使管理权。民办学校校长应熟悉教育及相关法律法规,具有丰富的教育管理经验和良好办学业绩,个人信用状况良好。学校关键管理岗位实行亲属回避制度。完善教职工代表大会和学生代表大会制度。加强学校党风廉政建设,推进教育、制度、监督并重的惩治和预防腐败体系建设。大力开展法治宣传教育和培训,深入开展"法律进学校"活动。健全校务公开制度,落实教育资助惠民政策,加大涉及师生切身利益的教育决策事项和相关信息公开力度,方便师生和家长,接受社会监督,提高学校公信力。

---

① 长沙市教育局 2013 年度政府信息公开年度工作报告 [Z/OL]. [2022－09－21]. http：//www. changsha. gov. cn/zfxxgk/zfxxgknb/bmnb/zssjyj_119555/201912/t20191225_5690636. html.

2. 加强办学行为合规管理

民办学校要诚实守信、规范办学。民办学校应当按照审批机关核定的办学内容、办学地址办学，不得擅自变更办学内容和办学地址，不得擅自分立、合并。办学条件应符合国家和地方规定的设置标准和有关要求，在校生数要控制在审批机关核定的办学规模内。规范学校课程设置、教学常规、教育科研、学生评价等工作。要按照国家和地方有关规定做好宣传、招生工作，招生简章和广告须经审批机关备案。具有举办学历教育资格的民办学校，应按国家有关规定做好学籍管理工作。对招收的学历教育学生，学习期满成绩合格的颁发毕业证书，未达到学历教育要求的发给结业证书或者其他学业证书；对符合学位授予条件的学生，颁发相应的学位证书。各类民办学校对招收的非学历教育学生，发给结业证书或者培训合格证书。

3. 加强师德师风合规管理

把诚信建设与师德建设紧密结合起来，加强师德管理，加大师德培训，提高教师修养。坚持正面教育为主，对优秀师德典型进行广泛宣传，弘扬主旋律，传递正能量。加大对有偿补课、体罚学生等违规行为的惩治力度，通过明察暗访、信访线索追查等方式，严肃查处施教行为不端、从教行为不廉等师德师风问题。维护教师教书育人、廉洁从教的良好形象，引导广大教师做学生的榜样，做社会的楷模。建立健全教师信用评价和奖惩机制，建立和完善科学有效的师德师风评价考核机制和教学科研人员信用评价机制。将教师信用评价制度与师德考核测评结果相结合，采取教师自评、互评，学生、家长参评，向社会各界问卷测评等方式，对教师进行诚信教育的专项考核，并将考核结果存入师德诚信档案。加大对学术（论文）作假、考试作弊等失信行为的处罚力度，将信用记录及信用评估结果纳入教师的年度考核。建立健全学历甄别核查制度，防止学历造假。建立健全反商业贿赂管理制度，严禁教职员工在招生入学、物资采购、后勤管理等方面收受贿赂，对违规人员严厉惩处。

4. 建设诚信合规校园文化

结合学校实际情况，建立诚信合规组织体系、诚信合规制度体系、诚信合规运行体系、诚信合规保障体系，使之与学校现有规章制度融合并通过合规运行与监督持续完善、落实。加强对教职员工诚信合规意识的培养，持续开展学校合规管理制度和要求的学习、培训与宣传，持续提高教职员工的合规意识和技能。建立和完善教职员工合规考核及奖惩机制，定期进行员工的合规考核。

通过开展合规评优评先活动、持续加强合规举报调查机制，实现员工行为的"正评价"与"负反馈"双向管理。加强合规工作与教育教学工作的结合，将诚信考核结果与学校目标责任挂钩，与教师职称评聘、职务晋升、评优选先和师德考核挂钩，与学生综合素质评价、评优评先、招生入学挂钩，逐步建立完善学校、教师和学生诚信评价制度与体系，全面营造诚信校园文化。

三、民办学校财务管理专项合规计划

（一）民办学校财务管理常见的合规风险点

财务风险与经营风险、法律风险并列为企业的三大风险之一。民办学校财务管理是民办学校合规管理中十分重要的一环，也是行政主管部门监管的重点环节。民办学校在财务管理中，常见的、较为典型的问题包括学校资金、固定资产管理不规范，财务上出现大额现金支出、坐收坐支、跨期报账列支、财务处理不当、未执行财务管理制度等问题。打造有效的财务管理合规专项计划，应当分两步走，在全面梳理可能存在的财务合规风险点后，再制定专项合规计划。

1. 学校资产管理合规风险

（1）学校举办者实物出资未过户至学校名下。例如，某民办学校登记注册资金为 5000 万元，章程约定由举办者投入实物资产 4970 万元、现金 30 万元。实际上，举办者将账面价值 6450 余万元的实物资产投入至学校并计入固定资产核算，但上述实物资产未进行资产评估及资本验证程序，其中土地使用权、房屋的产权权属单位仍为举办者，尚未办理产权过户手续。根据《中华人民共和国民办教育促进法实施条例》第十条第一款规定："举办民办学校，应当按时、足额履行出资义务。民办学校存续期间，举办者不得抽逃出资，不得挪用办学经费。"此外，不少地方政府的规范性文件也明确了举办者出资应当过户到民办学校名下的要求，如《湖南省人民政府关于鼓励社会力量兴办教育促进民办教育健康发展的实施意见》（湘政发〔2019〕2号）规定："五、规范民办学校管理……17. 健全资产财务管理。民办学校应当明确产权关系，建立健全资产管理制度。民办学校举办者应依法履行出资义务，将出资用于办学的土地、校舍和其他资产足额过户到学校名下。我国台湾地区的私立学校法规，也要求私立学校在取得办学许可后，必须限期将举办者捐助办学的资产过户到学校名下，否则主管机关可以撤销办学许可及法人登记。

（2）举办者实际出资备案信息不一致或未足额出资。例如，某民办学校在教育行政主管部门备案的章程中约定：学校开办资金为3500万元，其中注册资金1000万元。但学校在市场监督管理局备案的章程中约定：学校出资人认缴出资额为100万元。学校账面实收资本仅为39300元。《中华人民共和国民办教育促进法实施条例》第十条规定第一款："举办民办学校，应当按时、足额履行出资义务。民办学校存续期间，举办者不得抽逃出资，不得挪用办学经费。"第二十一条规定："民办学校开办资金、注册资本应当与学校类型、层次、办学规模相适应。民办学校正式设立时，开办资金、注册资本应当缴足。"举办者出资在教育主管部门与法人登记部门的备案信息不一致，将产生难以认定实际出资额的风险，未足额出资更是违反了相应的法律规定。

（3）学校固定资产未入账、入错账。例如，某民办学校文化长廊、电台、史馆设计、化粪池附属工程建设支出等，均直接费用化，未计入固定资产。购中心机房防火墙及上网行为管理系统25万元，应计入无形资产但实际计入固定资产。《民间非营利组织会计制度》第三十一条规定："固定资产是指同时具有以下特征的有形资产：（一）为行政管理、提供服务、生产商品或者出租目的而持有的；（二）预计使用年限超过1年；（三）单位价值较高。"第三十二条规定："固定资产在取得时，应当按取得时的实际成本入账……（二）自行建造的固定资产，按照建造该项资产达到预定可使用状态前所发生的全部必要支出确定其成本。"第四十四条规定："无形资产是指民间非营利组织为开展业务活动、出租给他人或为管理目的而持有的且没有实物形态的非货币性长期资产，包括专利权、非专利技术、商标权、著作权、土地使用权等。"民办学校固定资产不入账或入错账，存在资产流失、侵犯学校法人财产权的财务与法律风险。

（4）学校固定资产未按规定计提折旧。例如，某民办学校2021年度固定资产账面原值新增2700余万元，其中660余万元均采取加速折旧法在购入当月一次性全额计提折旧。《民间非营利组织会计制度》第三十七条规定："民间非营利组织应当对固定资产计提折旧，在固定资产的预计使用寿命内系统地分摊固定资产的成本。民间非营利组织应当根据固定资产的性质和消耗方式，合理地确定固定资产的预计使用年限和预计净残值。民间非营利组织应当按照固定资产所含经济利益或者服务潜力的预期实现方式选择折旧方法，可选用的折旧方法包括年限平均法、工作量法、双倍余额递减法和年数总和法。"第三十八条规定："民间非营利组织应当按月提取折旧，当月增加的固定资产，当月不提折旧，从下月起计提折旧；当月减少的固定资产，当月照提折旧，从下月起不提折旧。"民办学校固定资产不按规定计提折旧，存在资产流失与税务风险。

（5）在建工程转固定资产问题。例如，某民办学校登记的 2021 年 12 月 31 日在建工程期末余额为 1218096.52 元，但学校工程均已完工并投入使用多年却未转入学校固定资产。又如，某民办学校 2021 年 3 月，62#凭证收到 A 建设公司开具的学校扩建项目工程款发票 510 万元，直接入账固定资产，未计入在建工程待办理结算验收后再结转固定资产。《民间非营利组织会计制度》第三十四条规定："在建工程应当按照所建造工程达到预定可使用状态前实际发生的全部必要支出确定其工程成本，并单独核算。"第三十六条规定："所购建的固定资产已达到预定可使用状态时，应当自达到预定可使用状态之日起，将在建工程成本转入固定资产核算。"在建工程未按规定转固定资产，存在资产流失与税务风险。

（6）固定资产未定期盘点。例如，某民办学校多个年度没有定期或者不定期地对学校固定资产进行清查盘点。《民间非营利组织会计制度》第四十二条规定："民间非营利组织对固定资产应当定期或者至少每年实地盘点一次。"未定期盘点固定资产，存在资产流失风险。

（7）固定资产未按规定编号管理。例如，某民办学校《固定资产及低值易耗品管理制度》规定："（二）固定资产及低值易耗品管理……物品所在位置或借用人与资产台账登记一致，资产台账与财务账一致，编号标签完整。"但实际上，学校固定资产均未按照该规定粘贴标签编号。固定资产未按规定编号管理，可能导致资产管理混乱，存在资产流失风险。

（8）他人长期无偿占用学校资金。例如，某民办学校账面应收往来其他单位和个人借款合计 150 万元，均未收取合理的资金占用费。《中华人民共和国民办教育促进法》第三十七条规定："民办学校存续期间，所有资产由民办学校依法管理和使用，任何组织和个人不得侵占。"他人长期无偿占用学校资金，存在职务侵占、挪用资金的法律风险。

（9）学校承担关联方费用或非学校运营成本费用。例如，某民办学校从 A

公司租赁商铺 727.66 平方米，实际由关联方使用，但租金仍由该学校支付。2021 年度学校共承担关联方租赁费 232851.64 元。《中华人民共和国民办教育促进法》第三十七条规定："民办学校存续期间，所有资产由民办学校依法管理和使用，任何组织和个人不得侵占。"《民间非营利组织会计制度》第八条规定："民间非营利组织在会计核算时，应当遵循以下基本原则：（一）会计核算应当以实际发生的交易或者事项为依据，如实反映民间非营利组织的财务状况、业务活动情况和现金流量等信息。"学校承担关联方费用或非学校运营成本费用，存在职务侵占、挪用资金的法律风险。

2. 学校财务制度执行合规风险

（1）跨期报账列支。例如，某民办学校 2021 年 1 月 31 日 144#凭证报交通费 6504 元，后附发票的开具时间为 2020 年 8—12 月。《民间非营利组织会计制度》第七条规定："会计核算应当以权责发生制为基础。"第八条规定："民间非营利组织在会计核算时，应当遵循以下基本原则：……（八）在会计核算中，所发生的费用应当与其相关的收入相配比，同一会计期间内的各项收入和与其相关的费用，应当在该会计期间内确认。"跨期报账列支，存在职务侵占、税务合规风险。

（2）白条列支。例如，某民办学校 2021 年 5 月支付咨询费 10 万余元，凭证后仅附发放明细表，无咨询服务协议，无咨询服务发票。根据《中华人民共和国会计法》第十四条第三款规定："会计机构、会计人员必须按照国家统一的会计制度的规定对原始凭证进行审核，对不真实、不合法的原始凭证有权不予接受，并向单位负责人报告；对记载不准确、不完整的原始凭证予以退回，并要求按照国家统一的会计制度的规定更正、补充。"《中华人民共和国发票管理办法》第二十条规定："所有单位和从事生产、经营活动的个人在购买商品、接受服务，以及从事其他经营活动支付款项，应当向收款方取得发票。"白条列支，存在职务侵占、税务合规风险。

（3）收入确认或费用摊销不准确、收入确认无标准。例如，某民办学校 2021 年提供服务收入 3000 余万元，均在 3 月和 9 月收到学费时一次性确认收入，未在服务期内按照权责发生制分期确认收入。某民办学校 2021 年对于食堂的装修、教学楼装修，以及提质改造等工程费用均一次性计入管理费用，未按合理年限进行摊销。某民办学校 2021 年度提供服务费收入 58744380 元，收入确认无标准，随意性较大。如，2021 年 3 月确认收入 7538760 元，6 月确认收入 20397380 元，7 月确认收入 -6555 元，10 月确认收入 5378100 元，11 月确认收入 25193832.73 元。《民间非营利组织会计制度》第七条规定："会计核算应当以权责发生制为基础。"第八条规定："民间非营利组织在会计核算时，应当遵循以下基本原则：……（五）会计核算应当按照规定的会计处理方法进行，会计信息应当口径一致、相互可比。……（八）在会计核算中，所发生的费用应当与其相关的收入相配比，同一会计期间内的各项收入和与其相关的费用，应当在该会计期间内确认。"收入确认或费用摊销不准确，或者随意确认收入，存在资产流失与税务合规风险。

（4）账款科目核算错误。例如，某民办学校 2021 年收到体育经费补助 10 万元，教育发展专项经费 6 万元，均通过其他应付款科目核算，未列入"政府补助收入"科目核算。

又如，某民办学校收入直接冲减成本费用，2021 年度学校共收取超市、水果店、奶茶店等租金 240763.25 元，直接冲减主营业务成本及管理费用，未计收入；2021 年度共收取公物损坏赔偿金 10700 元，直接冲减管理费用，未计收入。《民间非营利组织会计制度》第八条规定："民间非营利组织在会计核算时，应当遵循以下基本原则：（一）会计核算应当以实际发生的交易或者事项为依据，如实反映民间非营利组织的财务状况、业务活动情况和现金流量等信息……（五）会计核算应当按照规定的会计处理方法进行，会计信息应当口径一致、相互可比。"账款科目核算错误，存在资产流失与税务合规风险。

（5）将代收费计入收入。例如，某民办学校收取的代收费项目（包括校服费、校服洗涤费等）均通过预收账款科目核算并分期确认收入。《中华人民共和国会计法》第九条规定："各单位必须根据实际发生的经济业务事项进行会计核算，填制会计凭证，登记会计账簿，编制财务会计报告。"《关于进一步加强和规范教育收费管理的意见》（教财〔2020〕5 号）规定："（十三）加强教育收费收支管理……代收费收入由学校全部转交提供服务的单位，不得计入学校收入。"将代收费计入收入，存在虚增学校资金和税务合规的风险。

（6）大额现金支出。例如，某民办学校 2021 年度单笔 1000 元及以上的大额现金支出金额累计 55 万余元。《现金管理暂行条例》第五条规定："开户单位可以在下列范围内使用现金：……（七）结算起点以下的零星支出；……前款结算起点定为 1000 元。"大额现金支出，存在廉政与税务合规风险。

（7）坐收坐支。例如，某民办学校 2021 年 1 月收到 A 现金还款 30 万元，未及时存入银行，直接用于支付 B 借支。《现金管理暂行条例》第三条规定："开户单位之间的经济往来，除按本条例规定的范围可以使用现金外，应当通过开户银行进行转账结算。"第五条规定："开户单位可以在下列范围内使用现金……（七）结算起点以下的零星支出……前款结算起点定为 1000 元。"第十一条规定："开户单位现金收支应当依照下列规定办理：（一）开户单位现金收入应当于当日送存开户银行。当日送存确有困难的，由开户银行确定送存时间；（二）开户单位支付现金，可以从本单位库存现金限额中支付或者从开户银行提取，不得从本单位的现金收入中直接支付（即坐支）。"坐收坐支存在廉政与税务合规风险。

（8）部分收入或押金等未入账。例如，某民办学校与 A 公司签订《场地合作协议》，由 A 公司在学校经营自动售货机。该公司以营业额分成的形式向学校支付合作包干费用（含场地占用费等），营业额分成比例为 15%。实际上，该协议相关收入款项均转入校长个人账户，并未转至学校账户。某民办学校2021 年收取一卡通（电话卡）及财产押金共计 349400 元均未入账。某民办学校学生超额水电费由后勤部门负责收取，主要用于零星维修维护，该部分收支均未入学校财务账。《中华人民共和国民办教育促进法》第三十七条规定："民办学校存续期间，所有资产由民办学校依法管理和使用，任何组织和个人不得侵占。"《中华人民共和国会计法》第十六条规定："各单位发生的各项经济业务事项应当在依法设置的会计账簿上统一登记、核算，不得违反本法和国家统一的会计制度的规定私设会计账簿登记核算。"第二十六条规定："公司、企业进行会计核算不得有下列行为……（二）虚列或者隐瞒收入，推迟或者提前确认收入。"收入或押金未入账，存在职务侵占和税务合规风险。

（9）未计提坏账准备。例如，某民办学校账面应收 2006 级至 2018 级已离校学生欠缴费用合计 4959097.38 元，上述欠缴费用存在无法收回的可能但未计提坏账准备。《企业会计制度》第五十三条规定："企业应当在期末分析各项应收款项的可收回性，并预计可能产生的坏账损失。对预计可能发生的坏账损失，计提坏账准备。"未计提坏账准备，存在学校财务数据失真与税务合规的风险。

（10）财务管理制度执行不到位。例如，某民办学校《财务管理制度》第五章支出管理规定："（一）基本报销程序及要求：①请款借支人在任务完成之后要及时报销，原则是前账不清，后账不借。"2021 年 9 月，学校职工借支

4000 元。当月，在上述 4000 元借支尚未归还的情况下继续借支 9000 元。财务管理制度执行不到位，存在资产流失、职务侵占的风险。

（11）审计报告数据与财务、税务报表数据不符。例如，某民办学校年度审计报告显示：2018 年、2019 年、2020 年报表数据净资产分别为 132.21 万元、140.22 万元、181.41 万元。但学校的财务报表、税务报表显示：2018 年、2019 年、2020 年报表数据净资产均为 -150.06 万元、-142.04 万元、-100.85 万元。两者数据不符。《中华人民共和国会计法》第二十条规定："……向不同的会计资料使用者提供的财务会计报告，其编制依据应当一致……"审计报告数据与财务、税务报表数据不符，存在职务侵占、挪用资金与税务合规风险。

（12）未按规定公布年度财务审计结果。民办学校没有每年公布年度财务审计结果的情况较为普遍。《中华人民共和国民办教育促进法》第三十九条规定："民办学校应当在每个会计年度结束时制作财务会计报告，委托会计师事务所依法进行审计，并公布审计结果。"《中华人民共和国民办教育促进法实施条例》第六十三条规定："民办学校有下列情形之一的，依照民办教育促进法第六十二条规定给予处罚……（十）未依法履行公示办学条件和教育质量有关材料、财务状况等信息披露义务，或者公示的材料不真实的。"未按规定公布年度财务审计结果，存在未按民办教育法律法规规定履行信息披露义务的合规风险。

（13）未按规定编制财务预决算。民办学校被主管部门审计检查发现未按规定编制年度财务预、决算的情况并不少见。《中华人民共和国民办教育促进法》第二十二条规定："学校理事会或者董事会行使下列职权……（四）筹集办学经费，审核预算、决算。"第二十五条规定："民办学校校长负责学校的教育教学和行政管理工作，行使下列职权……（二）实施发展规划，拟订年度工作计划、财务预算和学校规章制度。"《中华人民共和国民办教育促进法实施条例》第六十三条规定："民办学校有下列情形之一的，依照民办教育促进法第六十二条规定给予处罚……（十一）未按照国家统一的会计制度进行会计核算、编制财务会计报告，财务、资产管理混乱，或者违反法律、法规增加收费项目、提高收费标准的。"未按规定编制财务预决算，存在财务、资产管理混乱的法律风险。

（14）非营利性学校未办理免税证明。例如，某民办学校系非营利性民办学校，企业所得税享受免税政策，但未按规定办理免税证明，2018—2020年共缴纳企业所得税4.92万元。

《中华人民共和国民办教育促进法》第四十七条规定："民办学校享受国家规定的税收优惠政策；其中，非营利性民办学校享受与公办学校同等的税收优惠政策。"《国务院关于鼓励社会力量兴办教育促进民办教育健康发展的若干意见》(国发〔2016〕81号)规定："(十四)落实税费优惠等激励政策……非营利性民办学校与公办学校享有同等待遇，按照税法规定进行免税资格认定后，免征非营利性收入的企业所得税。"非营利性学校未按规定办理免税证明，存在税务合规风险。

3. 学校收退费合规风险

(1)代收费与学费一并收取。例如，某民办学校2021年度代收费(含床上用品、校服费、生活用品费等)与学费一并收取，且学校公示牌未分别列示学费金额及各项代收项目金额，财务上亦未分别进行核算。根据国家及各地的民办教育收费管理政策，代收费应遵循按年(或按学期)收取、据实结算、定期公布的原则，代收费和服务性收费一般不得与学费、住宿费一并收取。代收费与学费一并收取存在违规收费、财务管理混乱的法律风险。

(2)服务性收费未开具税务发票。例如，某民办学校2021年度共收取服务性收费9600余万元，且均未开具发票。根据教育部《关于进一步加强和规范教育收费管理的意见》(教财〔2020〕5号)规定："(十三)加强教育收费收支管理……学校收取行政事业性收费时要按照财务隶属关系使用财政部门印(监)制的财政票据，在收取服务性收费时应使用相应的税务发票，代收费时应使用资金往来结算票据。"服务性收费未开具税务发票，存在税务合规风险。

(3)收取预录费用或跨学期收取学费。例如，某民办学校按2000元的标准收取高中新生预录费，2021年秋季共收取预录费112000元。某民办中职学校对于填报了学校志愿并且决定就读的学生，按1000~3000元/生的标准收取预录费，2021年5—7月账面累计收取预录费450000元。某民办学校2021年7月收一名学生一学年学费58000元，2021年9月收三名学生一学年学费共计174000元。以上违背了主管部门严禁民办学校提前招生、严禁跨学期收费或学年收费的政策要求。收取预录费用或跨学期收取学费，存在违规收费的政策风险。

(4)退费标准不符合规定。例如，某民办学校住宿费收费标准为：小学学部 2300 元/人/期，初中和高中学部 2100 元/人/期；不住宿学生，统一按照 800 元/人/期标准退相应的床位费。2021 年度该学校共有 1 名小学生、37 名初中生、47 高中生未住宿，由此产生的差价共计 110700 元。以上违背了主管部门要求民办学校实行按月退费的政策要求，也违背了《中华人民共和国民法典》规定的公平原则。退费标准不符规定，存在违规收费的政策风险和民事法律纠纷风险。

（5）收费公示、学生资助政策或减免费用公示不到位。例如，某民办学校 2021 年度仅通过学校公示栏公示收费标准、收费项目、计费单位、收费依据，未公示收费政策、批准机关及文号。某民办学校 2021 年度对贫困生有"两免一补"资助政策，但未在招生简章中进行明示。根据主管部门政策要求，教育收费公示制度是通过学校设立教育收费公示牌（栏、墙、电子屏）等形式，向社会公布收费政策、项目、标准、计费单位、收费依据、批准机关及文号，督促学校严格执行教育收费政策，保障学生及其家长合法权益的制度。收费标准和资助政策不按规定公示，既违背了政策规定，又侵犯了学生的知情权，存在未按民办教育法律法规规定履行信息披露义务的合规风险。

（6）在代收费项目中获取差价。例如，某民办学校向 2021 级新生收取校服费 880 元/人（1 套冬装、2 套秋装、2 套夏装），而实际校服的采购金额为 646 元/人（冬装 180 元/套、秋装 133 元/套、夏装 100 元/套）；向 2021 级新生收取床上用品费 600 元/人，而实际床上用品的采购金额为 468 元/人。上述两项代收费形成差价收入为 366 元/人，依据该校 2021 级新生人数 1199 人进行测算，代收费形成差价收入总额为 438834 元。《关于进一步加强和规范教育收费管理的意见》（教财〔2020〕5 号）规定："二、完善教育收费政策……（六）完善学校服务性收费和代收费等政策……学校不得擅自设立服务性收费和代收费项目，不得在代收费中获取差价。"在代收费项目中获取差价，存在违规收费和税务合规的风险。

4.学校专项资金计提合规风险

（1）未按规定计提学生奖助学资金。例如，某民办学校 2018 年至 2020 年学费收入 2025.64 万元，未从学费收入提取不少于 5% 的资金，用于奖励和资助学生。《国务院关于鼓励社会力量兴办教育促进民办教育健康发展的若干意见》（国发〔2016〕81 号）规定："（十三）落实同等资助政策……民办学校要建立健全奖助学金评定、发放等管理机制，应从学费收入中提取不少于 5% 的资金，用于奖励和资助学生。"未按规定计提学生奖助学资金，存在违背国家规定的政策风险。

（2）未足额计提发展基金。例如，某民办学校 2021 年非限定性净资产增加额为 1833620.11 元，当年提取发展基金为 166981.16 元，提取发展基金不足非限定性净资产增加额的 10%。《中华人民共和国民办教育促进法实施条例》第四十六条规定："在每个会计年度结束时，民办学校应当委托会计师事务所对年度财务报告进行审计。非营利性民办学校应当从经审计的年度非限定性净资产增加额中，营利性民办学校应当从经审计的年度净收益中，按不低于年度非限定性净资产增加额或者净收益的 10% 的比例提取发展基金，用于学校的发展。"未足额计提发展基金，存在违反法律规定、财务管理混乱和影响学校持续健康发展的风险。

5. 学校代扣代缴个税、教职工社保和住房公积金缴纳合规风险

（1）学校未按规定代扣代缴个人所得税。例如，某民办学校 2021 年 10 月支付市场部劳务费 27960 元，附税务机关代开增值税普通发票，未代扣代缴个人所得税；2021 年 11 月支付个人设计费 5110 元，取得税务机关代开的增值税普通发票，但未代扣代缴个人所得税。

根据《中华人民共和国个人所得税法》第九条规定："个人所得税以所得人为纳税人，以支付所得的单位或者个人为扣缴义务人。"第十条规定："……扣缴义务人应当按照国家规定办理全员全额扣缴申报。"学校未按规定代扣代缴个人所得税，存在税务合规风险。

（2）未为教职工购买或未足额购买社保、住房公积金。例如，某民办学校未为 3 名试用期员工购买社保、未为 72 名后勤员工购买住房公积金。学校以上行为违反了《中华人民共和国社会保险法》《中华人民共和国公积金管理条例》的相关规定。《国务院关于鼓励社会力量兴办教育促进民办教育健康发展的若干意见》（国发〔2016〕81 号）规定："（十八）保障学校师生权益。完善学校、个人、政府合理分担的民办学校教职工社会保障机制。民办学校应依法为教职工足额缴纳社会保险费和住房公积金。"未为教职工购买或未足额购买社保、住房公积金，存在违反社会保障法律法规和劳资纠纷的法律风险。

6. 其他与财务管理相关的合规风险

（1）重大事项未经学校决策机构集体决策。例如，某民办学校与一公司签订《采购合同》，采购价款 32 万余元，未经学校决策机构集体讨论决定。学校

将食堂旁的房屋无偿提供给个人开设便利店使用，未经决策机构集体讨论决定。民办学校应根据国家统一的财务会计制度制定预算管理和财务、财产管理制度，对固定资产的使用、变更、处分和大额资金的用途，应当经过学校决策机构讨论决定。重大事项未经学校决策机构集体决策，存在违反法律规定、教育教学管理混乱、资产流失、职务侵占等法律风险。

（2）学校与关联方交易，未建立信息披露制度。例如，某民办学校与举办者签订场地房屋的《租赁合同》，约定租期20年，第一年租金250余万元且逐年递增（前五年年递增9%，第二个五年年递增10%，第三个五年年递增11%年，第四个五年年递增12%）。但学校未建立利益关联方交易的信息披露制度。《中华人民共和国民办教育促进法实施条例》第四十五条规定："实施义务教育的民办学校不得与利益关联方进行交易。其他民办学校与利益关联方进行交易的，应当遵循公开、公平、公允的原则，合理定价、规范决策，不得损害国家利益、学校利益和师生权益。民办学校应当建立利益关联方交易的信息披露制度。教育、人力资源社会保障及财政等有关部门应当加强对非营利性民办学校与利益关联方签订协议的监管，并按年度对关联交易进行审查。"未建立关联交易信息披露制度，存在挪用资金、职务侵占、未按民办教育法律法规规定履行信息披露义务的合规风险。

（3）聘用非本校人员进行招生。例如，某民办学校2021年10月支付非本校人员A招生服务费共27960元，附税务局代开劳务费发票。教育主管部门三令五申要求民办学校规范招生方式管理，民办学校不得违规委托社会中介机构组织招生，不得以给付招生费用或许诺利益的方式委托或者变相委托生源学校及其教职工招生。聘用非本校人员进行招生，存在违反主管部门行政命令的合规风险。

（4）与校外机构合作收取费用。例如，某民办学校2021年与A教育公司签订高考日语合作协议，约定学校按照学生实际缴纳学费的30%计算收取教学场所水电、管理费用。2021年度该学校共计收取A教育公司教学场所水电、管理费用14万余元。某民办学校2021年与B教育公司签订智慧校园建设合作协议，约定学生参与智慧课堂三年拓展性学习资源服务包费用为每名学生5600元，学校按照每名学生1120元的标准从中收取费用作为教研经费。2021年度该学校共计收取教研经费53760元。教育部《未成年人学校保护规定》第二十六条规定："学校不得与校外培训机构合作向学生提供有偿的课程或者课程辅导。"教育主管部门一直严禁普通中小学联合校外培训机构开展小语种、体艺类课程培训。若开展课后服务，课后服务费由一般当地价格主管部门审批后由学校统一收取，提供课后服务的校外机构不得向学生收取培训费用。

（5）职业学校安排学生顶岗实习不规范。一是未按规定签订实习协议、实习资料不完整。例如，某民办学校 2019—2021 年参加自主实习学生 368 人，未签订实习协议；部分实习单位无校企合作协议、三方协议、考察评估报告、实习计划等。《教育部等八部门关于印发〈职业学校学生实习管理规定〉的通知》（教职成〔2021〕4 号）第七条规定："职业学校在确定新增实习单位前，应当实地考察评估形成书面报告。考察内容应当包括：单位资质、诚信状况、管理水平、实习岗位性质和内容、工作时间、工作环境、生活环境以及健康保障、安全防护等。实习单位名单须经校级党组织会议研究确定后对外公开。"第八条第一款规定："职业学校应当加强对实习学生的指导，会同实习单位共同组织实施学生实习，在实习开始前，根据人才培养方案共同制订实习方案，明确岗位要求、实习目标、实习任务、实习标准、必要的实习准备和考核要求、实施实习的保障措施等。"第十四条规定："学生参加岗位实习前，职业学校、实习单位、学生三方必须以有关部门发布的实习协议示范文本为基础签订实习协议，并依法严格履行协议中有关条款。未按规定签订实习协议的，不得安排学生实习。"《教育部等六部门关于印发〈职业学校校企合作促进办法〉的通知》（教职成〔2018〕1 号）第九条规定，职业学校和企业开展合作，应当通过平等协商签订合作协议。

二是实习岗位与专业不对口，由中介机构安排实习。例如，某民办学校 2021 年实习单位签订的三方协议约定工作内容为组装、包装、装配，参与实习学生所属专业分别为旅游服务与管理、UI 设计、幼儿保育、电子商务、商务英语、会计、计算机，分配岗位与实习专业不对口。某民办学校 2020 年实习单位 A 人力资源有限公司，经营范围为职业中介服务、人力资源服务外包等，由其推荐学生去地铁或其他安检员岗位实习。《教育部等八部门关于印发〈职业学校学生实习管理规定〉的通知》（教职成〔2021〕4 号）第八条第三款规定："实习岗位应符合专业培养目标要求，与学生所学专业对口或相近。原则上不得跨专业大类安排实习。"第十六条规定："职业学校和实习单位要依法保障实习学生的基本权利，并不得有以下情形：……（六）通过中介机构或有偿代理组织、安排和管理学生实习工作。"

三是学生实习责任险保险费从学生实习工资中扣缴。例如，某学校与学生、实习单位 A 公司签订的三方协议中约定："为保障学生人身安全，乙方（实习单位）须为学生购买学生保险，费用50元/月，由乙方先行垫付，在学生入职当天购买，之后可在丙方（实习学生）工资中扣除"。《教育部等八部门关于印发〈职业学校学生实习管理规定〉的通知》（教职成〔2021〕4号）第三十五条规定："……学生实习责任保险的费用可按照规定从职业学校学费中列支；免除学费的可从免学费补助资金中列支，不得向学生另行收取或从学生实习报酬中抵扣……"职业学校安排学生顶岗实习不规范，存在违反国家规定的政策风险和教育服务质量纠纷法律风险。

（二）民办学校财务管理合规专项计划打造

1. 资产合规管理

（1）及时办理实物出资的验资及过户手续。民办学校设立时，举办者应谨慎考虑出资方式和章程中关于出资的相关规定。选择实物出资的，按照章程规定及时办理实物资产的投入及资本验证手续，积极争取房屋建筑物及土地使用权投资用于学校办学可获取的相关优惠政策；将已转入学校的相关资产及时办理产权过户手续，保障学校的法人财产权。

（2）举办者及时、足额履行出资义务。民办学校在不同行政管理部门备案的章程等资料信息应保持一致，举办者应及时、足额履行出资义务以确保学校的正常运营。

（3）规范固定资产核算与管理。民办学校应修订完善资产的核算与管理制度，将资本化支出及时计入固定资产核算，并合理地确定固定资产的预计使用年限和预计净残值，严格按要求管理固定资产和计提累计折旧。固定资产要严格按照学校的资产管理制度进行管理，将固定资产的品牌、规格型号等关键信息生成资产标签，并将标签粘贴在相应的资产上，确保一物一标签。将购置的没有实物形态的可辨认非货币性资产作为无形资产核算并管理。对固定资产进行定期或不定期的清查盘点，确保账账相符、账实相符。

（4）正确处理在建工程转固定资产问题。学校应通过在建工程科目归集建造工程达到预定可使用状态前实际发生的全部必要支出，待工程达到预定可使用状态时，再从在建工程科目转入固定资产科目。

(5)加强学校资金管理。外部单位借用资金的，应按市场利率计算收取利息。严格区分与关联单位的成本费用，对于不应由学校承担的成本费用不予报销。严禁任何组织和个人侵占学校资产，确保学校的资金主要用于学校运营及发展，提升资金使用效益。

2. 财务合规管理

(1)加强费用支出的报账审核和管理。民办学校应严格执行权责发生制，加强费用支出的报账审核，杜绝跨期报销。加强原始票据的审核，对未取得合规发票的支出坚决不予支付。对超过现金结算起点的支出使用银行转账支付。加强借支款管理，确保"前账不清，后账不借"。

(2)规范学校财务处理与会计核算。学校应规范账务处理及会计核算，规范财政补助资金管理并严格按照权责发生制确认当期收入及费用。根据实际发生的经济业务事项进行会计核算，将代收费收入全部转交提供服务的单位，不得将代收费确认为学校收入。应当保持会计信息口径一致、相互可比。对于没有把握能够收回的应收款项计提坏账准备，确实无法收回的应及时按程序审批并进行核销。非营利性民办学校应按规定进行免税登记，减少学校办学成本。

(3)严禁现金坐收坐支。学校应将现金收入及时存入银行，超过现金支出限额的款项，应从学校银行账户开支，不得坐收坐支现金。

(4)严禁使用个人账户收取费用。学校应使用对公账户收取相关款项，避免使用校长、董事长或财务人员个人账户或个人微信、支付宝账号等收取款项，并及时将收取的款项据实入账核算。

3. 收退费合规管理

(1)规范收退费行为。民办学校应明确各项代收费项目及金额，并严格按照规定进行公示，不能笼统糅合在学费中一并收取，以免侵犯缴费者的合法权益。民办学校按固定周期收取学生学费的，对于学生入学后因故退学、转学或请假的，应按规定办理退费；除已终结商品买卖和劳务服务关系的代收费项目外，其他收费由学校实行按月退费。收取服务性收费和代收费应当使用国家规定的票据，不得违规收取学生预录费，不得设立"学位补偿金"等扣费项目，不得在代收费中获取差价。

(2)加强收费公示信息的合规管理。在学校官网、微信公众号、信息公示栏等各个渠道明确收费政策、项目、标准、计费单位、收费依据、批准机关及文号，并对学生资助政策或减免费用进行公示并确保公示内容完整、公示时间及时，确保学生和学生家长明白交费，自觉接受社会和相关部门监督。

4. 专项资金计提合规管理

(1)足额计提奖助学资金。民办学校应建立健全奖助学金评定、发放等管理机制，并从学费收入中提取不少于5%的资金，用于奖励和资助学生。

(2)足额计提学校发展基金。民办学校应按照《中华人民共和国民办教育促进法实施条例》的规定，按不低于年度非限定性净资产增加额或者净收益的10%的比例提取发展基金，为学校的后续发展提供资金保障。

5. 个税代扣代缴，社保公积金缴纳

(1)依法履行个税代扣代缴义务。学校在接受个人劳务及服务时发放的相关费用，以及发放给教职员工的工资、奖金等，应当按规定履行代扣代缴个人所得税义务。

(2)足额为教职工购买社保、公积金。学校加强教师队伍建设，应当感情留人、待遇留人，为全体教职工购买社会保险和住房公积金，依法保障教职工的合法权益。

6. 其他财务相关事项合规管理

(1)决策机构依法履行职责。民办学校重大事项严格执行决策机构集体决策程序。

(2)依法依规进行关联交易。民办学校应建立利益关联方交易的信息披露制度，遵循公开、公平、公允的原则，合理定价、规范决策，不得损害国家利益、学校利益和师生权益。同时，避免出现关联交易方无相应施工资质、超范围经营、结算时缺少结算单或进度完成情况明细表等结算依据；若双方经协商变更服务内容导致实际提供服务内容与合同约定不一致的，应及时签订补充或变更协议。

(3)规范学校招生工作。民办学校应加强招生人员管理，严格按规定选聘本校教职工作为招生人员。

(4)规范课程管理。根据相关法律政策规定，学校不得与校外培训机构合作向学生提供有偿的课程或者课程辅导。

(5)加强学生实习管理。民办职业学校应科学组织、依法开展学生实习工作，尽量安排学生在与自己在校所学专业相同或相近的行业实习；严格落实学校、学生和企业顶岗实习三方协议的签订，禁止扣缴学生实习工资的行为；应安排实习学生学习并签署顶岗实习学生安全责任书。职业学校应当杜绝通过中介机构或有偿代理组织、安排和管理学生实习工作。

在本书的最后，笔者再次提醒广大民办教育行业从业者，自2018年12月29日《中华人民共和国民办教育促进法》修正以来，国家不断出台新的民办教育政策和法规，对民办学校规范办学的要求越来越严格。从当前的发展趋势看，将来没有最严只有更严。少数民办学校在过去的发展历程中，确实因为法治意识不强、法律知识缺乏而存在诸多违规违法的现象，甚至极个别的从业者游走在犯罪的边缘。过去民办教育的大环境比较宽松，所以存在合规问题的民办学校，受到严厉打击和处罚的较少。民办教育实施分类管理改革后，还有不少心存侥幸的民办学校举办者或从业人员，认为分类管理制度的实行会让他们借此"消除原罪"。有的甚至认为将民办学校转成营利性学校后，就可以完全市场化运作，无拘无束地从学校获取利润。笔者在此真诚地建议，法治的道路上不存在任何侥幸，千万不要小看国家推行依法治教、强力规范民办教育发展的决心。从民办学校长远发展的战略需要来看，不管是营利性学校，还是非营利性学校，只有规范发展，全面实行合规管理，将社会责任放在首位，不忘教育的公益性本质，才能走得稳、走得远。

参考文献

一、著作类

[1] 陈瑞华.企业合规基本理论[M].北京：法律出版社，2020.

[2] 曹巍.公司法人治理结构研究[M].北京：知识产权出版社，2010.

[3] 董圣足.民办学校分类管理推进策略研究[M].上海：华东师范大学出版社，2020.

[4] 范健、王建文.商法学[M].北京：法律出版社，2015.

[5] 江平.法人制度论[M].北京：中国政法大学出版社 1994.

[6] 梁慧星.裁判的方法[M].北京：法律出版社，2017.

[7] 方芳.学校治理变革研究——司法判例的视角[M].北京：中国社会科学出版社，2018.

[8] 方芳，等.中小学校园安全风险规制研究[M].北京：中国法制出版社，2016.

[9] 金锦萍.非营利法人治理结构研究[M].北京：北京大学出版社，2005.

[10] 卡尔·拉伦茨.法学方法论[M].陈爱娥，译.北京：商务印书馆 2003.

[11] 卡尔·拉伦茨.德国民法通论(上下册)[M].王晓晔，邵建东，程建英，等译.北京：法律出版社，2013.

[12] 李明燕，洪麒.企业大合规[M].北京：中国经济出版社，2021.

[13] 李俊年.研究与实践——我的教育探索[M].长春：吉林大学出版社，2019.

[14] 李超玲.公司法人特性与公司治理困境解决机制研究[M].北京：科学出版社，2016.

[15] 李钊.民办高校办学风险防范研究[M].北京：社会科学文献出版社，2019.

[16] 刘永林.我国公办高等学校法人治理结构研究[M].北京：中国政法大学出版社，2015.

[17] 季卫东.法治秩序建构[M].北京：商务印书馆，2019.

[18] 祁占勇.高等学校法人外部治理结构研究[M].西安：陕西师范大学出版社，2017.

[19] 苏力.送法下乡——中国基层司法制度研究[M].北京：北京大学出版社，2011.

［20］乌尔里希·贝克.风险社会：新的现代化之路［M］.张文杰,何博文,译.南京：译林出版社,2018.

［21］约翰·范德格拉夫.学术权力——七国高等教育管理体制比较［M］.王承旭,等译.杭州：浙江教育出版社,2001.

［22］王利明.法学方法论［M］.北京：中国人民大学出版社,2011.

［23］吴开华,安杨.民办学校法律地位［M］.南京：江苏教育出版社,2011.

［24］谢安邦,曲艺.外国私立教育［M］.北京：中国社会科学出版社,2003.

［25］杨娟.中国民办教育产业发展报告（2019）［M］.北京：社会科学文献出版社,2019.

［26］周海涛,等.民办学校分类管理政策研究［M］.北京：经济科学出版社,2016.

［27］周海涛.民办教育分类管理政策实施跟踪与评估研究［M］.北京：经济科学出版社,2019.

［28］张文国.中国民办学校法人制度研究［M］.北京：教育科学出版社,2012.

［29］湛中乐.民办教育法治理论与实践［M］.北京：中国法制出版社,2016.

［30］周海涛.民办教育［M］.北京：科学出版社,2018.

［31］朱云杰.高等院校治理研究：基于非营利法人治理的分析［M］.北京：中国经济出版社,2011.

［32］张力,金家新.公立大学法人主体地位与治理结构完善研究［M］.武汉：华中科技大学出版社,2016.

二、期刊类

［1］费方域.什么是公司治理［J］.上海经济研究,1996(5).

［2］江建平,刘嵘.“公司治理”与“法人治理结构”辨析［J］.产权导刊,2006(10).

［3］雷蕾,肖田祎,黄琴等.公司治理中的分权与制衡研究［J］.法制与经济,2020(4).

［4］李传军.利益相关者共同治理的理论基础与实践［J］.管理科学,2003(4).

［5］李维安,牛建波,宋美扬,等.董事会治理研究的理论根源及研究脉络评析［J］.南开管理评论,2009(1).

［6］杨震.论我国公司法人治理结构的完善［J］.中国法学,2003(1).

［7］马俊驹,聂宗德.公司法人治理结构的当代发展——兼论我国公司法人治理结构的重构［J］.法学研究,2000(2).

［8］刘利君.论社会服务机构出资人权利［J］.北京航空航天大学学报(社会科学版),2020(1).

［9］杨国超.外部治理机制缺失下制度创新的代价——基于阿里巴巴“合伙人”的案例研究［J］.会计研究,2020(1).

［10］朱红军，汪辉."股权制衡"可以改善公司治理吗？——宏智科技股份有限公司控制权之争的案例研究［J］.管理世界，2004（10）.

［11］王一涛，徐诸卿，朱斌，等.非营利性民办学校举办者权益的合理保护［J］.中国教育学刊，2017（3）.

［12］吴宜男，陈钦昱.营利性民办高校法人治理结构研究［J］.四川职业技术学院学报，2020（6）.

［13］曾志平，杨秀英.民办高校法人治理结构的比较［J］.教育学术月刊，2009（12）.

［14］黄洪兰.非营利性民办高校法人制度的反思与推进［J］.高校教育管理，2021（1）.

［15］王珊.论我国民办学校法人治理的问题及制度建设［J］.中国教育法制评论，2017（1）：193-206.

［16］汪习根，陈焱光.论知情权［J］.法制与社会发展，2003（2）.

［17］阙明坤，武婧.新《民促法》背景下民办职业院校发展现状、瓶颈及对策［J］.中国职业技术教育，2020（28）.

［18］高飞.美国私立大学董事会中委员会的作用：发展现状与变革趋势［J］.浙江树人大学学报，2017（5）.

［19］尚趛，解德渤.美国大学崛起的制度秘密——以大学法人制度的两次转型为考察中心［J］.黑龙江高教研究，2020（1）.

［20］亨利·汉斯曼.高等教育中国家与市场的关系［M］.黄丽，译.北京大学教育评论，2005（3）.

［21］杨琼.学校法人治理问题研究［D］.上海：华东师范大学，2007.

［22］张利国.民办学校退出法律问题研究［D］.重庆：西南政法大学，2013.

［23］董圣足.我国民办高校法人治理问题研究［D］.上海：华东师范大学，2009.

［24］张利国，王一涛.少子化背景下日本私立教育相关政策对我国的启示［J］.浙江树人大学学报，2018（3）.

［25］郝盼盼.自主性与公共性：私立学校法治建构的两个向度——以《日本私立学校法》为例［J］.浙江树人大学学报，2020（4）.

［26］李建民.日本私立学校法人制度：溯源与改革［J］.浙江树人大学学报，2017（3）.

［27］叶齐炼，吕献海，宋端勇.国外私立教育法的启示［J］.教育与职业，2001（10）.

［28］张雷生.关于韩国高水平私立大学法人理事会的研究［J］.阅江学刊，2015（3）.

［29］张文国.我国民办学校董事会制度的缺陷及完善［J］.广西政法管理干部学院学报，2013（4）.

［30］崔文玉.公司治理的新型机制：商刑交叉视野下的合规制度［J］.法商研究，2020（6）.

［31］吴开华.美国私立学校与政府关系之法理分析［J］.比较教育研究，2000（5）.

［32］郭瑞，陈秀良.法院组织民办学校清算若干问题研究［J］.法律适用，2006（7）.

［33］李东方.论证券行政执法和解制度——兼评中国证监会《行政和解试点实施办法》［J］.中国政法大学学报，2015（3）.

附录：民办学校合规管理常用文书范本

（一）教职员工录用通知书

教职员工录用通知书

_____（先生/女士）：

我们非常高兴地通知您，您已经被录用为我校教职工。在此真诚感谢您的加入！请您按以下要求到我校报到。

一、报到所需资料

1. 身份证原件，复印件 ____ 份；

2. 学历、学位证书原件，复印件 ____ 份；

3. 本人1寸证件照 ____ 张；

4. 本人银行卡正反面复印件；

5. 本人健康证明表；

6. 教师资格证等资质证明(如有)；

7. 与前一用人单位解除劳动关系的证明(应届毕业生除外)。

二、报到时间、地点和联系人

请您于_____年__月__日____时至学校行政人事部门报到。联系人：_____。联系电话：_____。

三、试用期与转正

您的试用期为_____个月。试用期内，若您因自身原因或其他客观原因决定离开我校，需提前三日向行政人事部门提出，并按规定办理相关离职手续；如果您无法满足职位需求或不符合录用条件，公司会提前三日告知您解除劳动关系；如表现良好，试用期满前一周行政人事部门会适时执行转正审批流程。

四、其他

1.您的个人信息(包括姓名、电话号码、户籍地址、常住地址、学历学位证书、职业资格证书、个人邮箱等)发生变更或需要补充的，务必及时告知学校的行政人事部门，以保证您的相关权益不受影响。

2.请在接到本通知书后准时到学校报到，逾期未报到视为自动放弃本次工作机会。

×××学校

年　　月　　日

（二）教职员工劳动（聘用）合同

教职工劳动（聘用）合同

用人单位（甲方）：

地址：

法定代表人：

职工（乙方）：

身份证号码： 电子邮箱：

联系地址：

联系电话：

紧急联系人和电话：

甲乙双方根据《中华人民共和国劳动法》和《中华人民共和国劳动合同法》等法律法规的规定，经协商一致，自愿订立本劳动合同。

一、合同期限

1.本合同经双方协商一致，采取下列第____种类型。

（1）固定期限：合同期限自____年__月__日至____年__月__日止。（其中试用期自____年__月__日至____年___月__日止，期限为____个月）。

（2）无固定期限：自_____年__月__日起。

2.试用期内，甲方有权对乙方的工作表现和能力进行考核。如经考核乙方被认定为"不符合录用条件"的，甲方有权随时解除本合同。"不符合录用条件"包括但不限于下述情形：

（1）乙方不能按时、按质、按量完成工作任务，或者未能通过甲方的试用期考核和表现评估，或被认定为不能满足劳动合同约定的岗位要求或岗位说明中规定的岗位职责的；

（2）乙方违反诚实信用原则对影响劳动合同履行的自身基本情况有隐瞒或虚构的，或在应聘时提供的个人资料是虚假的，包括提供虚假学历证书、虚假职业资格证书、假身份证、假护照、假户籍证明等个人重要证件及伪造的离职证明、体检证明等；对工作履历、知识、技能、业绩、健康等个人情况说明与事实明显不符或有重大出入的；或个人简历等填写内容不真实的，或没有如实说明与应聘岗位相关的情况的；

（3）乙方与其他学校或公司等用人单位存在未尽法律义务，或存在法律纠纷尚未处理完毕并且影响工作的；

（4）在甲方指定的机构进行体检，体检的结果不符合本行业所规定的卫生标准和体检要求的，或患有精神疾病或不适合从事劳动合同约定岗位工作的疾病或缺陷的；

（5）乙方曾受到其他学校书面警告或辞退等严重处分而在应聘时未声明的，曾被行政拘留或者依法追究刑事责任而未在应聘时声明的，曾有、仍有吸毒等行为而在应聘时未声明的，或曾有性侵害、虐待、拐卖、暴力伤害等违法犯罪记录的；

（6）隐瞒与其他学校或公司等用人单位存在劳动关系或竞业限制约定的；

（7）乙方在试用期内有任何违法违纪行为或受到学校任何类型的纪律处分的；

（8）乙方在试用期内存在重大工作失误的；

（9）乙方未能在甲方规定的期限内提供用于办理法定劳动用工手续的全部材料的；

（10）其他不符合甲方录用条件的情形。

二、工作内容和工作地点

1. 乙方在学校_____部门任职_____岗位。

2. 乙方工作地点为：甲方的注册地或其他经营场所内。鉴于甲方所处行业的特殊性，乙方同意：因工作需要，甲方可委派乙方至甲方业务开展地从事相关工作。

3. 乙方应履行甲方制定的规章制度及所在岗位的关键业绩指标要求和内容，恪守职业道德，按时、按质、按量全面完成各项工作任务。未经甲方书面同意，乙方不得兼职其他学校、公司或岗位。

4. 甲方可以根据业务经营需要，参照乙方的专业、经验、能力和考核表现，与乙方协商调整乙方的工作岗位、工作内容、工作地点；乙方的薪酬根据情况进行调整。乙方也可根据自身能力和专业，向甲方提出调整工作岗位的申请，但在甲方给予回复意见前不得擅自离岗。

三、乙方的具体职责

乙方的具体工作职责根据乙方所在部门及岗位确定，甲方可安排乙方从事与岗位有关的相关工作。

四、工作时间和休息休假

1. 本合同实行标准工时制。

2. 乙方享有国家规定的相关节假日。

3. 乙方实行工作责任制，加班按照甲方规章制度执行，实行审批制加班，即未经审批与公司安排不视为加班。如有加班，乙方同意优先调休。

五、劳动保护和劳动条件

1. 乙方享有在符合法定安全和卫生标准的条件和场所工作的权利。

2. 乙方有责任和义务正常使用必要的劳动保护用品，并爱护工具和设备，关爱自己及其他同事的健康和安全。

六、劳动报酬

1. 聘用期间乙方的劳动报酬为基本工资、绩效工资和年度奖金三部分组成。

(1)基本工资：乙方基本工资为＿＿元/月(含税)，试用期工资为＿＿元/月(含税)。甲方于每月 10 日前，以货币形式支付工资。如遇节假日或休息日，甲方可以顺延至工作日支付；若乙方对领取当月全部收入项目有异议，必须在甲方发放工资后五日内，向甲方书面提出，否则视为甲方全额发放。

(2)绩效奖金：乙方绩效考核合格有权获得绩效奖金，绩效奖金的计算和领取依照甲方的考核制度执行。考核范围包括但不限于：年度工作计划的实现、决策执行率、单位价值观契合程度等指标。

(3)年度奖金：甲方根据学校当年的运营状况自主决定。

绩效奖金与年度奖金分两次发放：履行本合同期满一年之日起 10 日内支付 70%，剩余 30%在期满一年之日起 60 日内支付，以后每年的绩效奖金与年度奖金发放时间依此类推。年度奖金以年度为单位进行发放，未满一年不享有当年绩效奖金与年度奖金。

2. 乙方知悉并认可，在职期间如有甲方额外发放的各项补助、过节费、加班费用与保密费，不属于甲方支付给乙方的标准工资范畴。

3. 甲方支付乙方劳动报酬，乙方应尽公民义务，依法缴纳个人所得税，费用由乙方承担，甲方代扣代缴。

七、保密费(如有)

自本合同订立生效之日起，乙方须依约履行保密义务(具体保密内容见本合同第十二条）。甲方向乙方支付保密费 _____ 元/月，在工资发放时一并支付至乙方。

八、社会保险和福利待遇

1. 甲方依照国家规定为乙方缴纳社会保险费等，社会保险费个人缴纳部分，甲方从乙方工资中代扣代缴。

2. 乙方患病或非因工负伤的医疗待遇按国家有关规定执行。

九、劳动合同的续订

本合同期满前，双方均有义务提前告知对方是否有续签意愿。经双方协商一致续订合同的，应在原合同期满前完成续订。

十、劳动合同的履行

1. 乙方承诺有能力履行合同，能胜任工作岗位与要求，并自觉遵守国家的法律法规和社会公德，接受甲方的培训和考核，自觉遵守甲方的工作程序、劳动纪律。珍惜甲方的声誉，维护甲方利益，爱护甲方财产，保守甲方的商业秘密。

2. 乙方签订此合同时，已知悉甲方已有的规章制度，并愿意遵守甲方的规章制度。甲方有权根据学校运营需要和法律法规的规定，制定或修改适用于乙方的包括教职工（员工）手册在内的各项规章制度。乙方应当阅读、理解并予以严格遵守。如果乙方违反或拒绝接受甲方的规章制度，甲方有权依照规定对乙方进行处罚，直至解除劳动合同。

3. 乙方因违反有关法律、劳动纪律和甲方内部规章制度而给甲方造成经济损失的，甲方有权要求乙方赔偿其损失，并有权依法对乙方工资进行损失的扣减。

4. 承担专业技术工作的受聘人员，如提前解除或终止聘用合同，可能给学校代理技术项目终止、引发知识产权纠纷、技术泄密造成较大经济损失的，在聘用合同解除或终止的条件未具备时，不得提前解除或终止聘用合同。

十一、知识产权归属

1. 本合同所称的知识产权包括：著作权、专利、注册商标专用权和专有技术等。

2. 乙方为完成甲方的工作任务或者主要利用甲方的物质条件所创作的作品、发明创造、专有技术，是履行职务的行为。其知识产权归属于甲方，乙方无权主张相关权利。

3. 对乙方的职务发明创造，甲方可视该发明创造对甲方的贡献大小，给乙方予以奖励。

4. 乙方在完成本职工作的情况下，欲与甲方有一定竞争关系的课题自行研究开发的，应事先与甲方就利用甲方物质技术的范围及补偿办法，以及所完成技术成果的使用权、转让权、申请权和申请的权利归属达成书面一致。否则，均视作乙方的职务行为，相关权利均归属甲方。

十二、保密义务

1. 本合同存续期限内，乙方对在工作过程中接触到的或知悉的商业秘密承担保密义务，不得复制、不当使用、直接或间接向他人(包括根据保密要求不得接触该项秘密信息的甲方的其他职员)泄露或使他人获得上述商业秘密。无论本合同基于何种原因终止，乙方必须继续履行前款约定的保密义务，严格保守乙方在甲方任职期间所知悉的甲方全部商业秘密。本款所述"商业秘密"包括但不限于：

(1)甲方的运营信息，包括但不限于运营方针、管理思路、学校发展计划、资本运作情况、新产品及服务项目开发情况、市场分析、广告策略、采购资料、招生渠道、合作对象及可能合作对象的名单与需求等；

(2)甲方的技术信息，包括但不限于调查研究、模式、计划、汇编物、发明与创造、公式、设计、模型、方法、过程、程序、计算机程序及软件(源代码、目标代码等)、数据库、开发计划、研究开发记录、科研项目进度、检测报告、技术方案、技术报告、实验数据、试验结果、操作手册、技术文档、图纸、样品、模型等，以及技术合作中第三方要求甲方保密的内容；

(3)甲方的管理信息，包括但不限于未公开的财务信息、人事信息、学校内部的规章制度、工资薪酬信息、内部业务流程、会议纪要等所有内部资料，以及其他列入甲方保密制度文件的秘密事项；

(4)甲方依照法律规定或者协议约定对第三方负有保密义务的信息；

(5)甲乙双方附件或者补充协议另行约定的其他相关保密信息。

2. 乙方同意，本合同终止或解除时，无论其记录或存储在任何媒介上，乙方应立即向甲方交还其获得的有关甲方运营、技术和管理等保密信息的全部文件，包括但不限于报表、信件、图纸、工作证件、电子存储数据和任何其他资料。

3. 乙方离职后五年内仍对其在甲方任职期间接触、知悉的保密信息，承担如同任职期间一样的保密义务和不得擅自使用有关保密信息的义务。

4. 若乙方违反上述保密条款，甲方有权要求乙方退回甲方已支付的保密费并赔偿由此给甲方造成的所有损失，损失无法计算的按_____元计算。

十三、劳动合同的解除与终止

1. 经甲乙双方协商一致，本合同可以解除。

2. 乙方原因提出解除或终止劳动合同，应当提前30日以书面形式通知甲方行政人事部门，在得到甲方批准并办理完离职手续后方可离职。如乙方不经离职流程连续旷工达3个工作日，视为擅自离职。若乙方因擅自离职给甲方造成损失的，甲方有权要求赔偿损失。

3. 乙方有下列情形之一或违反国家法律法规的，甲方可以解除劳动合同，双方依法办理解约手续。

(1) 试用期内，乙方被证明不符合录用条件或岗位要求的；

(2) 乙方虚假提供个人资料或相关证明，或者隐瞒重大疾病史及其他重要情况的；

(3) 未经甲方批准，乙方连续旷工达3个工作日以上(含本数)的；

(4) 乙方严重违反甲方规章制度的；

(5) 乙方因严重失职、徇私舞弊给甲方利益造成重大损害，给学校造成可计算经济损失达三万元以上(含本数)的；

(6) 没有按照规定如期交接工作，对部门工作造成重大影响的；

(7) 乙方被依法追究刑事责任的；

(8) 乙方具有法律、法规或者甲方规章制度规定的可以解除劳动合同的其他相应情形的。

4. 有下列情形之一，甲方提前30日以书面形式通知乙方或者额外支付乙方一个月工资的，可以解除劳动合同。

(1) 乙方患病或非因工负伤，医疗期满后不能从事原工作，也不能从事甲方另行安排的其他工作的；

(2) 乙方不能胜任本职工作，经过培训或调整工作岗位后，仍不能胜任工作的；

(3) 因劳动合同订立时所依据的客观情况发生重大变化，致使本合同无法继续履行，经甲乙双方协商，不能就变更本合同达成一致的。

5. 凡有下列情形之一的，乙方可以解除本合同。

（1）在试用期内的；

（2）用人单位以暴力、威胁或者非法限制人身自由的手段强迫劳动的；

（3）用人单位未按劳动合同约定支付劳动报酬或提供劳动条件的。

6. 经甲方批准辞职并办理完所有离职手续的职工，可在提出辞职申请一个月后，获取最后一个月内按实际工作天数计算的薪资；但自提交"辞职申请书"之日起不再享受任何形式的绩效奖金或补贴。

7. 有下列情形之一的，劳动合同终止。

（1）《劳动合同》期满的；

（2）劳动者开始依法享受基本养老保险待遇的；

（3）用人单位破产、解散或者被撤销的；

（4）劳动者退休、退职的；

（5）法律法规规定的其他情形。

8. 为避免工作交接不畅造成损失，乙方同意自提出解约日起，甲方冻结乙方所有薪资及福利费发放，一并在离职手续办理完毕后的工资结算时付清。

9. 甲乙双方解除、终止劳动关系前，乙方须交回原由甲方提供的工作用品、客户资料、记录、证件等。

十四、经济补偿与赔偿

1. 乙方解除《劳动合同》时有下列情形之一的，应协助甲方妥善处理相关事宜；造成甲方经济损失的，应给予相应的经济补偿。

（1）乙方给甲方造成经济损失未处理完毕的；

（2）乙方被有关国家机关依法审查未结案的；

（3）乙方与甲方就期权、出资培训、购房补贴等特殊约定的服务期限尚未期满的；

（4）国家或甲方所在地有特别规定的。

2. 乙方违反本合同约定的保密义务，给甲方造成损失的，应当承担赔偿责任。

3. 其他有关经济补偿和赔偿的事宜，按照国家相关规定处理。

十五、劳动争议处理

本合同未尽事宜，双方本着有利于维护和谐劳动关系原则协商确定。协商不成的，按国家法律法规和政策办理。

十六、其他

1. 乙方必须在到达甲方工作当日向甲方递交以下相关人事关系资料，并保证资料的真实性。

(1)人事档案存放证明；(2)身份证(验原件，留复印件)；(3)学历证书(验原件，留复印件)；(4)退工单/离职证明；(5)体检表；(6)其他文件。

2. 本合同如因法律法规或政策变化而不一致的，以新的法律法规和政策为准。

3. 如乙方与甲方有其他特殊约定，如培训协议等，将另立《合同补充条款》，乙方应严格遵守(特殊约定及相关违约金责任在《合同补充条款》中规定)。

4. 本合同自双方签订之日起生效，一式三份，甲方持两份，乙方持一份，具有同等法律效力。

乙方确认：签订本劳动合同时，已详细阅看，对合同内容予以全面理解，并已知晓甲方的各类规章制度。

甲方(盖章)：   乙方(签字)：

 年 月 日   年 月 日

（三）岗位调整通知书

岗位调整通知书

_____（先生/女士）：

感谢您对学校的付出，经考核并征求您本人意见，结合公司的规章制度与您在职期间的工作能力与表现，经学校研究决定，将对您进行岗位调整。现将有关事项通知如下：

1.自____年__月__日起您的岗位调整为_____。

2.调整岗位后您的工资为_____元/月。

3.调整后的岗位职责为_____。

4.如您对调岗事宜有任何异议请在收到本通知书后 2 日内以书面形式提出。逾期提出的视为您没有异议。

希望您以后继续努力，提升专业水平，积极为学校的有序发展建言献策，学校愿与您共同成长。

×××学校

年　　月　　日

_____

员工确认书：

本人已知晓并同意《岗位调整通知书》内容，并将在规定的时间内到新岗位任职。

员工签名：　　　　　　　　年　　月　　日

（四）终止劳动合同通知书

终止劳动合同通知书
（劳动者不续签）

_____（先生/女士）：

鉴于您与学校签订的劳动合同有效期至____年__月__日且您决定不再与学校续签劳动合同，请您于____年__月__日前将离职手续办理完毕，并到行政人事部门结算工资及相关费用。

同时，非常感谢您一直以来辛勤的工作，希望您在新的工作岗位上取得更大的成绩！

本通知书一式两份，您与行政人事部门各执一份。请您于收到本通知书后24小时内在回执上签字并交予行政人事部门。

×××学校

年　　月　　日

回执

×××学校：

本人已知晓并同意《终止劳动合同通知书》内容，同意在规定的时间内办理离职手续。

员工签名：　　　　　　　　　年　　月　　日

185

终止劳动合同通知书
（用人单位不续签）

_____（先生/女士）：

经学校研究决定，在您与学校当前履行的劳动合同到期后，不再与您续签。由于您与学校当前履行的劳动合同有效期截至____年__月__日，请您于____年__月__日前将离职手续办理完毕，并到行政人事部门结算工资及相关费用。

同时，非常感谢您一直以来辛勤地工作，希望您在新的工作岗位上取得更大的成绩！

本通知书一式两份，您与行政人事部门各执一份。请您于收到本通知书后24小时内在回执上签字并交予行政人事部门。

×××学校

年　　月　　日

回执

×××学校：

本人已知晓并同意《终止劳动合同通知书》内容，并将在规定的时间内办理离职手续。

员工签名：　　　　　　　　　　　　　　　年　　月　　日

（五）员工离职申请表

员工离职申请表

填表日期： 年 月 日

姓名		身份证号		职位	
入校时间		合同到期日		部门	
离职类别		□辞职 □辞退 □除名 □自动离职 □合同到期 □其他			
离职须知会 相关部门		□校长办公室 □教学部 □财务部 □其他部门			
申请离职日期			核准离职日期		
离职原因				签名：_____	
部门审批				签名：_____	
负责人审批				签名：_____	

（注：申请表中关于离职须知会的部门和审批流程，由学校根据自身实际情况和需要进行设计和调整。表格内容确定后，在打印前将本括号内容删除。）

（六）员工离职交接表

员工离职交接表

填表日期：　　年　　月　　日

姓名		部门		岗位	
入职时间		离职时间		离职类型	□辞职 □辞退 □其他

交接审批事项

归属流程	交接事项	说明	接收人/日期
所在部门	1. 经管工作（事项、内容、时间、物品、相关人等）		
	2. 文件、资料（纸质、电子版）		
	3. 业务协作方有效联络人及联系电话		
	4. 电脑涉密资料确认		
	5. 其他事项		
同意我部门上述员工离职申请，以上内容已全部办结。　　部门负责人签字/日期：			
归属流程	交接事项	说明	接收人/日期
财务部	1. 借款		
	2. 未报销账目		
	3. 其他未结清事项		
部门负责人签字/日期：			
归属流程	交接事项	说明	接收人/日期

续表

综合管理部	□办公用品　□电脑 □各类 UKEY □各类系统账号 □各类密码　□印章证照 □钥匙　　　□其他	或另附明细	经办人： 日期：
	本月考勤情况： 社保停缴时间：　　年　月 公积金停缴时间：　　年　月 薪资截止日： 随每月发薪日一同发放至工资卡内。 开具离职证明：□已开具　　□已领取		经办人： 日期：
	部门负责人签字/日期：		
离职声明	本人同意移交以上事项内所有内容，有关离职手续已按规定办妥。已将学校重要资料交还，并确保不外泄其在职期间所了解的相关商业、技术机密。确认即日起与学校结束劳动关系，今后所从事的一切活动与学校无关。 　　本人签字：　　　　　　　　　　　　　　　　日期：		
副校长审批			

189

（七）学生顶岗实习协议

学生顶岗实习协议

甲方（学校）：

地址：

联系电话：

乙方（实习单位）：

地址：

联系电话：

丙方（实习学生）：

身份证号：

联系电话：

根据国家相关法律法规及《职业学校学生实习管理规定》（教职成〔2016〕3号），甲方拟安排____级_____专业学生（丙方）赴乙方参加顶岗实习。为明确三方的权利和义务，在平等自愿的基础上，经协商一致，签订本协议。

1.实习时间、地点、岗位及内容

1.1 实习时间：_____年__月__日至____年__月__日

1.2 实习地点：_____。

1.3 实习岗位及内容（可另附页）：_____
_____。

2.实习组织及实习管理

2.1 甲方集体组织的实习前，可对乙方进行考察，了解乙方的相关资质和生产管理制度并做出评估。甲方应安排丙方到丙方专业相关的实习岗位。乙方应按照约定提供与丙方专业相关的实习岗位。

2.2 甲方会同乙方制定顶岗实习方案，并协助乙方落实。方案应明确实习目标、实习任务、必要的实习准备、考核标准等。

2.3 实习开始前，甲方应完成与实习岗位相关的专业知识与基本技能训练的教学任务，使丙方能适应实习岗位的基本要求；对丙方进行初步培训，使丙方了解实习的目标、任务和考核标准。

2.4 乙方负责丙方的岗前培训，培训内容包括但不限于安全生产、岗位工作任务及流程、相关设备操作规范、工作纪律及其他需要培训的内容。

2.5 甲方安排_____担任丙方实习指导教师(联系方式：_____)，负责丙方实习期间的业务指导和日常巡视，掌握实习动态，做好丙方的思想教育工作，并全程跟踪服务。

2.6 乙方安排_____担任丙方实习指导人员(联系方式：_____)，对丙方实习进行业务指导和管理，确保丙方接受合格的岗位技能训练。

2.7 甲乙双方协商，建立丙方实习情况通报制度。遇重大问题或突发事件，乙方应立即通报甲方，并按照有关规定及时逐级上报。

2.8 丙方严格遵守甲乙双方的相关规章制度，完成实习方案确定的各项实习任务。丙方因违反相关规章制度或个人原因造成乙方设备损坏的，_____由丙方照价赔偿_____。

2.9 除工作需要外，丙方实习期间应保持通信畅通，主动与指导教师保持联系。

2.10 丙方不得迟到、早退、旷工。因故确需请假时，应按照甲、乙双方确定的请假制度办理并告知指导教师，经批准后，才可请假。丙方休假完返回乙方实习岗位，应分别向指导教师和乙方专门指导人员销假。对于丙方的非正常情况缺勤，乙方应及时向甲方实习指导老师进行通报。

2.11 实习期间，除存在不安全因素外，未经甲乙双方批准，丙方不得擅自终止实习；否则，因此引发的一切安全及其他责任，由丙方承担。丙方因自身原因需终止实习，应提前_____天向甲乙双方提交书面申请并取得同意。

2.12 丙方负有保守乙方的商业秘密和与知识产权相关的保密事项的义务。在未取得乙方书面同意之前，不得泄露乙方的保密信息。实习结束时，丙方应将所有图纸、文件、资料、计算机软盘、U盘、移动硬盘、光盘和其他含有商业秘密或知识产权的载体全部交还给乙方，不得留存任何原件和复制件。

2.13 经乙方书面同意，丙方可将未涉及乙方商业秘密或知识产权的实习材料和相关内容用于毕业设计(论文)。

2.14 实习结束后，丙方须按要求及时向甲方提交相关实习材料。

3. 实习期间食宿及休假安排

3.1 实习期间，由□甲方　□乙方　为丙方安排□免费　□缴费住宿　并建立住宿请销假制度。如需缴费住宿，则丙方支付的住宿费标准为_____元/

月。如丙方确需在外自行住宿，须经丙方监护人签字同意，由甲方备案后方可不集中住宿。

3.2 实习期间，丙方的就餐方式为＿＿＿＿＿＿＿＿。

3.3 乙方应遵守国家关于工作时间和休息休假的规定，不得安排丙方加班和夜班，或在法定节假日实习(专业和实习岗位有特殊要求的，甲乙丙三方可根据实际情况另行约定)。

4. 实习期间工作时间与报酬

4.1 工作时间：每日工作＿＿＿小时，每周工作＿＿＿小时。

4.2 甲乙双方应按照不低于乙方相同岗位试用期工资标准80%的原则，协商确定乙方应支付给丙方的实习报酬。具体报酬为：＿＿＿＿＿＿＿元/月(或＿＿＿＿＿＿元/小时)(不满1个月的按实际顶岗天数计发)。

4.3 实习报酬的支付时间和方式：乙方应于每月＿＿日前以货币形式向丙方足额支付实习报酬；如延期发放，应征得乙方同意，并明确告知延期期限。

4.4 实习期间，丙方的奖金、福利等由甲乙双方协商制定。

5. 实习期间劳动保护和劳动安全

5.1 甲乙双方应对丙方进行安全防护知识教育和培训并进行考核。丙方未经教育培训和未通过考核不得参加实习。

5.2 甲乙双方应制定突发事件应急预案；乙方应为丙方配备符合国家规定的安全保障器材和劳动防护用品。

5.3 丙方应增强安全意识，确保自身生命及财产安全，遇到困难应及时向乙方专门指导人员和甲方指导教师报告并寻求帮助。

5.4 丙方严格按照乙方安全规程和操作规范开展工作，有安全风险的操作必须在乙方专门人员指导下进行。

6. 责任保险与伤害事故处理

6.1 由□甲方　□乙方 负责为丙方投保实习责任保险或其他商业保险。

6.2 丙方在实习期间发生伤病，乙方应按照优先救治原则，积极组织救治。属于实习责任保险及其他所购买商业保险赔偿范围的，由承保保险公司按照保险合同标准赔付。不属于保险赔付范围或者超出保险赔付额度的部分，甲乙丙三方约定责任承担方式如下。

(1)丙方因工作原因受到事故伤害的，由乙方承担责任＿＿＿＿＿＿＿＿＿
＿＿＿＿＿＿＿＿＿＿＿＿＿＿＿＿＿＿＿。

（2）丙方因非工作原因受到事故伤害的，由丙方自行或侵权人承担责任__

_____。

7. 实习考核

7.1 甲方会同乙方根据学生实习岗位职责要求制订具体考核标准，并组织丙方学习。

7.2 实习期满后，乙方应对丙方做出书面鉴定。

7.3 甲方会同乙方做好丙方的实习考核工作，考核方式为：_____

_____。

8. 协议解除与终止

8.1 有下列情形之一的，甲方有权解除本协议。

8.1.1 乙方未向丙方提供符合国家规定的劳动保护和劳动条件；

8.1.2 乙方擅自安排丙方加班和夜班，或在法定节假日实习；

8.1.3 乙方安排丙方从事高空、井下、放射性、有毒、易燃易爆，以及其他具有较高安全风险的实习；

8.1.4 乙方未按协议约定提供实习岗位或未经协商擅自调整丙方实习计划、变更实习内容，不履行管理职责；

8.1.5 乙方未按协议约定及时足额支付实习报酬。

8.2 有下列情形之一的，乙方有权解除本协议。

8.2.1 甲方未履行对实习工作和丙方的管理职责，影响乙方正常生产经营的；

8.2.2 丙方严重违反乙方规章制度的；

8.2.3 丙方严重失职，给乙方造成重大损害的；

8.2.4 丙方因身体原因不能继续进行顶岗实习的；

8.2.5 丙方发生重大违法行为，依法被追究刑事责任的；

8.3 有下列情形之一的，本协议无效。

8.3.1 丙方为一年级在校生；

8.3.2 丙方未满 16 周岁；

8.3.3 丙方未满 18 周岁，被安排从事《未成年工特殊保护规定》中禁忌从事的劳动；

8.3.4 丙方为女性，被安排从事《女职工劳动保护特殊规定》禁忌从事的劳动；

8.3.5 丙方被安排到酒吧、夜总会、歌厅、洗浴中心等营业性娱乐场所实习;

8.3.6 甲方通过中介机构或有偿代理组织、安排和管理丙方实习。

8.4 实习期满,本协议自动终止。若需延长实习期限,须由一方提出申请,经另外两方同意后签署补充协议。

8.5 实习期间,因不可抗力导致合同无法履行的,甲、乙、丙各方均有权解除本协议。

9. 违约责任

对违反本协议(条款),三方约定如下:

10. 其他

10.1 甲乙双方不得以任何名义向丙方收取本协议规定以外的费用,不得扣押丙方的有效证件,不得要求丙方提供担保或以其他名义收取丙方财物。

10.2 因履行本协议引发的争议由甲、乙、丙三方协商解决。协商不成的,向_____人民法院起诉。

10.3 本协议经甲、乙、丙三方签字或者盖章后生效。本协议一式三份,甲、乙、丙三方各执一份,具有同等法律效力。

10.4 三方约定的其他事项。

实习期间,丙方仍在甲方注册,属于甲方的学生,应向甲方全额缴纳相关学杂费,否则甲方可将丙方按自动退学处理。

甲方(盖章):   乙方(盖章):

代表(签字):   代表(签字):

丙方(签字):

签订日期: 年   月   日

附：《监护人知情同意书》

监护人知情同意书

（适用于未满 18 周岁学生顶岗实习）

本人_____（身份证号码：_____），系学生_____（身份证号码：_____）的监护人，与学生的关系是_____。本人已经仔细阅读并完全知晓《学生顶岗实习协议》的全部内容，同意_____ 按协议约定内容参加顶岗实习。

监护人：

联系方式：

签字日期：　　年　　月　　日

(八)学生安全管理责任书

学生安全管理责任书

尊敬的家长:

呵护孩子的安全,哺育他们健康成长,是家庭、学校及全社会的共同愿望和责任。为做好学生的安全教育、保护、管理工作,根据国家有关法律、法规和学校规章制度,现将我校学生管理规定及相关责任告知您,请您积极配合,确实保障学生的人身安全,保护他们的合法权益,强化他们的安全法制意识,共同为学生健康成长创造良好环境。

一、学生安全管理规定

1.自觉接受学校的法制纪律、安全教育,保证遵守学校纪律安全制度,服从学校纪律安全管理。

2.不迟到、不早退、不旷课,有事、有病必须履行请假手续,未请假或请假未经批准不得擅自离校出走。

3.严格执行学校寄宿生管理制度,严格遵守作息时间,不得随意借宿校外或未按请假手续私自回家,更不得容留非寄宿生,注意宿舍安全;否则,由此发生的安全事故归学生负责,并承担因此产生的一切责任。

4.不翻越围墙、不翻爬窗户、不攀登护栏,上下楼梯靠右走,不推拖拥挤等。注意交通安全、遵守交通规则,从教学区到生活区之间的路程按学校规定的路线行走。

5.若有特殊疾病,家长应提前向班主任说明,并采取相应措施。上体育课或实验、实训课,要听从教师的指导,严格遵守操作规程。

6.不收藏或携带管制刀具、棍棒、气枪、红外线手电筒、打火机等进入校园。

7.注意饮食卫生,防止食物中毒,不在校外摊点购买食物。

8.不抽烟、不喝酒,认识毒品的危害性,自觉远离毒品。

9.不赌博、不看情色书刊音像,不进校外网吧、KTV、舞厅等营业性娱乐场所。自尊自爱,谨慎交友,不要轻易相信陌生人,不要随意将私人信息告之他人。

10.不私自外出游泳,不到施工现场和有危险的楼房、地段、桥梁等地方游玩和逗留，不玩易燃易爆物品。

11.周末、节假日或平时请假回家，必须乘坐有正规运营手续的交通工具；按时回家，按时归校，不得私自在外留宿；回家后给班主任报平安，归校后给家长报平安。

12.严格遵守学校用电制度，宿舍内禁止使用三无电器或违规使用电器，禁止私自接配电线及装接电器。宿舍一律不得使用大功率电器，如电热器、电炉、电饭锅等，否则由此致使自身或他人遭受损害的，由学生自行承担一切法律责任和损失，学校不承担任何赔偿、补偿责任。遇雷雨天时要采取防护措施，防雷电击伤。

13.不打架斗殴、挑衅闹事，同学间发生纠纷如不能和解，要及时报告老师，通过正常渠道解决。严禁邀社会青年或独自私下解决。

14.学会自护和互救，发现同学出现安全事故，要及时向学校、家长或专职安保人员报告，最大限度地减少伤害或损失。

15.妥善保管好个人财物，不立即使用的大额现金(200元以上)应及时存入银行或交给老师、家长代管。校园内尽量不使用现金，无特殊需求并未经家长允许不向他人借钱，贵重物品与钱不轻易借别人，更不可借给不熟悉的人。

16.要爱路护路，不往高速公路上丢石头等物品；不在高速公路和铁轨上玩耍，不随意横穿高速公路和铁轨。

17.若照明灯和电风扇等电器发生故障，不得私自动手查看，应报告管理处或总务处，由学校电工进行故障排除；不得打开配电箱，触摸电器开关。消防器材未经许可，不得随意搬动。

二、学生课外、假日活动安全管理制度

1.学生课外、假日活动实行"谁组织谁负责"的安全工作原则。

2.学生的活动一般提倡在校内进行，组织者应落实好安全管理责任制，并采取有效的安全防范措施。

3.如组织学生外出活动，途中要注意车辆交通安全，严禁超载带人带物。

4.不提倡学生到公共娱乐场所开展活动，禁止组织学生参加有危险的活动，如集体到野外攀爬、河塘游泳等活动。

5.组织集体外出游玩、野炊等活动，在野炊中要注意饮食卫生、用火安全，防止发生食物中毒或火灾事故。

6.参加学校组织的户外活动，应按照学校规定的时间、地点、路线参加活动，听从外出带队教师安排。野炊活动要注意防火，水边活动要注意防水，山上活动要注意防跌、防滑。

三、家长安全管理责任

1. 要按照《学生安全管理规定》的条款对子女进行经常性的教导，并要求子女严格遵守。

2. 要经常和学校联系，随时了解子女在社会、学校的表现，有针对性地进行安全教育。

3. 积极配合学校教育好子女，特别是教育学生不得有下列不良行为。

①旷课，擅自离校，夜不归宿；②携带管制刀具；③打架斗殴，辱骂他人；④强行向他人索要财物；⑤偷窃、故意毁坏财物；⑥参与赌博或者变相赌博；⑦观看、收听、传播色情淫秽的音像制品、读物等；⑧进入法律、法规规定未成年人不准进入的营业性娱乐场所；⑨吸烟、酗酒；⑩其他严重违背社会公德的不良行为。

4. 未成年的父母或者其他监护人对未成年人不得放任不管，不得迫使其离家出走，放弃监护职责。

5. 不满 16 周岁的未成年人不得脱离监护单独居住。

6. 未成年人的父母发现对未成年人实施不良行为的团伙应当及时予以制止；发现该团伙有违法犯罪行为的，应当向公安机关报告；发现受人教唆、胁迫、引诱参与违法犯罪的，应当向公安机关报告。

7. 父母或其监护人应及时将子女的病情（特别是传染病、遗传病）告之学校领导或有关老师；新生入学若有特殊疾病的，必须向学校做出说明，以便学校做好防范工作。

8. 家长应主动给学生定期购买人身意外伤害保险。

9. 父母或其监护人应教育子女在双休日、节假日期间尽量在家，不得私自或结伴外出游玩、野炊、夜不归宿。如要外出的活动，父母或其监护人详细指导子女活动，以防不测。对子女离校后的行为做到"三知"，即"知去向，知归时，知同伴"，全面做好子女的安全监管工作。

四、学生安全事故责任告知

（一）下列情况造成安全事故，学校已履行相应职责，行为并无不当的，学校不承担法律责任。

1. 地震、雷击、台风、洪水等不可抗的自然因素造成的；

2.来自学校外部的突发性、偶发性侵害造成的；

3.学生有特异体质、特定疾病或者异常心理状态，学校不知道或者难于知道的；

4.在对抗性或者具有风险性的体育竞赛活动中发生意外伤害的；

5.在学生自行上学、放学、返校、离校途中，以及学生自行外出或者擅自离校期间发生的；

6.在放学后、节假日或者假期等学校工作时间以外学生自行滞留学校或者自行到校发生的；

7.因主观疏忽大意或个人防范不严等原因，致使学生私有财物丢失的；

8.学生自杀、自伤的；

9.私自下河游泳或到河边玩耍造成的伤害；

10.在校外摊点购买食品而造成的食物中毒；

11.与社会上不良人员交往造成的伤害；

12.从事不安全的活动或在不安全的地方玩耍所造成的伤害；

13.斗殴、携带危险器械或管制刀具所造成的伤害；

14.自发组织的体育、游乐活动所造成的伤害；

15.其他在学校管理职责范围外发生的和其他意外因素造成的。

（二）下列情况造成学生自己（或他人）受到伤害事故，应当依法由学生（家长或其监护人）承担相应的责任。

1.学生违反法律法规规定、社会公共行为准则，以及学校安全管理规定的；

2.学生行为具有危险性，学校和教师已经告诫、纠正，但学生不听劝阻、拒不改正的（比如：进入营业性娱乐场所、私自下河、无证驾车、翻爬墙栏、擅自离校、不假外宿、打架斗殴等情况）；

3.学生家长或者其监护人知道学生有特异体质，或者患有特定疾病，但未告知学校；

4.未成年人学生的身体状况、行为、情绪等有异常情况，家长或其监护人知道或者已被学校告知，但未履行相应监护职责的；

5.学生或者未成年学生家长或其监护人有其他过错的。

五、发现安全隐患及事故，请及时报告

本责任书一式两份，由家长或监护人签字后生效，一份家长或监护人备存，一份由学校保卫科存档，有效期为入学后至毕业前。

（九）学生特异体质登记表

学生特异体质登记表

学生姓名		所在班级		家庭联系电话	
家庭详细住址					
身体健康状况		是（　　）	否（　　　）		

身体健康状况选择否的同学请继续向下填写

名称	身体状况	名称	身体状况	名称	身体状况
先天心脏病		血液病		心肌炎或心律异常	
哮喘		血友病		易流鼻血	
糖尿病		癫痫		肝炎	
肾脏病		疝气		肺结核	
肿瘤部位		肢体障碍部位		热惊厥	
软骨病					
过敏源		曾经骨折部位			
曾经开刀部位		其他			
不宜参加的活动有					

紧急状态下信息联络表

联系人	手机号码	家庭电话	办公室电话
父亲			
母亲			
亲朋好友			

注：1. 联系号码尽可能多些并务必真实有效，如有改动请及时告知负责人或学校负责人。

2. 若所填信息需要学校予以保密，请在回执上予以注明。

学生特殊体质登记表回执

----------请并如实填写以下备注信息按时交给学校----------

我已认真阅读以上告知书内容，并遵照执行！同时，本人确认如实填写了上述表格，若有隐瞒，后果自担。

学生(签名)：　　　　　　　　家长(签名)：

　　年　月　日　　　　　　　　　年　月　日

（十）学校采购合同

采 购 合 同

甲方：

地址：

联系人：

联系电话：

乙方：

地址：

联系人：

联系电话：

为了保护甲、乙双方合法权益，根据《中华人民共和国民法典》及其他有关法律、法规、规章，经双方协商签订本合同协议书。

第一条　采购事宜

1. 甲方向乙方采购＿＿＿＿、＿＿＿＿、＿＿＿＿，合计＿＿＿＿元整，¥＿＿＿＿元。（产品详细采购数量、规格见附表）

2. 上述款项包含运费、装卸费用、税费、产品的售后服务费用及其他杂费。

3. 乙方所提供的货物必须符合相关的国家及行业标准，上述标准不一致的，以国家标准为准；没有国家标准、行业标准的，按照通常标准或者符合合同目的的特定标准确定。

4. 乙方须保证其所提供的上述货物均为全新的、未使用过的合格货物。

5. 乙方须提供货物合格证书、出厂证明、有关质检部门（质量监督检测中心等）出具的有效检测报告、质量检验报告（检测证明）等。

第二条　交货与验收

1. 乙方最迟于＿＿＿＿年＿＿月＿＿日将全部产品运输至甲方指定交货地点，运费由乙方承担。

2. 甲方应在收货的 24 小时内组织验收，由双方指定的交接人负责收货并签署送货单。上述交接人对送货单的签署视为甲方收货且对送货单全部内容（包括产品种类、数量等）的确认。

3. 如对产品种类、数量等有异议，甲方应在收货后_____日内提出书面异议。甲方在收货后____日内未提出书面异议的，视为验收合格。

4. 验收合格并不免除乙方对产品可能存在的隐蔽瑕疵所应当承担的责任，甲方在使用过程中如有质量问题，乙方在 24 小时之内包换。

5. 产品验收合格之前，产品损毁、灭失的风险由乙方承担。产品验收合格之后，产品损毁、灭失的风险由甲方承担。

第三条　价款支付

1. 乙方凭验收单及发票金额结算货款，即甲方须在收到乙方交付产品及税务发票且验收合格后_____工作日内向乙方一次性足额支付该批次货款。

2. 甲方须将货款支付至乙方指定收款账户。

收款账号：_____；

收款户名：_____；

收款行开户行：_____。

3. 乙方应为甲方开具税务发票，发票类型为_____，税率为_____%。

第四条　违约责任

乙方未经甲方同意，有意延迟交货行为，甲方有权向乙方收取当笔货款的违约金，每天以___‰计。甲方未经乙方同意，有意延迟付款行为，乙方有权向甲方收取当笔货款的违约金，每天以未付货款的___‰计。

第五条　争议解决

1. 合同实施或与合同有关的一切争端应通过双方友好协商解决。协商不成的，任何一方均可向有管辖权的人民法院提起诉讼解决。

2. 在诉讼期间，除正在进行诉讼的部分外，本合同其他部分应继续执行。

第六条　合同生效

1. 本合同如有未尽事宜，经双方协商一致，可做出补充规定，补充规定与本合同具有同等效力。如补充规定与本合同有条款不一致，则以补充规定为准。

2. 本合同一式贰份，双方各执壹份，经双方签章之日起生效。

【以下无正文】

甲方(盖章)：　　　　　　　　　　乙方(盖章)：

代表人：　　　　　　　　　　　　代表人：

　　年　　月　　日　　　　　　　　年　　月　　日

附件：购货清单

一、根据甲方需要的明细清单如下：

货名	规格	质量	单位	单价	数量	金额
合计金额						

二、验收：由乙方提供相关检验报告。

三、送货时间：＿＿＿年＿月＿日。

四、指定收货地点：＿＿＿＿＿＿＿＿＿＿＿＿＿＿＿＿＿。

后 记

自二十年前本科毕业至今，我总共从事了两份职业，一个是教育工作者，另一个是法律工作者。有人说，社会有三大底线行业：一教育，二医疗，三法律。无论社会多么不堪，只要教育优秀公平，底层就会有上升希望；只要医疗不黑暗堕落，生命就会得到起码的尊重；只要法律秉持正义，社会不良现象就能被压缩到最小……如果三大底线全部洞穿，这个社会就是地狱！三大底线行业我从事了两大行业，可终身引以为傲了。

从事教育工作十余年，有三年在一线做中学教师，后选择离职攻读法学硕士学位，硕士毕业后有八年在长沙市教育局从事教育法治工作。2016年，我辞去公职创办湖南源真律师事务所，成为一名专职律师。从事的行业虽然已经改变，但心底的教育情怀与法治理想却从来没有变过。在教育行政部门工作的时候，我常常告诉自己一句话：教育是实现社会公平、进步的源头与动力，法治是实现社会公平、进步的保障与后盾；两者相得益彰、相互促进，都是达成社会真、善、美的重要基础。这其实也是我从事多年教育法治工作的自我体验与总结。故我在辞职创业后，将律师事务所起名"源真"，正是教育情怀与法治理想的结合，意在秉承"明法清源、抱诚守真"的办所宗旨，明法以图志，清源以正本，志在真诚，恪守不违；立足对教育行业的高度熟悉与热爱，为各类教育主体提供优质、高效的法律服务。在法律服务实践中，我深感理论研究在法律实践中的重要性，遂在2020年考入中南财经政法大学法学院，攻读民商法学博士学位。

我的团队，除了我年龄稍长之外，都是一群优秀的年轻律师。他们自

"源真所"创办之初，就和我与"源真"一起成长。他们受益于教育事业的发展，有幸投身法治建设的时代潮流当中。我们有共同的愿景，要将"源真所"做成顶尖的教育法律服务平台；我们有共同的使命，要用法律为教育护航，让教育家安心办学；我们有共同的价值观：专注、高效、爱心、耐心。我们为投资人兴办学校提供法律支持，为学校管理者防范化解办学法律风险，为教育从业者解答疑难法律问题，为学校、家长调处校园人身损害纠纷，为青少年学生宣传普及法律知识，等等。无一不是在拥抱情怀，实践理想。

我经常跟我的团队成员交流，并提醒他们要在法律服务行业取得成功，与能否办好教育一样，必须按行业规律办事。自从国家允许社会力量办学以来，即可以发展民办教育以来，很多人都以为搞教育很好挣钱，一些人希望通过办学来发大财。他们没有教育理想和教育情怀，一心只想挣大钱，搞不清教育的本质意义和发展方向，急功近利、唯利是图，最终灰头土脸甚至血本无归。法律服务行业也是一样，若希望通过做律师来发大财，不尊重行业规律、不遵守行业规则，到头来也会竹篮打水一场空。正所谓"德不配位，必有灾殃"。要成为一名专注某个行业的优秀律师，必须时刻问问自己，你与其他领域的律师相比是否更加熟悉这个行业，你是否精通这个行业相关的所有法律法规，你是否能让行业客户得到最优的法律服务体验。如果答案是否定的，那么无论口号喊得多么响亮，宣传做得多么精美，也只是海市蜃楼，可望不可及。无论是当前还是今后，合规都是改善企事业单位法人治理、防范法律风险的重点领域。但在我国，目前理论研究和实践指导都还处于起步阶段，特别是对民办学校而言，这方面的研究更是几近于无。为此，我结合多年来从事教育法治工作及民办学校法律服务工作的经验与心得体会，写下此书，以期尽最大努力满足民办学校合规管理的现实需要。

在本书即将出版之际，首先要感谢我的博士生导师、中南财经政法大学法学院麻昌华教授对我的指导。承蒙老师不弃，将我这个"大龄"博士生纳入门下，让我有了学术研究的底气和动力。感谢我在中南财经政法大学的博士同学高峰、张伟华、朱敏丽、李道干、杨琼、田琼、李涛、陈明之、丁瀚琨、李辉、章颖、曾晨等对我学业上的帮助。他们都是青年才俊，与他们的交流让我获益良多。感谢湖南源真律师事务所的龚川奇律师、王依娜律师、张雨玲律师、俞敏律师、刘益恒律师等为本书提供的法律实践素材，感谢他们为本书出版所做的重要贡献。生活不易，英雄难做。当下苟且，就没有诗和远方。情怀和理想，是我们前行的动力。教育是百年大计，我们也要做百年律所，将教育情怀与法治理想践行到底！

因时间仓促、水平有限，本书不足之处在所难免，诚恳欢迎有识之士批评指正。

2023 年 4 月
湖南长沙